L' Auberge

de Marbeck Un roman

Harold Brighouse

Writat

Cette édition parue en 2024

ISBN : **9789359948133**

Publié par
Writat
email : info@writat.com

Contenu

CHAPITRE I
LE POINT DE DÉPART

Il arrive à certains de naître, comme on dit, avec une cuillère en argent dans la bouche, et les plus spirituels ont joué avec l'idée que l'enfant sage choisit des parents riches.

Sam Branstone la plénitude de cette sagesse. Il est né dans une de ces rues inconsolables de Manchester dans lesquelles l'étranger, passant en tramway le long d'une grande route, à peine plus délectable que ses ramifications, regarde et frémit ; mais il est né avec cette différence parmi tant d'autres : il était le fils d'Anne Branstone , une femme remarquable, et la sagesse peut lui être accordée pour la discrimination de son choix.

Si cependant c'est Anne qui l'a mis au monde et qui l'a lancé dans la vie, c'est M. le conseiller Travers qui l'a fait sortir de la méchante rue de sa naissance et qui a commencé sa carrière, et la circonstance qui a conduit à l'intervention de M. Travers n'était pas dû à Anne, mais à l'occupation de Tom Branstone .

Le père de Sam, Tom, était porteur à la gare Victoria de Manchester, et il y avait juste le temps entre l'école du matin et de l'après-midi pour que le jeune Sam prenne lui-même un repas et lui porte le dîner de son père dans une bassine attachée dans un foulard bandana. À cette époque, Victoria était une station ouverte et un salon préféré pour les dîners des garçons du lycée voisin . Les attractions étaient en partie les trains, en partie les grandes machines automatiques qui livraient un paquet de biscuits sucrés en échange d'un sou. D'abord, on déjeunait modestement avec des biscuits et on empochait le solde de son allocation de déjeuner pour acheter des couteaux et d'autres produits de première nécessité, puis on savourait le romantisme d'une grande gare d'où les trains partaient pour Blackpool et les landes du Yorkshire. On voyait souvent des marins dans les trains directs de Liverpool à Newcastle. On a trouvé des extrémités isolées de plates-formes et on a couru des courses avec des camions à bagages. On était plutôt ennuyeux, surtout quand on se débattait avec acharnement au bord vertigineux du quai et qu'un train arrivait.

Sam, en tant que fils d'un porteur, se trouvait de l'autre côté de la barrière. Il ne plaisantait pas à la gare Victoria et prenait son avis sur ceux qui le faisaient auprès de son père, ajoutant peut-être une touche de jalousie contre ces libertins agréés qui portaient le hibou d'argent sur leur casquette double bleu.

Ce jour-là, il lui avait livré le dîner de Tom dans la salle des porteurs et revenait sur ses pas sur le quai lorsqu'il vit deux des garçons du lycée émerger dans un tourbillon confus de combat et s'affaisser, imbriqués, vers la file, désespérément inconscients. leur lutte face à un train entrant. Ils atteignirent le bord, sourds à tous les cris d'avertissement, et bien avant que les secours puissent les atteindre, tombèrent dessus en une masse enchevêtrée. Un garçon, conscient du danger commun, se releva assez agilement et traversa la ligne pour se mettre en sécurité : l'autre, Lance Travers, resta là où il était tombé, avec une jambe cassée contre le rail. Wits a quitté le premier garçon ; il ne pouvait que hurler tandis que le moteur tournait inexorablement en marche, et l'aide des adultes, bien qu'active, ne pouvait pas intervenir à temps. Sam n'avait aucun souvenir précis de ce qui avait suivi et avait certainement agi de manière impulsive. Il a plongé jusqu'à la ligne et a traîné le garçon blessé à travers, échappant à la mort pour tous deux de justesse.

Après cela, tout n'était plus que confusion : une ambulance ; demandes de renseignements ; noms pris, etc.; et Sam n'a repris ses esprits que lorsqu'il a découvert qu'il était puni pour être arrivé en retard à l'école. Cela lui parut injuste, mais il ne réalisa qu'il était un héros que lorsque le journal du soir le lui dit. Lui, Samuel Branstone , avait son nom dans le journal ! La gloire ne pouvait aller plus loin, car c'était l'âge sombre du journalisme, avant que la photographie n'illustre tout, et lire son nom imprimé était alors l'apogée. Nous avons évolué depuis ces jours ennuyeux, où « l'intérêt du cœur » n'était encore qu'une expression.

Quelle profonde satisfaction Anne Branstone trouva dans ce paragraphe sobre que son fils ne devait pas connaître. Elle ne trouvait pas bon qu'il le sache, mais elle allait chez elle avec des yeux adoucis, et Sam l'entendit chanter plus d'une fois ; donc peut-être avait-il deviné qu'elle était contente de lui.

C'était plus que ce qu'elle laissait deviner à M. Oscar Travers, il était le père de Lance, un agent immobilier avec une bonne pratique en banlieue, et Anne l'avait accueilli à la porte d'une manière qui aurait gâché l'avenir de Sam si Travers n'avait pas su que les femmes du Lancashire ont tendance à être peu démonstratifs. Elle trouva un monsieur corpulent sur le pas de la porte et trouva qu'il avait un air condescendant. Ils n'aiment pas le favoritisme dans le Lancashire.

En fait, Travers était venu voir ce qu'il pouvait faire pour le garçon qui avait sauvé la vie de son garçon. C'était peut-être du favoritisme, mais il considérait cela comme la plus pure décence.

« Bonsoir, dit-il ; "Je m'appelle Travers."

«C'est une belle surprise», dit-elle sans l'inviter à entrer. «Comment va votre fils?»

"Il va très bien, merci."

"Oh? Eh bien, c'est plus que ce qu'il mérite.

Il n'a pas contesté cela. «Je me demande», dit-il, «si vous me permettriez d'entrer, ou préféreriez-vous que je revienne lorsque votre mari est à la maison?»

« Il est à la maison maintenant. C'est son début de soirée. Il prend son thé.

« Dois-je revenir quand il aura fini ? » demanda Travers avec un joli tact. Il connaissait la curieuse délicatesse d'être vu en train de manger par quelqu'un d'une classe supérieure, comme si cette fonction naturelle était un acte de honte. Mais Anne était pour les raccourcis et elle n'a jamais trop pris en compte les sentiments de Tom.

« Si vous devez le dire, dit-elle, vous feriez mieux de venir et d'en finir.

"J'ai quelque chose à dire", dit Travers en entrant. "Ah," ajouta-t-il en apercevant Sam, "c'est...?"

«C'est lui», l'interrompit Anne. Elle aurait pu identifier un criminel.

"Puis-je vous serrer la main?" » demanda-t-il en la secouant chaleureusement, ignorant la protestation murmurée d'Anne selon laquelle la main n'avait pas été lavée depuis des heures. "Je pense que tu es un garçon très courageux." Il aurait pu en dire plus et estimait que comme expression de sa gratitude, c'était désespérément insuffisant, mais les yeux d'Anne interdisaient l'effusion, et il voulait apaiser Anne. Il avait quelque chose à proposer qu'il avait pensé qu'ils accepteraient avec ravissement, mais il n'était plus aussi sûr de l'enlèvement maintenant. Pour une raison quelconque, il avait imaginé que Sam ferait partie d'une famille nombreuse et était déçu de ne trouver aucune trace d'autres enfants dans la pièce. Une famille nombreuse aurait rendu sa proposition plus sûre d'être acceptée.

« Des frères et sœurs, Sam ? Il a demandé; mais Sam restait bouche bée, tandis qu'Anne demandait silencieusement mais sans équivoque à Travers de quoi il s'agissait. Cependant, Tom connaissait sa place. Travers faisait partie du public qui pourboire, auquel on répondait aux questions.

« Il a une sœur aînée, monsieur. Notre Madge. Elle s'entraîne. En fait, elle était fonctionnaire générale.

Travers sentit sa confiance décliner rapidement, à la fois face à cette information et face à la désapprobation austère d'Anne à l'égard du caractère communicatif de Tom. Il sentit qu'on lui suggérait que sa visite n'avait pas d'importance, qu'Anne, cette petite femme, pas désagréable, avec les mains sur les hanches et les cheveux noirs étroitement coiffés en une ridicule boule à l'arrière, était en fait une rock, et que les impulsions et les désirs des deux hommes imposants, Travers et Tom Branstone , se briseraient en écume inefficace contre sa résolution adamantine.

Elle lui lança un regard furieux, détestant le « tapage », jugeant Travers, qui avait envahi sa maison dans le but de faire du bruit.

"En effet", dit Travers, marquant le pas et essayant à peine de cacher sa consternation. Plus il restait en présence d'Anne, plus il devenait inquiet. Elle semblait deviner son dessein et lui dire silencieusement ce qu'elle pensait de lui pour avoir un tel dessein. Il avait en effet misé sur une famille nombreuse ; les porteurs, il en avait la certitude, étaient prolifiques, et on peut soustraire un enfant à une famille de dix sans trop de chagrin, alors qu'un fils unique est une affaire sérieuse. Mais le temps n'a apporté aucune grâce à l'attitude d'Anne. Elle ignorait même les rites sacrés de l'hospitalité ; même si le thé était sur la table, elle ne lui avait pas demandé d'en prendre une tasse. Il renonça donc à temporiser et décida d'aborder son propos immédiatement, avant qu'Anne ne le réduise à une incohérence totale.

« Bien sûr, » dit-il, « tu me connais déjà en tant que père de Lance. Je ne sais pas si vous avez entendu parler de moi au-delà de ça ? Anne n'avouait rien, et comme c'était à elle qu'il s'adressait, peu importait que Tom, qui avait naturellement passé un après-midi à bavarder, essayait de signifier qu'il comprenait l'importance de Travers. "Je suis agent immobilier, si vous comprenez ce que cela signifie."

Anne hocha sombrement la tête. «Le collecteur de loyers a dit grand», a-t-elle expliqué.

"Eh bien", dit Travers, avec l'intention de suggérer une définition modifiée, puis d'y réfléchir mieux. "Hé bien oui. Je suis aussi au Conseil, vous savez. Eh bien, maintenant, Mme Branstone , je suis veuf et Lance est mon fils unique. Il compte beaucoup pour moi, et quand je pense à quel point j'ai failli le perdre cet après-midi, combien je l'avais certainement perdu à cause de la splendide présence d'esprit de ce jeune héros ici présent, je sens que j'ai une dette que je peux n'espère jamais payer.

"M. Travers, dit Anne, le moins dit est le plus vite réparé, et il vaut mieux oublier les dettes qu'on ne peut jamais espérer payer. C'est une aimable pensée de votre part de venir nous voir ce soir, mais je ne suis pas au Conseil et je ne suis pas doué pour écouter de longs discours. Avec votre permission, nous prendrons le reste comme dit.

« Bien sûr, Mme Branstone , en ce qui concerne mes remerciements. Mais j'ai une suggestion à faire. Lance, comme je l'ai dit, est mon fils unique. C'est un garçon solitaire, et il serait mieux qu'un compagnon de son âge à la maison. Je me demandais si tu autoriserais Sam à venir vivre avec nous ? Je devrais l'envoyer au lycée avec Lance, et je pense pouvoir promettre que son avenir sera assuré.

Le cœur de Sam fit un grand bond. Lui, Sam Bran-stone, un lycéen, un des élus , des olympiens dont il enviait de loin le jeu ! Il regardait Anne avec des yeux brillants, faible d'espoir.

"Sam," dit-elle, "M. Travers veut que tu nous quittes. Il propose de t'adopter comme son fils. Donnez-lui la réponse.

Anne n'a jamais douté d'être la maîtresse de sa maison, et peut-être n'en doutait-elle plus maintenant, mais, pour Sam, enfant à la terrible sensibilité d'un enfant, ce moment où elle exigeait avec calme, implacablement, dans un souci de discipline, qu'il prononçait lui-même un jugement sur ses espérances grandissantes était d'une amertume pitoyable qui le conduisait près du point de rupture. Tantôt être élevé aux cieux de l'extase, tantôt être précipité dans l'enfer le plus noir du découragement ; qu'on lui promette tout, et qu'on s'attende à ce qu'il refuse ! Il n'était pas plus insensible que n'importe quel autre enfant, et Anne savait parfaitement qu'un Pays du Désir du Cœur lui était ouvert. Ce n'était pas juste, et elle savait que ce n'était pas juste, de lui demander de prononcer le mot de refus ; mais elle pensa que c'était bon pour lui, et une fois qu'elle eut, par son ton, sinon par ses paroles, indiqué la réponse qu'elle exigeait, elle savait qu'il réprimerait ses espoirs bondissants et répondrait, en fait, à cette question. , aussi humble soit-il, était le foyer, et les parents, quel que soit leur statut, étaient des parents. Il avait une envie folle de la défier, de lui dire qu'il viendrait la voir le samedi après-midi, que porter la casquette au hibou d'argent était l'ambition la plus chère de sa vie, mais il savait que c'était sans espoir. Même dans un tel moment, et avec un allié tel que M. Travers, il n'osait pas défier Anne. Son ascendant était ce qu'il avait toujours été : absolu. Il se traîna tristement et essaya courageusement de croiser le regard de M. Travers, mais ne réussit qu'à lever la tête jusqu'au deuxième bouton de son gilet.

"Non", a déclaré Sam Branstone , le héros, et s'est enfui, un enfant au cœur brisé et lavé par les larmes, pour cacher son visage et étouffer ses sanglots sur son oreiller. Et il a été nommé pour sa bravoure dans le journal du soir !

"Non", répéta Anne après son départ, et elle ajouta, anticipant la dispute, "je suis une femme de peu de mots."

Travers savait qu'il se battait contre un engagement perdant, mais il avait encore une chance dans le casier et une détermination inébranlable pour ne pas être battu par des joueurs comme Anne Branstone . Son orgueil était au rendez-vous, un orgueil qui, au-delà de sa bienveillance et de son sens de la convenance des choses, ne lui permettait pas de prendre à la légère le sauvetage de la vie de son fils. Travers comptait, le sauveur du fils de Travers comptait. Il avait proposé d'élever Sam Branstone d'une manière, et s'ils ne le laissaient pas faire de cette manière, il le ferait d'une autre. Sam Branstone , bon gré mal gré , allait être levé.

« Je suppose, » dit-il en couvrant le recul de sa première position, « qu'il est inutile de vous faire remarquer les avantages que ma proposition offre à votre fils ? Elle secoua la tête. "Allez, Mme Branstone ", a-t-il poursuivi, conscient que cela ne servait à rien et platitude, "nous devons tous faire des sacrifices pour nos enfants."

«Je les fais», dit sèchement Anne. C'était vrai.

"Pourtant, tu n'y arriveras pas ?"

Elle réfléchit un moment et Travers commença à espérer qu'il faisait impression. «Je suis sûre qu'il s'agit de Genèse vingt-deux, dit-elle, mais je ne me souviens plus du verset. »

« Genesis », répéta-t-il, mystifié.

« Abraham et Isaac », expliqua-t-elle son allusion. "Certains sacrifices ne sont pas attendus de notre part, et le Seigneur a envoyé un ange pour le dire à cette époque, mais je dois être mon propre ange en ces jours-ci."

« Mais Abraham, dit-il, allait sacrifier son fils au Seigneur. »

« Et je ne le ferai pas », a-t-elle déclaré, transmettant son opinion sur Travers, qui avait tenté de « faire venir Dieu Tout-Puissant sur elle », comme elle l'a exprimé plus tard à Tom. Mais Travers ne devait pas être repoussé. Il était venu jouer le rôle de la Providence auprès de Sam (et il admettait jusqu'ici que son allusion était pertinente), mais sa providence pouvait faire des compromis. Il n'était pas un Jéhovah absolu.

« Si Sam ne peut pas être le compagnon de maison de Lance, dit-il, qu'ils soient au moins des compagnons d'école. Laisse-moi payer ses frais de scolarité au lycée, et… » Il allait ajouter « pour des vêtements appropriés », mais quelque chose dans l'attitude d'Anne lui disait qu'il était allé assez loin, et il s'arrêta net après avoir fini sa phrase en dans les airs .

Anne croyait à l'éducation. Elle n'était pas convaincue qu'une éducation au lycée était supérieure, en tant qu'éducation, à une école paroissiale, mais ses associations l'étaient. Cela donnait une chance de « réussir » qui transcendait tout ce que l'école paroissiale pouvait offrir. C'était un début dans la vie qui nous plaçait automatiquement au-dessus des échelons inférieurs de l'échelle.

«Oui», dit-elle, mais avec une difficulté que Travers remarqua et applaudit même. Il était lui-même Lancastrien et l' honorait pour son indépendance. Il connaissait l'orgueil maternel, l'individualisme farouche qu'elle avait maîtrisé avant de consentir à accepter une faveur même pour son fils qui la méritait, et il ne perdait plus de mots. «Je suis content», dit-il. "Bonne nuit", et, en me serrant la main, il disparut.

« Finis ton thé, Tom », dit-elle à son mari qui avait suspendu ses opérations pendant l'entretien. "Je veux dégager." Elle resta un moment pensive. « Je suis une femme faible », décida-t-elle.

Tom Branstone a mangé son thé, réservant son jugement.

CHAPITRE II
OÙ LA CHAUSSURE EST PINCÉE

QUAND Anne Branstone mit la main à la charrue , elle laboura profondément, et ce n'était pas sa faute si la récolte n'était pas immense. Mais elle n'a pas mal orienté son énergie ; elle s'assurait que la graine était bonne avant d'atteler sa charrue. Pour laisser tomber la métaphore, elle laissa le jeune Sam prouver qu'il valait la peine de s'inquiéter avant de s'attirer des ennuis – des ennuis, du moins, comme Anne comprenait le mot. Bien sûr, elle l'a envoyé « convenablement » au lycée, et si cela signifiait qu'elle et Madge se sont retrouvées sans nouveaux chapeaux de printemps cette année-là, eh bien, les chapeaux de l'année dernière devraient faire l'affaire. Ce n'était pas grave, et plus l'orgueil était grand, moins il engloutissait. M. Travers a payé les frais, afin que son fils puisse s'associer avec le sien, et Anne a veillé minutieusement à ce que, sur le plan extérieur, Sam soit digne de s'associer avec Lance.

C'était le début, et Sam, jusqu'à présent, était du métal inédit. Puis, à la fin de son premier quadrimestre, il s'est montré en pleine forme aux examens de juillet et, à partir de là, Anne a commencé à prendre les choses au sérieux.

Ce n'est pas tant la pure capacité qui a amené Sam à cette fière éminence que le fait qu'il avait été placé dans une forme dont le niveau était vraiment trop bas pour lui, et qu'il n'avait pas travaillé dur pendant les cours, étant naturellement préoccupé, dans un premier mandat, à trouver ses marques. Cela n'avait pas non plus été trop difficile. La Manchester Grammar School était une institution démocratique. De toute façon, les écoliers ne sont pas tous snobs et, dans ce cas, la présence parmi les garçons payants d'un levain d'Érudits de la Fondation, souvent issus de foyers aussi pauvres que celui de Sam, lui a facilité l'acclimatation.

Mais son exploit a impressionné Anne, malgré tout ce qu'elle a dit, lorsque les listes sont sorties avec le nom de « Branstone , S ». à la tête du II. Alpha a répondu : "Bien sûr !" comme si tout autre endroit était impossible pour un de ses fils ; et cela lui a décidé que Sam « paierait » pour avoir des ennuis. Elle a commencé à avoir des ennuis.

Tom Branstone de ce qui se passait dans l'esprit d'Anne vint à cet homme bon et facile lorsqu'il mentionna que ses vacances étaient prévues dans quinze jours.

« Tu prendras des vacances à la maison cette année, mon garçon », l'informa-t-elle.

"Mais pourquoi ça, Anne?" Il a demandé. "Blackpool est au même endroit qu'avant, et j'obtiens des laissez-passer privilèges en ligne."

« Mais Sam n'est pas au même endroit, » dit-elle. « Il est au lycée. C'est un endroit où les autres garçons portent des vêtements décents, et je veillerai à ce que Sam ne se laisse pas distancer par eux.

Tom prenait des vacances à la maison, variait avec des voyages sur les repose-pieds de sympathiques conducteurs de locomotives et fortifiait son âme avec les consolations du tabac. C'étaient des consolations qui ne lui seraient plus accordées longtemps. Le tabac coûte de l'argent, et Anne en a besoin.

Malgré la générosité de Travers – du moins autant qu'elle pouvait se résoudre à l'accepter – ce n'était pas une chose facile pour Anne de garder son fils au lycée. C'était désespérément difficile, mais Anne était Anne. Le garçon avait le pied sur l'échelle éducative, et elle voulait qu'il atteigne le sommet, échelon par échelon et bourse par bourse. Lorsque Sam obtenait son diplôme spécialisé à Oxford, Anne se détendait ; jusque-là, elle était une croisée. Elle a tout sacrifié à cette ambition. Sam devrait avoir sa chance, quel qu'en soit le prix pour elle, pour Tom et pour Madge. Le garçon doit être aussi bien habillé que ses camarades et il doit jouer à leurs jeux. Les jeux sont un élément essentiel de l'éducation anglaise et Anne, avec son regard constant sur la principale chance, a reconnu l'importance des terrains de jeu pour cimenter les amitiés avec les garçons qui pourraient être utiles à Sam dans l'au-delà. Mais les jeux coûtent cher, et Tom a arrêté de fumer lorsque Sam a été placé dans sa onzième classe. Anne n'a rien abandonné. Elle n'avait plus rien à donner.

Honnêtement, Sam était reconnaissant. Anne ne se vantait pas devant lui des sacrifices qu'ils avaient tous consentis, mais avec la franchise qui distingue les foyers ouvriers où tout sauf la simple nécessité est exceptionnel, il était au courant de chaque mouvement, de toutes leurs privations, et s'efforçait de les concilier. comptes. Mais ce n'était pas un brillant record, et après ce premier mandat, Anne n'a plus jamais eu la satisfaction de voir son fils remporter un prix de forme lors de la Journée du discours au Free Trade Hall. C'était un travailleur, un « swot » sûr et laborieux, prenant par simple application une place respectable dans les listes, mais ne les plaçant plus jamais en tête, et surtout il était faible en mathématiques.

Cela troubla terriblement Anne. Les mathématiques lui semblaient la pierre angulaire de l'éducation, même si en réalité elles importaient peu à Sam, qui avait suivi Lance dans la section classique de l'école, où les mathématiques étaient une bagatelle inconsidérée. Mais Anne n'en tenait pas compte. Elle avait trouvé le talon de son Achille et s'était mise à sécuriser cet endroit vulnérable. Vous devez imaginer Anne, avec ses quarante années de vie de femme active derrière elle, aux prises avec l'algèbre et la trigonométrie, ouvrant la voie à Sam. C'était héroïque et, par un fou mental, réussi. Elle a appris seule, puis lui a donné des cours particuliers, et ce n'est pas Sam qui a obtenu une place moyenne aux examens de mathématiques, mais Anne dans Sam. Jour après jour, entre la cuisine , le ménage, la lessive, elle étudiait les manuels qui l'intriguaient tant, et, le soir, lui expliquait leurs points épineux avec une merveilleuse clarté. Elle n'avait aucune éducation particulière, rien qu'une capacité générale et une volonté monstrueuse – une volonté qui surmontait l'obstacle d'acquérir des connaissances à un âge où peu de gens peuvent apprendre, et le plus grand obstacle d'enseigner patiemment à un garçon qui avait un point aveugle pour mathématiques. Elle a éclairé ses ténèbres, mais peut-être a-t-elle gêné ses classiques et fait de ses espoirs d'Oxford une visionnaire.

Lentement et péniblement, au fil des trimestres, avec Branstone , S. progressant régulièrement dans l'école, mais gardant régulièrement sa place médiocre en classe, Anne s'avoua que son oie n'était pas un cygne. Cela la rendait d'autant plus désireuse de cultiver ce qu'elle appelait le côté social ; et à cause de cela, elle a subi une défaite.

Dès le début, l'ascension de Sam dans le monde avait pesé lourdement sur Madge, sa sœur, qui était d'un âge de gaieté et d'un esprit insensible à l'ambition, personnelle ou indirecte. Quand Sam est allé au lycée, Madge était en service et très contente. Anne la sortit aussitôt de là ; elle n'allait pas courir le risque que Madge soit la servante dans la maison d'un des camarades d'école de Sands. C'était inhabituel, mais Madge préférait le service, où elle avait de la chance auprès de ses employeurs, à l'atelier de tissage, où elle avait des soirées libres, mais des journées épuisantes, sans bavardages à la porte arrière pour briser leur monotonie. Et la question de savoir si elle serait désormais capable de surpasser Anne dans l'affaire George Chappie était devenue une question considérable dans l'esprit de Madge . Anne avait besoin d'un beau-frère présentable pour Sam.

Comme Madge, George n'était pas ambitieux, sauf qu'il la voulait, ce qui était une sorte d'ambition. Madge était petite, comme sa mère, mais elle tenait en grande partie de son père. Elle avait des taches de rousseur et des cheveux carottes, et l'étoffe d'une mégère grincheuse, mais George voyait le contraire et désirait que Madge l'ait et la tienne, pour le meilleur comme pour le pire, et ne se rendait pas compte que les chances étaient fortes contre que ce soit mieux. Il était lui-même un brin d'homme et se croyait entreprenant parce qu'il était laveur de vitres ; Le lavage des vitres était alors un nouveau métier. Mais Anne n'était pas d'accord avec cette opinion, et Madge n'était pas dans un état d'esprit très optimiste lorsque George est arrivé un soir avec un regard indubitablement « C'est maintenant ou jamais ». Le problème, c'est qu'Anne n'était pas le genre de mère qu'on défiait impunément.

Il entra timidement – un George déterminé était une contradiction dans les termes – mais reprit aussitôt courage lorsqu'il découvrit qu'elle était seule sans Sam. La présence de Sam était inévitable, mais il n'était pas nécessaire de la reconnaître. Dans une maison, certes, composée non pas d'une seule pièce, mais d'un seul feu et d'un seul bec de gaz, Sam avait acquis l'habitude de s'isoler lorsqu'il était assis à table avec ses livres. Les affaires de la maison continuaient, tout comme les études de Sam, et aucun des deux n'interférait avec l'autre. Sam, absorbé dans son interprétation du *De Senectute de Cicéron* pour le lendemain, était absolument inconscient de Madge et George.

Ce n'est pas Sam qui a troublé George, mais Madge avait la vérité avec elle lorsqu'elle a dit à son prétendant qu'il avait l'air inquiet. George leva vaguement son pouce vers la rue . «C'est encore elle», expliqua-t-il. « Je ne comprends pas pourquoi Dieu a créé les propriétaires. Je vous le demande, Madge, est-ce qu'une autre couverture par ce temps est une chose qui pourrait vous mettre en colère ?

«Il fait froid», dit Madge. "Ne va-t-elle pas t'en donner un autre?"

« Je ne sais pas encore si elle m'en donnera un ou non. Mais elle a eu mon dernier mot. Une autre couverture ou je m'envole.

"Vous l'avez menacé si souvent."

Il l'a admis. "Je sais. Il faut un tremblement de terre pour faire bouger certaines personnes, et je pense que j'en fais partie. Je reste là où je suis. » Et son ton laissait entendre que le conservatisme était une vertu admirable.

Madge ne le pensait pas. «C'est ce que ma mère dit de toi», observa-t-elle, un peu acerbe.

« Ce n'est pas un mensonge non plus », acquiesça-t-il placidement. « Il me semble, » continua-t-il en jetant à Madge un regard ardent mais séduisant, « qu'il n'y a qu'une seule chose qui m'éloignera de chez Mme Whitehead. Vous ne pouviez pas le deviner, n'est-ce pas ?

"Oui, je pourrais", dit effrontément Madge. Après tout, elle était la fille d'Anne et elle était directe. Puis, malgré elle, elle a lancé timidement : « Vous quittez la ville, je pense, M. Chappie .

Il était consterné par la pensée révolutionnaire. "Non," dit-il sincèrement. « Je suis installé ici et je ne partirai pas de mon plein gré. Il y a quelque chose qui me maintient là où je suis.

« Votre travail ne vaut pas grand-chose », dit-elle, se méprenant volontairement .

« Mais c'est stable, » s'est-il défendu, « et c'est un commerce en croissance. Mon maître obtient de nombreux contrats de lavage de vitres dans toute la ville. Mais ce n'est pas mon travail qui me retient ici. C'est... Il laissa tomber sa casquette et la chercha nerveusement, trouvant en quelque sorte une sorte de courage dans son acte, de sorte que lorsqu'il se leva, il lui fit face avec un esprit qui était, pour lui, tout à fait débonnaire. « Maintenant, vous ne m'arrêterez pas, n'est-ce pas ? Je suis venu exprès pour me débarrasser de cela et je me suis travaillé jusqu'à un certain point. Je suis un peu lent dans la plupart des choses et je me laisse facilement rebuter, je vais donc vous demander d'accorder une audience patiente à mon humble demande.

Madge le regarda attentivement et décida que sa résolution était suffisamment forte pour survivre à quelque chose qu'elle voulait vraiment dire. « Je préférerais que cela n'arrive pas directement au sommet d'une dispute avec votre logeuse », dit-elle.

"Oui," acquiesça-t-il, "je peux voir ce que tu veux dire, mais c'est cela qui m'a poussé à le souligner. L'amour est comme une casserole de soupe avec moi. Il faut que ça bouillonne un moment avant de bouillir. Mais je suis en ébullition maintenant, et je suis là pour vous le dire. Je t'aime depuis que je t'ai vu, Madge. C'était un jour après l'école du dimanche, avec un vent qui soufflait de jolies boucles sur vos yeux. J'ai toujours aimé l'or et tu es or deux fois. Madge a été profondément émue par cette idéalisation de ses cheveux. Elle avait été rendue plus maussadement consciente de sa rougeur que jamais par les commentaires impitoyables de l'atelier de tissage, mais elle ne voyait pas en quoi elle était doublement dorée jusqu'à ce qu'il l'explique. «Je ne l'ai pas remarqué le premier jour. Je n'ai vu que tes cheveux. Je n'ai pas eu le courage de m'approcher suffisamment pour voir la couleur de tes yeux. Mais quand je l'ai fait, et que je les ai trouvés tous dorés également, cela m'a achevé. J'étais profondément amoureux jusqu'au sommet de la tête. Noyé dedans, pourrait-on dire.

"Vous dites beaucoup de bêtises, George", dit Madge avec une appréciation affectueuse qui démentait ses paroles.

«Je te dis que je t'aime», dit-il, «et je te demande si tu pourrais me dire quelque chose en retour. Je sais que je ne suis pas intelligente, Madge, mais je travaillerais mes doigts pour te rendre heureuse. Tu ne peux pas dire que tu m'aimes, ma fille ? Non, a-t-il ajouté, si ce n'est pas vrai, bien sûr. Je ne vous demanderais pas de mentir, même pour m'obliger.

"Ce n'est peut-être pas un mensonge", dit doucement Madge, "mais..." Elle fit une pause pour qu'il puisse deviner le reste.

"Mais," suggéra-t-il, "tu n'as pas envie d'aller jusqu'à le dire ?"

Il l'observait timidement, le courage ressortant de lui. Elle lui avait presque donné espoir, mais il semblait maintenant qu'elle n'avait plus rien à dire. "Eh bien, je peux comprendre", dit-il en se tournant à moitié vers la porte. «Je ne suis pas vraiment un type, et vous auriez pu facilement me rabaisser beaucoup plus durement que vous ne l'avez fait. C'est une location douce maintenant, en raison de votre tact. Je vais... je vais aller voir si Mme Whitehead m'a donné cette autre couverture.

Il était à la porte avant qu'elle ne l'arrête. "George!" elle a dit : « reviens. Vous avez tout faux. Vous savez pour mon frère. George sourit presque. « Ce ne serait pas la faute de ta mère si je ne le faisais pas », dit-il.

«Non», dit-elle; «Je suppose que tout le monde sait qu'il va au lycée. Ils ne savent pas tous ce que cela signifie. Madge essayait d'être fidèle à l'idéal familial, elle essayait de ne pas être amère, mais ce n'était pas facile. C'était une chose de se passer de nouveaux chapeaux et des méthodes de service habituelles, mais une autre de se passer de George.

« J'aimerais que tu comprennes que cette famille se démène un peu pour le bien de Sam. Nous pensons qu'il progressera très loin dans le monde, et le reste d'entre nous ne fait rien pour le retenir. Aucun de nous, peu importe à quel point ça fait mal. Voyez-vous ce que je veux dire ?

Il a vu. «Je ne suis pas assez classe pour toi», dit-il.

Cela faisait partie, mais pas la totalité, de sa signification, et Madge ne voulait pas de malentendu. « Tu es assez classe pour moi, dit-elle, mais je te dis où vient le doute. C'est une habitude qu'on a dans cette famille. Nous pensons à Sam. » Cela rendait les choses claires ; elle l'aimait, et même s'il admettait qu'il y avait un certain obstacle du fait de l'habitude d'Anne de tout subordonner aux intérêts de Sam, il ne voyait aucune bonne raison pour laquelle il ne devrait pas épouser Madge. «Je ne ferais rien sciemment qui pourrait contrarier ta mère», dit-il, «mais je t'ai dit que je bouillonnais d'amour pour toi. En règle générale, je suis facilement rebuté par rapport à mon objectif. Je veux dire, supposons que je demande à Mme Whitehead un hareng pour mon thé, et qu'elle me dise que les œufs sont bon marché et qu'elle a un œuf à la place, je n'en fais pas une chanson, tant que l'œuf n'est pas très rassis. . Mais j'avoue que je n'ai pas pensé à Sam là-dedans. Je pensais que c'était à toi et moi de régler nous-mêmes.

"Sam est dedans", dit Madge d'un ton sourd. "Il est dans tout dans cette maison."

Puis Anne entra et le bruit de son entrée, ainsi que le fait qu'il avait terminé son passage de « *De Senectute* », firent comprendre à Sam que quelque chose se préparait. Il gardait discrètement les yeux fixés sur son livre, mais ne battait plus les pages de son dictionnaire. Il trouvait la jeunesse plus saisissante que la vieillesse.

La compréhension rapide d'Anne a immédiatement compris la situation. Elle avait fait des courses et, en déposant ses colis sur la commode , elle fit à Madge le bénéfice d'une réprimande muette. Elle pouvait en dire beaucoup sans ouvrir la bouche, et elle le disait. Mais Madge n'allait pas se séparer de son George sans se battre. Sam mis à part, George était éligible, et Madge y voyait une occasion unique – l'occasion de laisser Sam de côté. Au moins, elle avait l'intention d'essayer.

George devint lâche à la vue d'Anne et se dirigea vers la porte. « Je vais rentrer chez moi, je pense », dit-il.

"Vous attendez votre hâte", dit Madge avec hardiesse. "Mère, George m'a demandé de l'épouser."

C'était la jauge du combat, car Anne le savait déjà. L'énoncer était un défi. Elle l'a accueilli froidement. "A-t-il?" dit-elle. "Eh bien, j'espère que tu lui as dit gentiment."

Et là, George trouva un second souffle de courage et intervint comme un homme. « Elle ne m'a rien dit avec sa langue. Rien de sûr. Mais un aveugle sur un cheval au galop pouvait lire dans ses pensées. Mme Branstone , j'aime cette fille comme si elle allait me jeter un sort. C'est le sentiment le plus grand qui soit entré dans ma vie, et j'en suis plein et débordant, sinon je n'aurais pas le visage pour t'exposer mes pensées intérieures comme ça. Et si seulement vous me dites que je peux l'emmener, le maire dans sa voiture ne sera pas plus heureux que moi.

"Tu sais à quel point George est stable, mère," le seconda Madge.

"Il doit l'être", dit sèchement Anne. "C'est un laveur de vitres."

«Je suis stable par nature, Mme Branstone , ainsi que par le commerce. Je ne bois pas. D'une manière ou d'une autre, un verre de bière suffit à me rendre fantasque, alors je n'en prends pas du tout. Je sais que je suis intrépide dans mon amour, mais je suis ému de te supplier. Nous ne ferions pas obstacle à Sam. Nous vivrions si tranquillement et confortablement que vous ne sauriez jamais que nous sommes en ville. Anne le regarda avec une légère trace d'appréciation trempée dans son profond mépris. Un pauvre être, mais il avait son dé à coudre de foutre ! « Il faudrait que ce soit calme », dit-elle, « avec deux pour garder votre salaire. En êtes-vous satisfait ?

Malheureusement, il l'était. «C'est un travail régulier», dit-il, exprimant sa fierté d'être au-dessus des rangs des travailleurs occasionnels. Pour Anne, c'est un cas désespéré.

« C'est un boulot pourri, tout à fait normal », rétorqua-t-elle, mais en parlant plus doucement qu'à son habitude. « Je dois penser à Sam, Madge. Vous vivez peut-être tranquille, mais le beau-frère de Sam doit faire une meilleure démonstration que d'être vu partout au sommet d'une échelle comme un singe sur un bâton. Je ne suis pas dur avec toi, George Chappie , et je n'ai rien contre toi, sauf que tu n'es pas assez bien. Vous vous améliorez et vous y arriverez. Reste comme tu es, et Madge'ull fera de même.

George ouvrit la bouche pour parler, mais constata que rien ne venait. C'était un travail *régulier* , cela satisfaisait ses ambitions et ses objections étaient inexplicables. Il avait tiré son verrou et, n'ayant plus rien à dire, il s'en alla, retombant dans une telle invertébration que lorsqu'il constata que Mme Whitehead n'avait pas ajouté l'autre couverture à son lit , il n'eut rien à lui dire non plus, mais étala une couverture usée jusqu'à la corde. pardessus sur la couverture et frissonna de mécontentement pour dormir.

CHAPITRE III
LE CLUB DES ENFER-PIKE

Pour un écolier de seize ans, l'amour est une émotion imbécile, dont les victimes sont des fous inoffensifs, et il ne faut pas supposer que l'intérêt de Sam pour l'affaire de Madge et George était basé sur une entente intime. Son action conspiratrice était plutôt une plaisanterie : derrière, peut-être, il y avait la reconnaissance que les adultes se ridiculisaient habituellement de cette manière, que sa loyauté dans un tel cas était envers Madge qui était de sa génération, et qu'Anne, en faisant obstacle à leur le mariage dépassait le connétable dans ses exigences de sacrifice de soi en sa faveur.

L'alouette, défini comme une interférence agréable avec d'autres personnes pour des motifs soit bienveillants, soit purement égoïstes, était une faiblesse de Samuel Branstone , et le garçon était le père de l'homme. Il n'était pas d'accord avec Anne selon laquelle le mariage était contraire à ses intérêts. Il est vrai que George nettoyait les vitres et se tenait en équilibre au sommet des échelles oscillantes, un métier précaire, mais le sien. Apparemment , cela convenait au tempérament géorgien, et ce funambule ne porterait pas une pancarte sur le dos proclamant qu'il était le beau-frère de Branstone de la Cinquième Classique.

Branstone , qui allait s'élever dans le monde, aurait nécessairement des parents pauvres, et peu importe leur pauvreté. En effet, plus ils étaient pauvres, moins il pouvait ensuite jouer à leur égard la providence, puisque leurs normes seraient faibles et leurs attentes réduites.

Ce n'était donc pas une alouette gentille et impulsive, mais froide et calculée, ce qui est presque aussi répréhensible dans une alouette que l'organisation dans la Charité. Ce sont les bonnes intentions prudentes qui ouvrent la voie à l'Enfer.

Il voyait qu'il y avait une différence entre cela et les fuites de cette littérature romantique avec laquelle il occupait ses heures de détente : parfois la dame, mais toujours l'amant, était entreprenante, alors qu'il savait que George ne pouvait jamais rien provoquer. Mais cela rendait les choses plus amusantes pour Sam, qui pouvait tirer les ficelles avec l'assurance absolue que ses marionnettes ne se mettraient jamais à danser pour leur propre compte, ou sur un air autre que celui qu'il jouait ; et il n'est pas donné à nous tous d'être Omnipotence au prix d'un billet de dix livres.

Comme toujours, Sam a eu de la chance. Dans les fugues romantiques dont il commença à étudier la technique avec un nouvel intérêt, l'argent n'était jamais une difficulté, mais le dieu dans la machine à fugue de George Chappie devait mettre de l'argent dans son sac à main, sinon il ne pouvait y avoir de fugue.

Sam aimait l'argent, mais il devait aimer davantage le pouvoir, car, ayant miraculeusement trouvé de l'argent à cette époque, il le consacra à cette fin. Il a gagné de l'argent parce que le journalisme s'est rapidement amélioré depuis l'époque, il y a quatre ans, où il ne pouvait pas montrer à ses lecteurs une photo de Sam Branstone , son héros, dans le journal du soir, et avait atteint le stade civilisé des concours d'images. .

Vous avez acheté un hebdomadaire qui imprimait six gravures sur bois grossières censées masquer les noms de (disons) batailles célèbres, et cela n'a pas mis votre intellect à rude épreuve pour découvrir que l'image d'une gare avec "Waterloo" sous son horloge était destinée à représenter la bataille de ce nom. Mais faites une pause : tout n'a pas été aussi simple que cela. Enflammé par l'avarice et la facilité enfantine d'identifier les batailles de la première série, vous avez acheté le numéro de la semaine suivante, et le suivant, jusqu'à la clôture du concours, et vous avez constaté que les dessins étaient de plus en plus déroutants. Ce n'était pas vraiment de l'argent pour rien. Cela exigeait une certaine connaissance de l'histoire et une sorte de talent d'esprit bon marché pour interpréter les images. Une seringue de jardin et un Irlandais de scène brandissant quelque chose qui pourrait facilement être un gourdin mais qui ne l'était pas, représentaient en fait la bataille peu connue de Seringapatam, et il y avait des images qui pouvaient supporter deux interprétations.

C'est ce dernier qui a amené Sam à s'associer avec Lance Travers. Les deux partenaires ont admis que l'esprit de Sam était le plus vif, il était donc juste que Lance finance le partenariat et achète les journaux. Et Sam, optimiste quant à la victoire, mais désirant le secret, préférait que l'entreprise soit enregistrée au nom de Lance, de sorte que si et quand Sam deviendrait capitaliste, c'est lui et non Anne qui contrôlerait sa richesse. Ses idées sur l'utilisation du capital dépassaient déjà le cadre de la Caisse d'épargne postale.

L'objectif de l'hebdomadaire étant d'augmenter son tirage, il permettait et encourageait les concurrents à envoyer de nombreuses tentatives, et imprimait des dessins ambigus pour tenter la prodigalité. Il est à craindre que les classiques ne subissent une éclipse à cette époque d'entreprise journalistique. Les partenaires avaient d'autres objectifs dans la vie, plus sérieux. Et ils ont gagné ! Ils ont remporté le deuxième prix. Ce n'était ni une maison, ni une automobile, ni aucun des prix fantastiques avec lesquels le journalisme plus tard récompensait ses lecteurs intelligents, mais ils se partagèrent vingt livres et, pour eux, dix livres chacun, c'était en quelque sorte le paradis. Lance a acheté un vélo. Sam ne l'a pas fait. Il a acheté une alliance et a eu une conversation avec Sarah Pullen, qui était l'amie si passionnée de Madge qu'elle était allée au moulin avec elle.

Sarah le reçut froidement ; elle le considérait comme la cause du martyre de son amie et jugeait la cause indigne.

Sam purifia les choses immédiatement. «Je suis du côté de Madge. Je ne vais pas la voir rendue malheureuse à cause de moi », a-t-il déclaré, et Sarah a cédé jusqu'à l'absoudre de toute méchanceté personnelle.

"Mais vous pouvez faire beaucoup pour l'aider", a-t-elle déclaré. «Je *peux* faire beaucoup», répondit-il, «mais», la flatta-t-il, «peut-être que tu peux faire plus. Vous voyez, Sarah, poursuivit-il confidentiellement, Madge vous fait confiance et elle ne me fait pas confiance. Maintenant, entre nous, elle a besoin des conseils d'une amie. Mettez-vous à sa place. Voudrais-tu te mettre aux côtés de ta mère ?

"Je la verrais plus loin d'abord", a déclaré Sarah.

"Je me demande", dit Sam, "si vous pourriez trouver une façon de communiquer votre point de vue à Madge sans mentionner que je l'ai suggéré ?"

"Toi!" dit Sarah. "Toi! Il en faudrait une douzaine de votre taille pour me suggérer quoi que ce soit. Rentre chez toi et joue aux billes, ou je te donne une tape sur le trou d'oreille dont tu te souviendras.

Ils ne jouèrent pas aux billes dans la Cinquième Classique, mais Sam se contenta d'attribuer son allusion à l'ignorance plutôt qu'à une insulte délibérée. Il avait compris : l'atmosphère qu'il souhaitait créer était sur le point d' être créée.

Il laissa cette marmite mijoter et se tourna vers George, qu'il jugeait moins sensible que Madge aux incitations d'un ami. D'ailleurs, il ne connaissait aucun ami de George et s'avouait avoir commis sa faute.

Un jour, peu avant les vacances de la Pentecôte, il regardait d'un air sombre par la fenêtre en haut des escaliers à l'extérieur de la salle de cinquième, regardant les garçons de l' hôpital de Chetham jouer dans leur cour que le lycée prétend mépriser. mais envie secrètement, lorsqu'il entendit derrière lui une conversation entre Lance Travers et Dubby Stewart qui lui fit tourner la tête. Ce n'était pourtant pas une conversation distinguée.

"Qui a déjà entendu parler de quelqu'un à Manchester restant à la maison pendant la semaine de Pentecôte ?" » demanda Lance.

Sam l'avait souvent entendu.

"Ce n'est pas fait", a déclaré Dubby , qui avait gagné ce surnom lorsqu'il était dans le tiers inférieur, et qui avait lu un jour "douteux" à haute voix avec un court "u".

"Mais je dois le faire", a déclaré Lance. « Mon gouverneur est trop occupé pour s'enfuir. C'est un peu foutu, n'est-ce pas ?

"En fait", a déclaré Dubby , "nous n'y allons pas non plus."

Et il apparut bientôt que sur vingt-quatre garçons, il y en avait jusqu'à six qui vivaient à Manchester et ne partaient pas. « Ce sera l'enfer », prophétise l'un des malheureux.

"Ce n'est pas nécessaire", a déclaré Sam Branstone , se tournant de la fenêtre vers le groupe lugubre.

« Vous y êtes habitué. Ce n'est pas le cas, » dit cruellement quelqu'un, et Lance se frappa la tête. Les allusions à la pauvreté de qui que ce soit étaient de mauvaise forme.

"Quelle est la prescription?" » demanda Dubby , et Sam resta silencieux pendant une minute. "Regarde le. Quelque chose se dessine, » plaisanta Dubby . Ce n'était pas l'aube, c'était l'aube ; mais au début, cela ressemblait à un risque, puis beaucoup moins, et Sam sourit magnifiquement en réalisant que lui, au moins, avait tout à gagner et rien à perdre. Il a attiré les cinq malchanceux mystérieusement à l'écart.

« La prescription, dit-il, c'est de passer des vacances à Manchester, dans une maison de vacances. » Il a laissé cela tremper pendant une minute, puis : « Notre propre maison », a-t-il ajouté. « Nous sommes six. Nous nous réunissons et nous prenons une maison. Une petite maison, et j'ose dire que certains d'entre vous n'aimeront pas les voisins , mais comme les voisins ne nous aimeront pas, c'est aussi large que long. De toute façon, les voisins fanfarons ne nous supporteraient pas, et plus la maison est petite, plus le loyer est bas. Quelque chose comme quatre et six par semaine, c'est mon idée. Cela représente neuf pence par semaine pour chacun de nous, et nous avons notre propre maison pour faire ce que nous voulons.

"Par jupiter!" » dit quelqu'un avec admiration.

"Comment allons-nous l'appeler?" » dit un autre, un peu dubitatif.

"Appeler?" » dit Lance. "Cela est évident. Le Hell-fire Club.

Et bien sûr, s'il restait un doute, cela était réglé. Qui regretterait le bord de la mer s'il pouvait être membre du Hell-fire Club ? Lance a été chargé de négocier avec son père, l'agent immobilier, mais c'est Sam qui a réellement choisi leur maison. C'était une maison qui, de l'avis de Sam, répondait parfaitement aux exigences d'un jeune couple marié de la classe laveur de vitres. M. Travers a dit à Lance qu'il arrêterait la valeur de tout dommage avec son argent de poche et, à ces conditions, leur laisserait la maison. Mais il n'était pas nécessaire qu'il fasse cette menace de mise en garde ; Sam a vu qu'il n'y avait aucun dégât.

Le Hell Fire Club s'est réuni pour sa débauche initiatique le premier jour des vacances, et à onze heures du matin, trois fumeurs de cigarettes inexpérimentés avaient eu l'occasion d'utiliser le slopstone comme vomitorium. Cela les a laissés froids, et Dubby a suggéré qu'une pendaison de crémaillère sans feu était un solécisme, même par une journée chaude, alors un ploutocrate somptueux a apporté deux sacs de charbon et une réserve de chips. Allumer un feu est un sport dont on peut tirer une certaine excitation, mais seulement pour une courte période, et la même qualité évanescente s'attache au plaisir de s'asseoir sur des planches nues.

"Je suis trop raide pour être heureux", a déclaré Lance. "Je vote pour que nous fournissions ce club."

Adopté, *nem . com* . "J'ai peur, cependant", dit Sam, "de ne pas pouvoir apporter grand-chose."

"Attendez qu'on vous le demande, mon fils", dit Dubby . "Quand nous aurons fini de piller nos maisons, cet endroit sera un petit palais."

Le mot butin est un mot courageux, évoquant les trésors de l'Orient pourpre, mais il s'agissait, dans la plupart des cas, d'un cas de butin autorisé, les dépouilles des débarras. Sandy Reed, cependant, était le genre de garçon qui était le plus heureux avec un marteau à la main, et Dubby avait l'œil pour le chintz. Réparer les vieux meubles qu'ils avaient apportés semblait à Sandy un travail pour un homme. Derrière lui se trouvait son passé infantile de yachts découpés et de maquettes ; devant lui, le contremaître de l'atelier de réparation du Hell-fire Club. Il travaillait et était la cause du travail des autres. Et c'était un travail volontaire, en partie parce que c'était pour une idée, en partie parce que ce premier jour avait menacé de s'ennuyer et qu'il y avait quelque chose de précis à faire, surtout parce que cela faisait du bruit.

Les chaises, les tables et les canapés disparates qu'ils rassemblaient sous leur toit avaient ceci de commun à la fin qu'ils étaient solides ; et les ayant rendus forts par leurs propres efforts, les garçons ne les rendirent pas encore faibles par leurs émeutes. Ils respectaient leur travail, et le chintz de Dubby leur procurait une sorte d'uniformité.

Un club, bien sûr, doit manger et boire, et les ustensiles de cuisine, pour la plupart bizarres mais tous pratiques, ont été rassemblés pour faire précéder les plaisirs de manger des plaisirs de cuisiner. C'était la vie de camp en ville, sauf qu'ils rentraient chez eux pour dormir, et tant que duraient les activités de « s'installer », ils l'appréciaient abondamment.

Sam s'était fixé mentalement une quinzaine de jours comme la durée de vie du Hell-fire Club, et il n'avait pas l'intention de payer le loyer tout seul pendant plus d'une semaine environ. Ils avaient décidé que dimanche n'était pas un jour de club – il y avait des difficultés à la maison – et Sam a emmené George Chappie faire une promenade. «J'aime cette rue», dit-il alors qu'ils tournaient au coin. "Madge a toujours aimé ce quartier."

"A-t-elle?" dit George sombrement.

"Nous allons entrer ici", et Sam a produit la clé et a présenté George aux locaux du Club. "Qu'en pensez-vous?"

Le chintz attira immédiatement l'attention de George. "Par la gomme!" il a dit.

"Asseyez-vous", dit Sam. « C'est ici que tu vas vivre quand tu seras marié à Madge. Ce n'est pas encore votre meuble, mais ça le sera. Je vais te l'offrir comme cadeau de mariage. Il n'y a pas de lit, comme vous le voyez, mais il y en aura, et je vous le demande, George, est-il ou n'est-il pas meilleur que celui de Mme Whitehead ?

"Oui," dit George, "mais tu vas un peu trop vite pour moi."

"Pas du tout", dit Sam. « Votre rythme est celui qui tue. Le rythme lent, pas le rythme rapide. Maintenant, cet endroit n'est pas encore à votre disposition, mais si vous déposez les bans dimanche prochain et que vous vous mariez le plus tôt possible après les trois dimanches, vous pouvez entrer ici et accrocher votre chapeau à ce crochet. C'est un crochet en laiton, George. Nous n'approuvons pas les clous dans cette maison. Je pourrais mentionner que tout ira bien pour les bans. Le dimanche, la mère prépare le dîner et ne va pas au service du matin. Aujourd'hui, c'est le dimanche de congé du père à la gare et il est de service pour les trois prochains dimanches. Alors », a-t-il conclu, « vous y êtes ».

« Vous promettez beaucoup. Cette maison est-elle à vous ?

« Le loyer est de quatre et six, » dit Sam, « ce qui n'est pas plus que ce que vous pouvez vous permettre de payer. Et vous ne vous engagez à rien en affichant les bans. Si je ne parviens pas à vous livrer cette maison et tout ce qu'elle contient, vous n'aurez pas besoin de vous marier. Mais j'ai un conseil pour toi, George. Que Madge en entende parler d'abord par les lèvres du pasteur à l'église. Elle ne criera pas et ne s'évanouira pas. Ce n'est pas le cas dans notre famille, et cela vous évite d'avoir à lui demander. Est-ce un pari ?

Georges hésita. "Montez et voyez l'autre pièce", dit Sam. George a vu et s'est émerveillé . "Je vais venir avec toi maintenant à l'église", dit Sam. "Nous avons juste un bon moment pour attraper le greffier après le service."

"Par la gomme!" dit George Chappie . "Je vais le faire. Ils ne peuvent pas me pendre. Mais, ajouta-t-il en jetant un dernier regard aux dieux de la maison dont Sam Bran-stone avait promis qu'ils seraient les siens, ils pourraient vous pendre.

Sam sourit doucement.

CHAPITRE IV
LE PÊCHEUR COMPLÉAT

Il avait réussi avec George au-delà de ses espérances, mais cette victoire facile ne l'avait pas trompé en lui faisant croire que sa bataille était gagnée. Madge, avait-il dit, ne crierait ni ne s'évanouirait en entendant ses bans annoncés et il aurait aimé être aussi confiant à ce sujet qu'il l'avait laissé paraître. Beaucoup, trop à son avis, dépendaient de la vigueur des conseils de Sarah Pullen.

Il prenait des risques à tous les niveaux, mais il s'aperçut que cela lui plaisait plutôt. Il y avait un risque que le Hell-fire Club ne se lasse pas à temps de son jouet. Une augmentation encourageante de l'absentéisme parmi les membres l'exaltait, mais la foi inébranlable d'un couple enthousiaste le déprimait tristement. Il espérait cependant trouver une issue à ce problème.

Et il y avait le risque qu'une connaissance d'Anne lui parle des bans. Il ne voyait aucun moyen de contrer cela. C'était un risque qu'il devait prendre. Heureusement, le meilleur ami de son père, Terry O'Rourke, était catholique.

Dans l'état actuel des choses, il considérait Madge comme le maillon le plus faible de sa chaîne. Elle s'effondrait devant la volonté d'Anne comme un chapeau d'opéra, et il avait franchement peur qu'elle fasse une scène à l'église, soit par plaisir, soit par colère, lors de la lecture des bans. Non pas qu'il reculait par principe devant les scènes, mais cette nouvelle serait sans aucun doute portée à Anne et la graisse serait dans le feu.

En fouillant un jour de la semaine dans un stand de livres d'occasion à Withy Grove, sans la moindre intention d'acheter, il fut attiré par un titre et déposa imprudemment son argent . Il sentait que l'intrigue pesait sur ses finances, mais ce titre lui offrait une trop bonne ouverture avec Madge pour faire l'objet d'une économie. Le titre était « Le mariage clandestin » et il savait que Sarah Pullen serait là ce soir-là pour voir Madge.

Il lisait la pièce très sérieusement lorsqu'elle l'appela, même si cela l'ennuyait plutôt et il trouvait l'intrigue élémentaire comparée à la sienne. Sarah n'était pas une lectrice, mais elle remarqua la couverture car le mot « mariage » était un leurre infaillible.

"Qu'est-ce que le garçon a mis entre les mains maintenant ?" » S'enquit-elle, mordant doucement à l'hameçon.

Il lui a montré. "Savez-vous ce que ça veut dire?" Il a demandé.

«Je sais ce que signifie le mariage», dit-elle.

« Par ouï-dire », dit-il avec acuité à la vierge. "Mais je voulais dire le mot du milieu."

Elle l'observa attentivement. « Vous vantez toujours vos connaissances. Je ne suis pas moi-même à la grammaire et le grec est le grec pour moi. Beaucoup de bon, ce serait dans un atelier de tissage, et tout. Elle avait un esprit pratique.

« Ce n'est pas du grec, dit-il, c'est de l'anglais. »

"Ce n'est pas le genre d'anglais que nous parlons à Manchester, choisissez comment."

"Je vais vous dire ce que cela signifie."

"Attends qu'on te le demande, effronté."

Il n'a pas attendu. "Cela signifie subrepticement."

« Je suis plus sage que ça. Cela signifiera que tu auras l'oreille dure si tu n'arrêtes pas de me harceler comme maître d'école. Je suis ici pour parler à Madge, pas à toi.

Il fit un clin d'œil à Sarah avec l'œil qui était caché à Madge. «Le mariage secret, Sarah. C'est ce que cela signifie."

Sarah était intéressée maintenant. « Est-ce que ça vous dit comment le faire fonctionner ?

"Je pourrais le faire moi-même", a-t-il déclaré.

"Ne dis pas de bêtises, Sam," dit sa sœur. "Tu viens te promener, Sarah?"

"Quand je serai prête", dit Sarah. "Maintenant, jeune Sam, crache-le."

"Oh," dit Sam. « Ce n'est pas grand-chose. Seulement, l'autre jour, je me promenais avec George Chappie et nous sommes entrés dans une maison assez pleine de meubles.

"George Chappie avec une maison de meubles!" s'écria Madge.

"Je suppose qu'il va se marier", dit Sam. « Il t'a courtisée à un moment donné, n'est-ce pas, Madge ? J'ai plutôt aimé son goût en matière de mobilier.

"Goût!" s'écria Madge avec entrain. «Je vais le goûter. Je vais le manger cru pour ça. Après tout, il m'a dit, il y a à peine un mois, de sortir avec une autre fille ! Comment s'appelle cette coquine ?

"Son nom?" dit Sam. "Voyons. C'est dimanche demain, n'est-ce pas ? Les bans pourraient être levés. Si j'étais toi, j'irais le découvrir.

"Aussi vrai que je suis en vie, je vais lui arracher tous les cheveux de la tête", a déclaré Madge.

"Je ne le ferais pas", a déclaré Sam. "Tu as les cheveux roux, mais mieux vaut être roux que chauve."

"Son!" dit Sarah. "Tu veux dire--?"

"Ecoute ici, Sarah," l'interrompit Sam, et il utilisa une formule qu'il avait réfléchie assez soigneusement. « Imaginez-vous que je vous donnerais un message comme celui-ci s'il ne l'avait pas envoyé ? »

"Message! Quel message?"

Puis Anne est entrée.

«Oui, Sarah», entendit-elle Sam dire d'un air pédagogique. "Le mot clandestin signifie secret." Il reprit avec entrain la lecture de sa pièce et, bien que leur maison soit une petite maison, réussit à éviter de se retrouver seul avec Madge jusqu'à l'heure de l'église le lendemain. Il avait des affaires à faire ce samedi soir – pour s'assurer de George, qu'il trouva plein de résolution haletante d'attraper le commis et d'annuler les bans. Le glamour de ces meubles avait duré aussi longtemps pour George, mais le terrible danger du dimanche matin éclipsait la lueur à mesure qu'elle se rapprochait. George se fana à l'idée de Madge se levant à sa place avec un « J'interdis les bans » ferme et irrévocable sur ses lèvres.

Sa visite au Club commençait aussi à ressembler trop à celle d'une nuit arabe. Sam était un garçon merveilleux et George reconnaissait sa haute supériorité ; mais même George, l'humble, ne considérait pas vraiment Sam comme un faiseur de miracles. Il commençait même à douter de l'existence du palais enchanté que Sam lui avait montré, et le fait qu'il était de la compétence de Sam de lui remettre cette maison lui paraissait désormais ridicule. Sam est arrivé juste à temps.

« Voudriez-vous, dit-il, jeter un nouveau coup d'œil à votre maison ?

George le ferait, mais il n'en avait pas le temps à ce moment-là : il s'en allait ; voir le commis, et jusqu'à ce qu'il voie le commis, il était un homme obsédé par une idée. "Je suppose", dit-il avec scepticisme , "qu'il est toujours là ?"

"Bien sûr," dit Sam, "et il y a encore quelques choses depuis que tu l'as vu."

"Eh bien," dit George, "c'est une belle maison, mais je vais voir ce commis pour lui dire de ne pas afficher de bans."

Sam sourit, soulagé de savoir qu'il n'était pas trop tard. « Ne fais pas ça, » dit-il. "Madge est contente."

"Quoi!" dit Georges. "Répète ça."

"Madge est contente", répéta effrontément Sam. Il en était sûr. Il faisait désormais confiance à Sarah Pullen.

« Est-ce qu'elle vous l'a dit ? demanda Georges.

« Imaginez-vous que je vous donnerais un message comme celui-ci si elle ne l'avait pas envoyé ? »

George ôta sa casquette. « Si c'est le cas... » dit-il.

"C'est vrai", dit Sam, sans définir ce qui était ainsi.

Les bans furent multipliés et Sam put consacrer toute son attention aux affaires du Club, dont il avait une idée née de l'ennui qu'il souffrait en lisant "Le Mariage Clandestin". Cette somme était un investissement fructueux.

Une journée pluvieuse est arrivée et avec elle, ce qui était désormais rare, une fréquentation complète du Club. Mais comme leurs réparations et leurs décorations étaient terminées, il n'y avait plus rien d'autre à faire que de s'asseoir sur leurs chaises fiables et d'admirer leur fiabilité.

"Pour un Hell-fire Club", a déclaré Sandy, "nous manquons d'enfer."

"Lance nous a nommé", a déclaré Dubby . "Il devrait faire des suggestions."

"D'un nouveau nom?" a demandé Sandy. "Appelez ça les émasculés éviscérés."

"Appelez ça un fichu échec", a déclaré un autre, et il s'est fait asseoir dessus. Ils se félicitèrent de cette diversion, mais l'idée leur était parvenue.

« Le problème, dit Sam, lorsque l'ordre fut rétabli, c'est que nous ne sommes pas assez sérieux. »

"Oh, bon sang!" » dit Lance.

«Je le pense vraiment, Lance. Nous ne sommes pas un groupe d'enfants du collège. Si c'était le cas, nous pourrions nous asseoir et lire Chums and the Boy's Own Paper. Deux hommes du Classical Fifth et du Hell-fire Club le regardèrent d'un air coupable, mais décidèrent qu'il ne faisait pas d'allusions personnelles. « Dans l'état actuel des choses, nous avons des intérêts plus élevés. Maintenant, nous sommes six ici et cela suffit, doublé, pour jouer un rôle dans une pièce shakesperienne . Je vote pour que nous lisions une pièce de théâtre. En fait, j'en ai fait tomber.

Cela convenait à Lance, qui avait des aspirations vers la scène. "Sacs, je Roméo", dit-il.

Sandy était moins enthousiasmé, mais « Très bien, dit-il, si vous choisissez une pièce contenant beaucoup de morceaux épais. »

"Nous ne lirons certainement pas", dit Sam, "une édition préparée pour l'usage des filles . "

« *Joyeuses Commères de Windsor* , alors », dit Dubby . "Lance peut faire jaillir Roméo par la fenêtre de sa chambre pour arrêter un combat de chats."

Sam aurait préféré une tragédie ; il craignait qu'ils n'apprécient la lecture des Joyeuses Commères et c'est ce qu'ils firent dans l'ensemble, mais il n'y eut que cinq promesses de se présenter le lendemain et deux d'entre elles étaient conditionnelles à ce que le livre soit mouillé. Sam n'était pas mécontent, et comme une comédie était postulée, il a choisi *Beaucoup de bruit pour rien* , parce qu'il pensait que c'était ennuyeux par moments et aussi pour une raison qui lui était propre. Il voulait s'assurer qu'il n'avait rien à apprendre en tant qu'intrigant d'un célèbre cas de matchmaking. Il a découvert que c'était le cas.

Même s'il a plu, *Beaucoup de bruit* n'a eu que quatre lecteurs à l'ouverture et seulement deux à la clôture. Ce soir-là, Lance envoya des cartes postales aux membres annonçant *Hamlet* pour le lendemain. Il voulait lire le rôle d'Hamlet, mais si vous ne pouvez pas avoir *Hamlet* sans le Prince, vous ne pouvez pas non plus le lire de manière satisfaisante avec un autre participant.

Lance et Sam ont eu du mal à jouer un numéro, puis Lance a cédé. « Je commence à en avoir marre de ce club », dit-il. "Les membres n'ont pas de cerveau."

"Il ne pleut pas", dit Sam.

"Non. Le Lancashire est aussi au bâton. Allons voir Albert Ward et Frank Sugg à Old Tafford .

Le lendemain, le Club était inhabité, à l'exception du fantôme du plus large sourire de Sam, son seul locataire depuis une semaine. Le gel était accompli, et son ingénieur avait suffisamment de confiance pour dépenser trois livres de son capital dans un lit et une literie, « pour attendre les instructions avant de livrer ». Puis il a vu Lance Travers et lui a fait remarquer qu'il y avait de meilleurs usages à faire de neuf pence par semaine que de les gaspiller dans un club que personne n'utilisait.

"Ennuyeux, cependant, à propos des chaises et tout ça", a déclaré Lance, laissant entendre qu'il était d'accord sur le fait que le Club avait échoué.

« Je ne peux pas les ramener ici, parce que je transforme notre grenier en volière. C'est pourquoi je n'ai pas eu le temps d'aller au Club, » expliqua-t-il avec de légères excuses, et il emmena Sam voir ses oiseaux.

« Qu'allons-nous faire de tout ce mobilier au Club ? Dommage que le 5 novembre soit si loin.

"Je vais essayer de penser à quelque chose", dit Sam, plutôt terrifié par la suggestion incendiaire de Lance. « Dans tous les cas, cela doit être discuté en séance plénière. Rassemblons les membres.

Un coup de fouet urgent a entraîné une assistance nombreuse et légèrement honteuse. Personne n'a essayé de contester que le club était un cadavre : la seule question était que faire de ses os. "Eh bien," dit Sam, "si aucun d'entre vous n'a de suggestion à faire, j'en ferai une. Personne n'a envie de rapporter les choses d'où elles viennent. Maintenant, poursuivit-il franchement, nous *pourrions* le vendre à un revendeur, mais je suis contre, car les revendeurs sont des voleurs et ils nous donneraient une trentaine de bobs pour le lot. Mais ma sœur va se marier et cela ne me dérange pas d'offrir cinq livres au Club pour sa propriété. Cela, a-t-il indiqué, représente une livre chacun pour vous cinq.

« Du cash sur le clou ? » a demandé Dubby , dont les ancêtres venaient d'Écosse. Il se méfiait de Sam dans son caractère de capitaliste.

"Oh, oui", expliqua franchement Sam. "Vous voyez, quand j'ai rencontré Lance hier , j'ai dit que je réfléchirais à un moyen de sortir de la difficulté et je suis arrivé préparé."

"Je vote, nous l'acceptons", a déclaré Sandy. "Je peux acheter beaucoup d'outils avec une livre."

"Je ne vois pas pourquoi nous devrions nous plier à vos vices", a déclaré Lance. "Nous sommes toujours un club et c'est l'argent du club."

"Le Club est mort."

"Pas encore. Pas avant que nous l'ayons glorieusement tué sur le billet de cinq dollars de la sœur de Sam. Il y a une sacrée poitrine dans cinq kilos et il faut boire à la santé de la mariée. Le champagne est ma boisson.

Ce n'était pas le cas, mais c'était un peu trop souvent celui de son père, et Lance faisait des émules et, un peu effrayé par sa propre suggestion, emportait désormais les choses avec précipitation. « Nous sommes le Hell-Fire Club », dit-il, « et le champagne est la rosée de l'enfer. Tout membre qui se dérobera sera détenu sous surveillance pendant une demi-heure. Ils l'ont bravé, la plupart affligés de conscience, et le Hell-fire Club méritait presque son nom à l'heure de son extinction. Les choses auraient pu être sérieuses si

Sam, par une poussée au bon moment, n'avait pas fait briser un magnum plein sur le sol.

En fait, cinq membres du chien battu sont rentrés chez eux tardivement, mais présentables. Mais c'étaient des garçons très malheureux. Le sixième garçon était content. Il avait consommé un repas sobre et intéressant aux dépens des autres, rencontrant pour la première fois plusieurs sortes d'aliments délicieux et éprouvant ce frisson humain mais répréhensible qui résulte du sentiment qu'on est un garçon intelligent.

Bien sûr, la distance a enchanté le Hell-fire Club. Quand l'école se rassemblait et que les garçons fraîchement sortis du bord de mer essayaient d'exciter la jalousie des gens au foyer avec des histoires de terre et de mer, ils étaient noblement remis à leur place et frappés d'une admiration muette par les légendes du vice fringant de l'Enfer. Club de pompiers. Il vivait dans l'histoire comme il n'avait jamais vécu dans les faits.

Sam a visité les lieux, le lendemain de la mort du Club, pour nettoyer les dégâts, pour sauver avec parcimonie quelques produits comestibles intacts pour un prochain festin de mariage, et en recevant et en installant le lit pour consacrer la maison à de meilleures utilisations. Puis il mit la clé dans sa poche et l'apporta à George. Il avait tenu son marché et c'était maintenant à George de respecter le sien.

Restait la question d'Anne, et comme préliminaire à sa solution, Sam avait recommandé à Madge d'avoir l'air au top. Madge, naturellement encline à cet état, n'eut aucune difficulté à accentuer son apparence en recourant à la bouteille de vinaigre jusqu'à ce que même Anne, intolérante comme elle l'était envers les petites faiblesses, dut admettre que Madge avait l'air malheureuse et malade.

La veille de son mariage, Madge s'enferma dans sa chambre d'où les bruits d'une véritable extase de malheur pénétrèrent jusqu'à la cuisine. Pourtant, son malheur n'était pas extatique, et à peine du tout. Elle pleurait parce qu'elle allait se marier le lendemain, parce que quand on va se marier le lendemain, on pleure. On déborde d'une émotion indéfinissable et on déborde en larmes.

Mais Anne, qui écoutait depuis la cuisine, où elle était assise avec Sam, était émue d'une douceur inhabituelle. «Cette fille s'inquiète tristement», dit-elle. "C'est vraiment très difficile de reprendre un vaurien comme George Chappie ."

"Mère", dit Sam d'un ton spéculatif, "je me demande si tu as déjà réfléchi à l'influence de la matière sur l'esprit ?"

"Je considère l'influence de quelque chose qui n'a pas d'importance", a-t-elle répondu. "L'influence de George Chappie ."

« Supposons, » dit Sam, « supposons que George Chappie vive dans sa propre maison décente, avec des meubles dont il est fier, au lieu de son horrible logement. Ne pensez-vous pas qu'il serait à la hauteur de son environnement ? Ne penses-tu pas que cela ferait de lui un homme ?

"George Chappie est aussi loin d'avoir une maison décente que d'avoir épousé notre Madge."

"C'est vrai", dit Sam, "aussi loin que près."

"Aussi près?" » demanda Anne avec méfiance. « Sithee , Sam, as-tu préparé quelque chose ? »

« M'écouterez-vous si je vous raconte une histoire ? Il a demandé.

"Est-ce que je vais aimer ça?" elle a clôturé avec prudence. « J'espère, dit-il pieusement, avoir votre pardon. C'est une question de bonheur.

Il lui raconta ce qu'il avait fait, comment et pourquoi il l'avait fait. « Le mariage a lieu demain, termina-t-il, et j'espère que vous y irez. Il raconta son exploit sans arrogance et sans atténuation, et il ne faut pas supposer qu'Anne ignorait qu'un bon moraliste y aurait trouvé beaucoup à critiquer, mais Sam était arrivé vainqueur et cela, pour Anne, excusait presque son exploit. méthodes. Cela excusait presque le fait qu'il soit sorti sur elle.

« J'irai au mariage, dit-elle, et je leur pardonnerai. Ce ne sont rien de plus qu'une paire d'objets naturels entre les mains d'un intrigant. Sam sourit avec appréciation. "Mais je ne te laisserai pas tomber si facilement", poursuivit-elle, et son sourire s'effaça. « Tu es intelligent, mon garçon, mais tu es un écolier, et c'est à l'école que tu peux montrer ton intelligence. Cela fait trop longtemps que vous ne m'avez pas ramené de prix à la maison, et si vous voulez mon pardon de vous avoir laissé me frapper les doigts comme ça, vous m'apporterez un prix ce solstice d'été. Est-ce une bonne affaire, Sam ?

«J'essaie toujours», dit-il, ce qui était vrai.

«Essayez plus fort», dit sèchement Anne Branstone .

CHAPITRE V
DERNIERS JOURS SCOLAIRES

SAM n'avait aucune chance de remporter le prix de forme de la Cinquième Classique, et il le savait. Il apprenait avec difficulté, retenant ce qu'il avait appris ; mais le processus était lent et sa forme était éclipsée par le génie de deux garçons qui apprenaient facilement et rapidement.

Cela ennuyait Sam de savoir qu'il n'avait aucune chance contre ces deux-là. La justice poétique criait que lui, le fils du porteur de chemin de fer, devait vaincre Bull, dont le père était professeur à l'université, et Adams, fils d'un prince marchand dont le « Hong » était aussi familier dans les godowns de Shanghai que son nom dans Princess. Rue et sur 'Changement; mais c'était sans espoir. Le prix se trouvait inévitablement entre ces deux-là qui appréciaient les classiques comme des canards à l'eau et lisaient Homère pour (disaient-ils) le plaisir, tandis que leurs camarades de classe luttaient avec Euripide dans une agonie reconnue. Ils étaient tous deux impopulaires, tous deux idiots, mais incontestablement prééminents ; et ils étaient deux. S'il s'agissait de Bull seul ou d'Adams seul, Sam aurait pu travailler héroïquement au cas où son rival serait malade au moment de l'examen, mais il était trop tiré par les cheveux d'espérer que les deux tomberaient simultanément malades.

Il avait depuis longtemps dépassé les capacités d'enseignement d'Anne. Ce n'était pas une « bonne éducation commerciale » que l'on obtenait du côté classique, et les mathématiques avaient cessé de figurer dans ses cours. Il est allé du côté classique parce que Lance était là et est resté à cause du rêve doré d'Anne : Oxford. L'or, elle le savait, était maintenant terni, mais si elle ne voyait plus en Sam le lauréat d'une bourse ouverte à Balliol, elle n'avait pas abandonné l'espoir qu'il puisse remporter l'une des bourses étroites que commandait l'École . Sam lui-même était sceptique quant à cette ambition nuancée.

Mais il lui fallait gagner un prix pour satisfaire Anne, et s'il ne parvenait pas à remporter le prix auquel elle pensait, il tenterait d'en gagner un auquel elle ne pensait pas. C'était certainement un prix, et un beau prix, ouvert non seulement à une classe mais à toute l'école : un prix de lecture.

Il avait également un aiguillon secondaire dans le fait que Lance, cet ardent élocuteur, considérait ce prix comme le sien, et l'idée de battre Lance sur son terrain de prédilection chatouillait l'imagination de Sam. Non pas qu'il soit sûr de lui. Il connaissait trop bien son handicap pour cela, mais il l'avait toujours su et, dès le premier jour de sa scolarité, il étudiait pour corriger son accent. Même maintenant, même au prix de passer pour un pédant, il ne s'adonnait pas à l'argot. Lance, peut-être parce qu'il venait d'un foyer sans mère, peut-être par bravade stupide, a arrosé son discours de blasphèmes idiots et de vulgarismes actuels, et, en fait, il l'a fait d'un air ; mais Sam devait garder sa langue. Il y a une différence, trop facilement détectable, entre l'argot correct et l'anglais incorrect : il faut d'abord parler correctement avant de pouvoir oser réussir à se tromper, et le handicap de Sam était qu'il venait d'un foyer où l'on utilisait, selon les mots de Sarah Pullen, « le genre d'anglais que nous parlons à Manchester ; » l'autre sorte était une langue étrangère et considérée comme une affectation de personnes peu sincères.

Il y a eu une pièce maîtresse – le discours d'ouverture de *Comus* – les inefficaces ont été éliminés et les élus ont été testés sur des « invisibles ». C'étaient les « invisibles » qui effrayaient Sam : il répétait *Comus* jusqu'à ce qu'une douleur mal placée devienne une impossibilité physique, et il était sûr de son rythme et de l'intelligence de son rendu ; mais il savait que les aitchs étaient insaisissables quand il était nerveux. « Alors ne soyez pas nerveux », était un conseil de perfection : l'épreuve de l'épreuve « invisible » l'intimidait.

Mais il s'est entraîné et ne s'est pas épargné. Si la sueur et le sang gagnaient ce prix, Sam dépenserait les deux. Il lisait à haute voix d'heure en heure - les classiques souffraient bien sûr - avec une épingle à la main avec laquelle il faisait résolument couler du sang à chaque coup qu'il faisait tomber ; et dans sa lecture, il a eu de la chance. Il lut *The Spectator* qu'il avait emprunté par pur hasard à la bibliothèque de l'école, et les juges lui remirent un passage de *The Spectator* à lire lors de l'épreuve inédite, ainsi qu'un des grands discours du *Tamburlaine de Marlowe*, dont la musique tonitruante avait tant attiré Sam qu'il connaissait la tache violette par cœur.

Il a remporté le prix ; en quinconce sur la plate-forme du Free Trade Hall avec un Gibbon en six volumes somptueux, reliés en veau, estampillés aux armes de l'école ; il chevauchait « en triomphe à travers Persépolis » et pensait que c'était « doux et plein de pompe » ; puis, quand ce fut fini et que le dernier « Gaudeamus » de cette Journée du discours eut été chanté et que les dernières acclamations pour les vacances (toujours les plus chaleureuses) eurent été données, il chercha sa mère dans la foule.

"Bien?" dit Sam, qui avait gardé cette gloire comme une surprise pour elle.

«Oui», dit Anne, «mais ce serait peut-être mieux. Vous avez gagné un prix et vous êtes pardonné, mais vous savez bien que vous m'avez trompé. Je voulais un prix pour montrer que vous avez le don d'apprendre, et vous en avez gagné un pour montrer que vous avez le don du bavardage. Je le savais déjà, conclut-elle sèchement, et tu n'es que dixième sur les vingt-quatre de ta classe. Vont-ils vous faire progresser ?

Elle dissimulait la véritable fierté avec laquelle elle l'avait vu traverser cette estrade et remporter son gros prix, parce qu'elle sentait au fond que le principal talent que Sam avait démontré était un talent pour la tromperie. C'était un prix, mais elle le considérait trop peu conforme au sens de l'acte : il respectait la lettre de son marché et échappait à l'esprit.

Elle ne lui a pas rendu justice. L'enfant moyen arrivait à l'école en connaissant l'anglais ; Sam avait dû l'apprendre, et voici la preuve, dans un prix remporté contre toute l'école et pas seulement contre une forme, qu'il avait bien appris sa leçon.

Son dénigrement le déprimait. Il n'avait pas atteint, et avec une mère comme Anne, il ne pouvait pas atteindre, à son âge, le mépris de la jeune génération en bonne santé pour les opinions de ses aînés. Il se sentait affaibli dans sa croyance dans la valeur sociale et économique d'un accent décent et devenait négligent quant à sa préservation. Son Gibbon gisait sur son étagère sans être lu, une gloire vaine, et, en l'occurrence, son prix devait conduire à une calamité. Cela devait conduire indirectement à la mort de Tom Branstone .

Sam se retrouva, après les vacances, transféré au Transitus, le dernier garçon à y être transféré depuis la Cinquième. Il n'était pas sûr que cela lui plaise. Laissé dans la Cinquième, il aurait pu être un Triton parmi les ménés : dans le Transitus, il était incurablement un vairon. Mais il y découvrit une atmosphère à laquelle il aurait peut-être mieux réagi que lui. La discipline était plus lâche ; l'un d'entre eux était arrivé à l'antichambre du Sixième et était considéré comme sérieux ; on avait le privilège d'une salle de réception ouverte à l'heure du déjeuner pour ne pas avoir à attendre avec des petits fretins dans les couloirs ; et, par-dessus tout, le maître d'école était un gentleman aussi bien qu'un érudit.

Il n'était pas aveugle à ces avantages, mais il n'a pas, d'une manière ou d'une autre, « adhéré » à ses classiques. La terrible facilité de Bull et d'Adams était un découragement constant : la simple persévérance était dépassée par la capacité naturelle et traînait derrière elle son poids de plomb. Il se savait incapable de briller dans cette société, et renonça d'autant plus facilement à un combat perdu que la mi-mandat lui apportait une nouvelle diversion et une chance de se divertir.

Il a été choisi comme lauréat du prix de lecture pour la pièce de Noël. Lui, Sam Branstone , devait jouer Shylock à la Conversazione, tandis que Lance Travers recevait Bassanio – du sel sur la plaie encore saignante de sa défaite. La tragédie grecque n'intéressait plus Sam. Il a vu le Shylock d'Irving depuis la galerie du Théâtre Royal et, à des fins de comparaison, celui de Benson. Il hantait Cheetham Hill, observant les « types » juifs. Il arriva à la première répétition, comme tout autre novice, connaissant chaque ligne de son rôle –

et dut péniblement désapprendre et réapprendre sous la direction du petit maître de mathématiques vif qui prit la pièce en main.

Anne masquait sa fierté dans cette distinction. La comédie était en tout cas discutable, trop récente dans un domaine respectable pour être acceptée sans réserve. Mais, en secret, elle a décidé qu'elle ferait partie du public de Sam et Tom un autre.

Les parents étaient invités à la Conversazione – c'était à cela que servaient les conversations – mais Anne et Tom n'avaient jamais accepté l'invitation auparavant. Cela impliquait une tenue de soirée.

Elle décida qu'elle pouvait « se débrouiller » avec sa robe du dimanche et ses deux mètres de dentelle ; mais Tom aussi doit être là, et Tom ne doit pas faire honte à Sam. Elle pensait avoir vu un moyen.

"Non, non," dit Tom, "je ne pourrais pas le faire, ma fille. Je n'oserais jamais.

"Tu aurais dû y penser avant de devenir le père de Sam," répondit-elle. « Je vais le voir et personne n'y ira seul. Tu viens avec moi. Je pense que M. O'Rourke sera là ce soir comme d'habitude.

"Oui," dit Tom, ne se doutant de rien.

L'une des bases de son amitié avec O'Rourke était que leurs soirées de repos coïncidaient, celles de Tom de Victoria Station et celles de Terry de l'hôtel commercial à l'ancienne de Mosley Street, où il était une institution. Terry était serveur, mais Tom n'avait pas encore vu le lien entre la profession de son ami et la Grammar School Conversazione. Il n'a jamais été très brillant.

Terry avait la tête dure et un style professionnel, un peu comme les manières d'un médecin à succès au chevet du patient, qui arrachaient plus de pourboires aux voyageurs de commerce qu'ils n'en donnaient dans n'importe quel autre hôtel au cours de leurs tournées, mais il avait une veine enfoncée de superstition poétique et, quand Anne les interrompit, il expliquait à Tom qu'il tolérait le Royal Hôtel parce qu'il pouvait voir depuis sa fenêtre le vert de l'herbe à l'extérieur de l'Infirmerie. Manchester était Manchester parce qu'il manquait de gazon. Les « bonnes gens » ne pouvaient pas danser sur des plateaux de granit : on ne trouvait des anneaux de fées que sur l'herbe et on ne bénissait les gens que là où l'herbe abonde.

"Vous n'aurez pas besoin de vos vêtements de ville mercredi soir prochain, je pense", dit Anne en intervenant sans s'excuser.

"Eh bien, non, Mme Branstone ", dit-il. « Le mercredi, c'est le soir où je m'habille comme le public. Je suis entré dans un hôtel étrange et j'ai été pris pour un client ordinaire un mercredi soir.

« Alors tu ne t'opposeras peut-être pas à prêter tes vêtements à Tom la semaine prochaine. Je veux qu'il soit pris pour une houle.

"Il y a un brillant dessus", objecta Terry, "dans lequel on peut voir son visage."

« Les vêtements habillés », a déclaré Anne, « sont habillés quand ils brillent. Si vous mettez des clous et une chemise propre avec, je serai obligé et je vous renverrai la chemise lavée.

«Mais, Anne…» protesta Tom.

« Gardez le silence », dit-elle. « C'est réglé. Parle des fées, Terry.

Les fées semblaient à Anne tout à fait appropriées comme sujet de conversation pour ces enfants, ces hommes.

Terry a apporté les vêtements lui-même et a personnellement aidé Tom à se transformer de porteur de chemin de fer en « houle ». Sa cravate, en tout cas, était bien nouée, mais « je me sens l' imbécile le plus maladroit du monde », dit Tom, aussi bien qu'il le pouvait, avec des vêtements qui s'ajustaient là où ils se touchaient ; Anne, si elle avait avoué son naufrage, aurait dû admettre qu'elle n'était pas elle-même dans un meilleur cas, mais l'aveu était loin d'elle : il lui fallait être effronté pour deux. Pourtant, même le grand courage d'Anne lui fit défaut dans le vestiaire des dames : elle en ressortit si humiliée par les splendeurs qu'elle avait vu se dévoiler, que, sur un mot de Tom, elle aurait fait demi-tour et s'enfuirait.

Mais Tom avait retrouvé contenance. M. Travers, le rencontrant dans l'escalier, l'avait pris en charge et ajoutait maintenant Anne à son convoi. C'était un tact bienveillant accru jusqu'à la puissance de l'héroïsme : il parlait beaucoup et protégeait ses restes des regards curieux qui, même dans cette compagnie mixte, étaient dirigés vers eux d'une manière embarrassante. Il a ignoré un échevin discret et connu, qui voulait visiblement lui parler. Il les a accompagnés jusqu'à leur place dans l'Amphithéâtre, s'est assis avec eux et a accompli l'incroyable exploit de mettre Tom Branstone à son aise au milieu du public qui pourboire.

Travers acquit plus de mérite cette nuit-là que par tous ses paiements des frais de scolarité de Sam : et Sam lui-même s'en sortit noblement, non seulement sur la scène où il joua le rôle d'Anne et salua Anne, mais ensuite quand, toujours dans son costume, il défila avec elle, but du café avec elle et rencontra avec une haine shylockienne tout regard qui semblait laisser entendre qu'il n'avait pas de grandes raisons d'être fier de sa petite mère. Et ce qu'il a fait pour elle, Lance et M. Travers l'ont fait pour Tom.

Sans aucun doute, un énorme succès : une nuit de nuits, gravée sur les tablettes de la mémoire en lettres d'or : jamais, pas même une allusion douteuse, à associer à la maladie de Tom Branstone . Cela était bien sûr dû au surmenage de Noël à la gare. Cela n'avait et ne pouvait avoir rien à voir avec le fait que Tom, sortant en extase de l'école chauffée dans la froide nuit de décembre, avait immédiatement jeté son pardessus et dansé en exultant sur le trottoir : une conduite si absolument sans précédent, si totalement anti-Tom. comme, qu'il avait marché joyeusement pendant dix minutes avant qu'Anne ne reprenne suffisamment le contrôle de lui pour mettre un terme à cette performance discréditable. D'ailleurs, pendant cinq des dix minutes, elle avait dansé main dans la main avec lui. Elle aussi exultait, mais aucun d'eux ne parla plus jamais de leurs cabrioles païennes.

Pauvre Tom ! Il n'avait pas eu dans sa vie autant de nuits de triomphe pour que celle-ci soit la dernière, mais il allait bientôt entreprendre un voyage dont même la volonté impérieuse d'Anne était impuissante à le rappeler. Elle l'aidant, il lutta durement contre la pneumonie et combattit mieux la mort qu'il ne l'avait jamais fait avec la vie, mais ses cours étaient suivis et l'école n'avait pas rouvert ses portes après les vacances lorsque Tom Branstone cessa de se battre. Il semblait que, le soir de la Conversazione, il avait eu son heure, et

« Les hommes doivent endurer

Leur départ d'ici comme leur venue ici :

La maturité est tout.

Cela n'est pas arrivé à Sam comme un bouleversement de son monde – seule la mort d'Anne aurait pu provoquer cela – mais certainement comme un coup assourdissant. C'était la première fois qu'il s'approchait intimement de la mort et la beauté et la paix de la mort lui manquaient. Il en voyait trop bien la laideur et le détail d'un enterrement. Cela faisait mal, non pas parce que Tom Branstone avait eu peu de joie dans la vie, mais parce qu'il était mort trop tôt pour voir la gloire de son fils. Dans les années qui ont suivi, Sam Branstone aurait aimé se rappeler à quel point la mort de Tom l'avait adouci, comment il avait fondu en larmes devant ce visage de cire et acheté avec amour des fleurs à mettre dans le cercueil.

Cela ne suffirait pas. Cela ne correspondait pas aux faits. Il savait que, honnêtement, il était en colère contre son père parce qu'il était mort, surtout parce qu'il était mort pendant les vacances. Cela a gâché les vacances et a privé Sam du jour de congé qu'il aurait eu pour les funérailles si Tom avait eu le courage de mourir pendant l'année scolaire. Il en voulait à la mort de son père, tout comme il aurait ressenti une raclée injuste de sa part – si Tom Branstone avait jamais battu quelqu'un. Tom était mort prématurément, alors qu'il était encore utile à Sam. Il avait escroqué Sam, et Sam était en colère.

Non seulement Tom était mort trop tôt pour voir la gloire de son fils, mais la gloire de son fils était sérieusement compromise par la mort du soutien de famille. Sam avait, au plus profond de son âme, abandonné l'idée d'Oxford ; il n'était pas assez doué pour les classiques, mais il était loin de l'admettre maintenant. C'est la mort de Tom, et cela seul, qui l'a privé de cette couronne.

Anne l'a ressenti profondément. Elle avait aimé Tom d'un amour qui ressemblait autant à celui d'une mère qu'à celui de sa femme. Si elle avait été dure avec lui, c'était pour son bien, et lui comme elle savait que sa dureté était comme la dureté d'une carapace de crabe, cachant un endroit tendre à l'intérieur. Maintenant qu'il était mort , elle pouvait cacher son chagrin comme elle avait caché son amour et vaquer à ses occupations sobrement. Sobrement, elle tira son argent de la Sick and Burial Society et le dépensa sobrement en « noir » pour Sam, pour George, Madge et elle-même, faisant les choses que Tom aurait pu s'attendre à ce qu'il fasse pour honorer sa mort, mais n'ajoutant rien qui puisse être fait. ferait de ses funérailles celles des voisins rare -show.

Elle revint du cimetière les yeux secs et présida sobrement l'inévitable repas (où elle dut réconforter un O'Rourke lacrymogène) et, le lendemain, partit sobrement rendre visite à M. Travers, et lui dire que, de Bien sûr, elle ne pouvait plus garder Sam à l'école. Il était peu probable que Travers ait pu deviner, avec ce stoïque, que c'était la fin de son rêve pour Sam, qu'avec la mort de Tom, les fondements de son monde s'étaient effondrés. Et sa fierté était là où elle était il y a cinq ans : pas plus aujourd'hui qu'alors elle n'accepterait de Travers de l'argent pour payer ses dépenses.

Elle secoua la tête avec défi. « Ce garçon devra travailler », dit-elle.

Travers était catégorique quand il l'a vu. "Alors laissez-le au moins venir ici et travailler dans mon bureau." Anne faillit lui lancer un regard noir. «Je veux un terrain équitable et aucune faveur . Il devra commencer comme garçon de bureau, avec le salaire d'un garçon de bureau.

"Oh, ce n'est pas vraiment ça, Mme Branstone . Rappelez-vous, il me vient du Transitus classique.

« Oui, » dit-elle, « et cela est très utile pour un agent immobilier. Il ne peut pas additionner une rangée de chiffres.

Elle ne se faisait aucune illusion quant à la valeur pratique d'une éducation dans une école publique .

« Je pense cependant que nous devons laisser cela compter pour quelque chose », répondit-il, et Anne, faisant un compromis à contre-courant, consentit à ce que cela compte pour quinze shillings par semaine « jusqu'à ce que nous voyions », a ajouté M. Travers, « comment il façonne. Il avait l'intention de le voir très prochainement.

Anne hocha sombrement la tête. « Je vais voir qu'il se façonne », dit-elle, et Sam, témoin silencieux de cet entretien prégnant, ne fut guère surpris par les premiers mots d'Anne en rentrant chez elle. «Sortez vos vieux manuels d'arithmétique», dit-elle, «et recherchez les mensurations. Je ne l'ai pas oublié, si c'est votre cas.

CHAPITRE VI
LE GAC

TOM Branstone touchait un salaire d'une livre par semaine, et les pourboires s'élevaient peut-être en moyenne à dix shillings, mais ce n'était probablement pas le cas ; votre benne de six penny est un oiseau rare à Manchester.

Pourtant, Anne avait régulièrement économisé et elle n'avait pas permis qu'une habitude de toute une vie soit interrompue par une petite chose comme la nécessité de fournir à Sam des livres et des vêtements pour le lycée. Je ne dis pas que c'était admirable chez elle, mais seulement que c'était héroïque. C'était un exploit incroyable, mais cela peut être réalisé : cela est fait chaque jour par des personnes pour qui le mot « économie » a un sens. Peut-être sont-ils souvent peu aimables dans leur vie, ou peut-être ont-ils la robuste satisfaction de ceux qui vivent pour une idée : les opinions ont toujours divergé quant à savoir si ce qu'ils font vaut la peine d'être fait, et l'opinion moderne est fortement encline à croire que ce n'est pas le cas. Pour ces iconoclastes, la vie semble plus importante que les moyens de vivre.

Pour Anne, cela en valait grandement la peine , et la preuve en était là lorsqu'elle découvrit que les intérêts sur ses économies s'élevaient à trois ou quatre pence par semaine. Ils pouvaient vivre sans pincement des revenus de Sam et des « moyens » d'Anne. Sa prévoyance faisait désormais toute la différence entre trop peu et assez.

Bien sûr, ce n'est qu'à Anne que cela parut suffisant : Sam adopta une vision plus large, mais trouva sa vision restreinte pendant un certain temps à cause des conditions qu'il rencontrait dans le bureau de M. Travers. Cette âme généreuse ne voulait certainement pas humilier Sam ; il ne voulait pas que Sam commence comme garçon de bureau ; mais, quelles que soient ses intentions, les employés de son bureau les vainquirent. Sam était un nouveau venu, le dernier arrivé, en minorité d'un contre les anciens habitants ; Il était d'ailleurs là, évidemment pour faire ce qu'on lui disait. On lui disait de balayer le sol le matin, de copier des lettres et de lécher des timbres. Il a fait ces choses avec rébellion, amer au cœur qu'un service aussi subalterne soit exigé d'un ancien membre du Transitus classique, certain qu'il y avait eu quelque erreur, qu'il n'avait qu'à croiser le regard de M. Travers alors qu'il était si honteusement occupé. pour que ce monsieur prenne des mesures immédiates et drastiques avec les commis qui l'ont mal employé.

L'œil de M. Travers, bien que capté par ce que Sam pensait être un moment opportun, alors que Sam copiait des lettres, n'a pas réussi à désapprouver de manière inattendue. Il semblait moins préoccupé par les affaires de Sam que Sam. En fait, il regardait Sam de loin , et malheureusement, il le prenait d'un air plutôt lourd. Travers avait le défaut de sa qualité. Homme généreux, il était généreux de la pire des manières envers lui-même, et Sam a vite appris le sens d'un euphémisme courant dans le bureau, « M. Travers assiste à une vente aux enchères immobilière. Il est vrai que les enchères immobilières ont généralement lieu dans des locaux agréés et, que M. Travers ait assisté ou non à une vente aux enchères, il se trouvait certainement dans des locaux agréés plus souvent que ce qui était bon pour son entreprise ou pour lui-même.

Et c'était mauvais pour Sam, non pas parce que cela lui permettait de trouver ses propres marques dans le bureau et de se battre sans soutien avec ses supérieurs (ce qui, en effet, c'était bien), mais parce qu'il avait perçu Travers de loin comme un gentleman princier, sans reproche, et la découverte de sa défaillance a emmené Sam loin sur le chemin du cynisme. Dans la jeunesse, la foi meurt durement et, une fois morte, elle se corrompt rapidement.

L'entreprise était excellente, pourrissant lentement depuis le sommet, et Sam trouvait que le bureau était un endroit remarquable pour acquérir des connaissances sur le monde ; surtout, puisqu'il lui manquait une bonne direction, des voies les plus sombres du monde. Il sentait qu'il avait décliné en statut : ses camarades d'école, là ses égaux, étaient allés soit à l'université, soit, avec de l'influence derrière eux, vers les professions libérales. S'ils se lançaient dans les affaires, c'était en tant que fils de leur père. Ce n'étaient pas des hommes de scratch, et Sam avait l'impression qu'il commençait par la ligne de scratch.

Travers n'avait vraiment aucune intention que Sam se sente mal apprécié. Le garçon devait apprendre le métier, et la voie à suivre pour comprendre allait de bas en haut. Mais Sam contrastait amèrement avec Lance, d'abord à l'école puis à Cambridge. Il y trouvait en effet un minimum de consolation. Ce n'était pas rationnel, mais pour Anne et par conséquent pour Sam, l'université signifiait Oxford, et il trouva un réconfort solide en pensant que Lance était, après tout, « seulement » à Cambridge.

Entre-temps, il grandissait en connaissance de son monde, et l'éducation arriva à Sam, non pas dans la liberté cloîtrée de l'Isis, mais là où, à Manchester, il allait percevoir les loyers : dans les tribunaux de campagne où les lois strictes s'appliquaient à peine : et au bureau, où les hommes ne se saluaient pas avec un sourire amical, mais se lançaient plutôt un « regard de compétition ». Ce n'était pas une école bienveillante dans laquelle il a passé ses années de développement, mais une école où on lui a enseigné que l'homme est soi-même et que la magnanimité est une erreur. « Montez ou partez », et Sam continua avec une sorte de zèle colérique qui ne laissait aucun quartier et n'en attendait aucun.

Mais il n'allait pas assez vite pour se faire plaisir. Il pensait avoir quitté l'époque du lycée où il appartenait à la caste qui gouverne ou, en tout cas, administre, la caste qui siège sur du velours et surplombe la foule. Il se trouvait maintenant dans le cockpit, avec la foule qui avait du mal à gravir l'ascension, et, pour Sam, un salaire de trente shillings par semaine à l'âge de vingt ans était une ascension dérisoire. Anne trouvait cela satisfaisant, et c'est sa satisfaction quant à son rythme de progrès qui l'a d'abord amené à la considérer comme, après tout, une personne limitée. Vous n'avez pas soudoyé Sam Branstone pour qu'il se contente docilement de trente shillings par semaine.

« Le problème, dit-il au seul homme du bureau avec lequel il entretenait le moins de relations, c'est qu'on ne commence à s'entendre que lorsqu'on a réuni un peu de capital. L'argent engendre l'argent.

Son ami lui suggéra de parier comme moyen d'accéder à la richesse et lui proposa de lui faire part d'une certitude morte.

Sam a pris son air le plus rusé de surhomme du monde. « La meilleure rangée de maisons où je vais pour les loyers, dit-il, appartient à Jack Elsworth , le bookmaker. Je ne vois pas pourquoi je devrais l'aider à acheter une autre maison.

"Les bookmakers ne gagnent pas toujours", a déclaré l'optimiste.

"Non", dit Sam. "Il est possible de gagner de l'argent avec les paris et il est possible d'avoir un bébé grâce à une prostituée, mais ce n'est pas à cela que sert la prostituée, et ce n'est pas à cela que sert le bookmaker."

À cette époque, les prostituées étaient les piquets auxquels Sam accrochait son esprit. Il n'en avait aucune autre utilité, mais avait découvert qu'une tournure de phrase grossière était un atout dans son monde et c'est pourquoi il l'utilisait. Mais cette petite conversation eut pour effet de cristalliser son objectif. Il voulait vraiment ce « peu de capital » et n'avait pas l'intention que, si l'occasion se présentait, un souci de scrupule l'empêche de prendre tout ce que les dieux pourraient lui envoyer. Il n'avait pas de dessein ultime, mais la fortune revenait aux fortunés et l'argent aux riches, de sorte que le premier geste était évidemment d'obtenir de l'argent. Il voulait un point de départ ; alors il s'envolerait.

Opportunité est entrée dans le bureau en la personne de Joseph d'Arimathie Minnifie . C'était son nom de baptême complet : analogue aux styles de certaines sociétés à responsabilité limitée, comme John Smith (de Newcastle) Limited, pour distinguer ce Smith des autres Smith. La mère de Minnifie avait expliqué au pasteur qu'elle était une femme du Nouveau Testament. Elle avait dit à ses intimes qu'elle avait choisi le prénom Joseph parce qu'elle l'aimait bien, mais qu'elle aimait aussi qu'un homme soit un homme. On en a déduit qu'elle supposait que le troisième Joseph de la Bible aurait agi différemment du premier dans l'affaire de la femme de Potiphar.

L'accent de Sam avait dégénéré depuis l'époque de Shylock et du prix de lecture. Il avait eu de mauvaises fréquentations, et on le connaissait peut-être par la compagnie qu'il entretenait aujourd'hui plutôt que par celle qu'il avait l'habitude d'avoir à l'école ; mais il pouvait encore, sans trop d'effort, adopter un discours bien élevé et était souvent envoyé avec un acheteur potentiel pour montrer les maisons susceptibles de figurer sur la liste de M. Travers. Parce qu'il était habituel pour lui de faire de telles courses, et non parce que quelqu'un supposait que les subtilités du discours pouvaient ou auraient un effet sur M. Minnifie , il fut envoyé avec lui dans un taxi pour visiter les banlieues où Travers avait la responsabilité de la propriété. .

Un accent grossier n'était pas susceptible d'offenser Joseph Minnifie , qui quinze jours plus tôt avait été porteur du marché à Shude Hill, mais qui avait maintenant reçu de l'argent, bien investi dans les meilleurs titres de la brasserie, de son oncle, publicain. Minnifie avait vendu certaines actions parce qu'il pouvait désormais assouvir une longue ambition et vivre dans sa propre maison. Il proposait, dit-il à M. Travers, de se retirer à la campagne.

"Le pays?" » a demandé Travers, dont la pratique était de banlieue.

"Eh bien," dit Minnifie , " en somme, calme et simple. J'aimerais changer de Rochdale Road. Je pensais, poursuivit-il plutôt timidement, à Whalley Range. C'est un bon quartier .

Travers s'est abstenu de souligner que Whalley Range n'était généralement pas considéré comme un pays, mais qu'il appartenait en fait à la première couronne de la banlieue, à un sou du tramway du centre de Manchester. "Oh, oui, M. Minnifie ", dit-il. « Je pense que je peux vous satisfaire à W'halley Range. J'ai plusieurs maisons disponibles dans mes livres dans ce quartier.

"Je paierai trois cents livres pour ce que j'aime", dit Minnifie avec férocité. "Je l'ai dans ma poche maintenant." Il était féroce parce qu'il n'était pas encore tout à fait sûr que son héritage n'était pas de l'or fantôme, et il sortit un paquet de billets autant pour s'assurer qu'ils étaient toujours là où il les avait mis que dans l'idée de prouver sa bonne foi à Travers.

Travers dissimula un sourire. Après tout, une commission sur trois cents livres n'est pas à dédaigner, mais ce n'était pas non plus le genre de client pour lequel Traver's perturbait ses habitudes. «J'ai moi-même», dit-il, «une grande vente aux enchères de biens immobiliers à laquelle je dois assister dans la ville, mais M. Branstone vous accompagnera pour inspecter les maisons.» Il sourit gentiment à Sam et ajouta, de peur que Minnifie ne pense que sa liaison, si importante pour lui, était sous-estimée par l'agent : « M. Branstone est mon homme de confiance. Quand M. Branstone vous parle des maisons que vous allez voir, c'est comme si je parlais moi-même.

"Je vois", dit Minnifie . « C'est votre contremaître, et vous n'avez pas besoin de me dire que vous le soutiendrez. Je connais des contremaîtres.

« Eh bien, sa parole est certainement aussi bonne que la mienne. Je vous laisse entre de bonnes mains, M. Minnifie . Et Travers sortit pour assister à sa première vente aux enchères de la journée, qui avait généralement lieu à onze heures du matin.

Sam et le client ont pris un taxi pour Whalley Range, où Minnifie a inspecté plusieurs maisons qui étaient disponibles à peu près à son prix. Mais il était difficile à satisfaire et, pire encore, apparemment incapable de définir les raisons de son mécontentement. Tandis que Sam faisait l'éloge de ceci et de cela à propos d'une maison, Minnifie admettait que de telles choses étaient louables, mais qu'il verrait, s'il vous plaît, une autre maison. Sam était un peu piqué et faisait de son mieux pour être génial, soupçonnant que Minnifie n'aimait pas se faire tromper par un « contremaître » ; et le meilleur de Sam était très bon, de sorte que bientôt la glace fut décongelée.

Minnifle se tenait devant le bow-window d'une salle à manger et regardait la rue de haut en bas. C'était vide, à l'exception d'un garçon de commerçant. Quelque part au coin de la rue, on entendait le bruit atténué d'un chariot à lait. Minnifle secoua tristement la tête.

«C'est calme», dit-il. «Regarde cette route. Rien ne bouge. Qu'est-ce que ma femme peut regarder lorsqu'elle s'assoit à la fenêtre ? »

"C'est le matin", dit Sam. "Les choses seront plus animées dans l'après-midi." Mais son ton manquait de conviction et il ne put résister à la tentation d'ajouter : « Il y a un chat qui traverse la route maintenant. »

"Sortez", dit Minnifle . « Personne ne le fera », et lorsqu'ils furent sur le pas de la porte, il renifla l'air de Whalley Range avec désapprobation. « Je n'aime pas ça et ça ne sert à rien de prétendre que je l'aime. Pour moi, ça sent le froid. Ce n'est pas simple.

"Je sais ce que tu veux dire", dit Sam, diagnostiquant le problème. "Attends un peu." Il donna une adresse au cocher et prit soin de laisser la fenêtre ouverte. Ils arrivèrent dans d'autres rues où l'odeur du poisson frit d'hier flottait encore dans l'air et où le nez de M. Minnifle l'inhalait avidement. "C'est mieux", a-t-il déclaré.

Ils étaient venus à Greenheys , qui, lorsque le père de De Quincey y construisit une maison de campagne en 1791, était « séparée de la dernière banlieue de Manchester par un mile entier ». Elle n'est en aucun cas séparée aujourd'hui, et les bonnes maisons de la période victorienne moyenne doivent être achetées à bas prix parce que les bons locataires n'aiment pas les mauvais voisins . Travers avait dans ses livres une de ces survivances d'un passé urbain et Sam se serra dans ses bras d'y penser maintenant : cette maison s'était révélée être le plus blanc des éléphants blancs.

M. Minnifie , exalté par les odeurs épicées des Greenheys , n'était plus un excursionniste timide regardant seulement là où son guide lui disait, mais un chasseur de maisons sur la piste, avec des yeux qui espionnaient de chaque côté de leur route.

"Ah!" » appela-t-il soudain. "Arrêt!"

Le cocher s'est arrêté. "Mais nous n'en sommes pas là", dit Sam d'un ton plutôt neutre.

"Je pense que oui", a déclaré Minnifie en sortant du taxi.

Sam le suivit, dans cet état d'esprit plombé qui précède souvent l'inspiration. Ce qui avait attiré Minnifie, c'était une maison jumelée dans un coin, devant laquelle passaient les tramways. En face se trouvaient des magasins et il y avait une vive agitation dans la rue. Certes, Mme Minnifie aurait quelque chose à voir ici lorsqu'elle regarderait par la fenêtre.

Sam connaissait ces deux maisons, et ce qu'il savait lui faisait craindre de ne pas, cette fois, débarrasser M. Travers de l'éléphant blanc de ses livres. C'étaient de bonnes maisons, mais les gens qui avaient des meubles pour les remplir n'étaient pas du genre à accueillir les magasins devant leurs fenêtres et les tramways devant leur porte, de sorte que les deux étaient vides depuis longtemps. Mais maintenant, ils étaient à vendre, par testament, et il fallait une vente rapide pour pouvoir liquider la succession. De ce fait, ils seraient certainement bon marché, d'autant plus que deux tentatives d'enchères avaient échoué. Il n'y avait eu aucune offre.

Et voici que M. Minnilie était manifestement ravi, et que ces maisons n'étaient pas à la charge de Travers, mais à celle d'une agence rivale ! Sam se sentit déprimé, puis alors que l'aube succédait à l'obscurité, il pensa à ce que Travers avait dit, à savoir que la parole de Sam valait la sienne. Cela allait être, et l'argent de M. Minnifie aussi bon entre les mains de Sam que dans celles de Calvert , les agents légitimes de cette paire de maisons. Il sortit vivement maintenant, l'ardent vendeur.

« Un instant, M. Minnifie . Je n'ai pas la clé de cette maison avec moi, mais elle se trouve dans le magasin d'en face. Je vais l'avoir." Son œil vif avait lu tellement de choses sur le tableau d'affichage de Calverts , mais au moment où il revint, Minnifie avait également vu le nom de ce rival sur le tableau et avait mentionné le fait.

"Je sais," dit Sam. "Le conseil d'administration n'a pas été modifié, mais cette propriété est désormais entre mes mains."

Ce qui était vrai.

La maison a enchanté Minnifie , qui avait décidé d'avance d'être enchantée. Et bien sûr, les pièces peuvent avoir besoin d'être décorées, mais les bonnes proportions le disent, même sur un M. Minnifie . Cette maison était très différente des villas construites en bidonville de Whalley Range.

"Quel est le prix ?" Il a demandé.

"Trois cent quinze livres", dit Sam.

"J'ai dit trois cents et je ne bougerai pas."

« Si vous venez au bureau à six heures, je pourrai vous le dire », dit Sam en nommant une heure bizarre, voyant que le bureau fermait à cinq heures et demie.

"Très bien", dit Minnifie . "C'est une offre ferme à trois cents, et je suis un homme de parole."

Sam l'espérait sincèrement. Il prenait un pari considérable là-dessus. Ils se séparèrent et Sam, comme d'habitude, rentra chez lui pour le déjeuner, mais, contrairement à son habitude, il revint avec son carnet de chèques dans sa poche. Ses économies accumulées s'élevaient à cinq livres, mais il possédait un chéquier. Il attendit assez attentivement jusqu'à ce que les banques ferment, puis il entra dans les bureaux de Calverts et leur proposa deux cent cinquante livres pour la paire de maisons jumelées à Greenheys . Ils en acceptèrent deux cent soixante-quinze ; et Sam tira un chèque de ce montant et reçut les titres de propriété en échange. Puis il a palpité, mais c'était de toute façon en toute sécurité après les heures d'ouverture des banques. Calverts n'a pas pu présenter son chèque ce jour-là.

Il était occupé à cinq heures trente lorsque les employés sont partis et a proposé de travailler tard pendant un moment, « pour mettre les choses au clair », dit-il. À six heures , Minnifie arriva, fidèle à sa parole, et Sam aurait pu l'embrasser. Il avait passé la plus longue demi-heure de sa vie. Il emmena Minnifie par la porte privée dans le bureau de Travers, afin qu'il ne voie pas le bureau général vide, et le plaça dans le fauteuil du client, usurpant lui-même le siège de Travers.

« Eh bien, M. Minnifie , » dit-il, « supposons que je vous dise que le prix est toujours de trois quarts, que diriez-vous ? »

"Je dirais 'Bonjour'", et Minnifie a montré qu'il le pensait en se levant. Sam continua précipitamment.

« Ah ! Alors c'est aussi bien que j'ai réussi. Cela a été une infinité de problèmes… »

«Je pense», dit Minnifie , «que vous êtes ici pour vous embêter. Au moins, si c'est de l'argent facile dans votre ligne, c'est la seule ligne qui soit conçue de cette façon.

« Oh, nous avons nos problèmes, comme tout le monde. Ce document, poursuivit-il, vous transmet la maison. Le prix est de trois cents livres.

"C'est une bonne affaire", a déclaré M. Minnifie en produisant ses notes, " comptez-les ." Sam compta fébrilement, puis établit un reçu. Rien d'autre qu'un meurtre ne l'aurait incité à se séparer de cet argent maintenant.

« Si vous me retrouvez demain à midi à cette adresse, chez un notaire, nous ferons mettre le transfert en bonne et due forme.

« J'ai vu quelques avocats ces derniers temps à propos de mes cuivres, » dit Minnifie , « et je ne les aime pas . Ils mangent de l'argent.

"Mais dans ce cas", dit Sam avec magnanimité, "je paie les honoraires de l'avocat."

"Alors je serai là", dit Minnifie .

Sam attendait le lendemain que les portes de sa banque s'ouvrent et respira un soulagement colossal lorsque ses trois cents livres furent en sécurité pour faire face à son chèque. Il avait un bénéfice net d'une vingtaine de livres, après avoir réglé le transfert de propriété, et il avait une maison à vendre. Peu de temps après, il le vendit cent soixante-quinze livres.

Le fait que l'un des deux avait été jugé désirable par quelqu'un faisait que quelqu'un d'autre désirait l'autre : et Sam ne pouvait qu'espérer que les nouveaux voisins ne compareraient pas leurs notes. S'ils le faisaient, cela n'avait pas d'importance ; il n'avait fait qu'obéir à l'axiome du commerce : « Achetez bon marché, vendez cher », et ce n'était pas sa faute si, dans un cas, il avait dû vendre moins cher que dans l'autre.

Son crédit bancaire était de deux cents livres.

CHAPITRE VII
LE NOUVEAU CAPITALISTE

De l'avis de N Sam, personne n'avait souffert. M. Travers n'a rien perdu, car la maison du coin avait conquis Minnifie d'un seul coup, et il n'aurait en aucun cas acheté l'éléphant blanc que Travers avait à vendre. Les Calverts avaient reçu autant qu'ils espéraient obtenir pour les maisons, sinon ils ne les auraient pas vendues, tandis que le bénéficiaire du testament du défunt propriétaire était une organisation caritative, et Sam espérait que la charité était suffisamment charitable pour ne pas ressembler à un cheval de cadeaux dans le monde. bouche : si ce n'était pas le cas, cela devrait l'être. Quant aux acheteurs, qui avaient certainement payé pour la propriété plus que ce qu'ils auraient dû payer, c'était à cela que servaient les acheteurs. Pourquoi les hommes d'affaires intelligents existaient-ils si ce n'était pour exploiter les acheteurs ?

Tout cela était extrêmement réconfortant, mais avouer son besoin de réconfort revenait à admettre son inquiétude, et il se rendit compte que c'était une chose de discuter dans cette tension avec sa conscience, et une autre de se vanter auprès d'Anne de son exploit. Les femmes ne comprennent pas les affaires, et il avait le sentiment désagréable que l'éthique de la transaction ne satisferait pas Anne. Il décida qu'il valait mieux ne rien lui dire, qu'il devait résister à son envie de la surprendre en lui offrant un manteau en peau de phoque, et resta capitaliste sous la rose. Rien ne pressait, et peut-être que son prochain coup, lorsqu'il arriverait, se déroulerait dans des conditions qui attireraient l'attention de son examen minutieux.

Mais la répression n'était pas tout. Se justifiant comme il le voulait, riant de ses gains comme il le faisait, la question le pénétra profondément et réagit brusquement de deux manières, dont la première commença comme ce vieil expédient des pécheurs, l'argent de conscience. Il y a des défaillants qui obtiennent l'absolution pour eux-mêmes en envoyant des notes, sous leurs initiales, au Chancelier de l'Échiquier, et en les faisant reconnaître de manière impressionnante dans les colonnes personnelles du *Times* . Ce n'était pas la manière de Sam : il ne faisait pas de bonnes actions en cachette et l'argent de sa conscience ne sortait pas de la famille. Il l'a utilisé à des fins philanthropiques, mais c'était de la philanthropie et dix pour cent, au début, et en fin de compte, c'était bien plus que dix pour cent. Il s'agissait de la Chappie Bill Posting and Window-Cleaning Company.

Il crut pouvoir, sans éveiller les soupçons d'Anne, lui dire que ses économies avaient atteint dix livres, et proposa de dépenser cette somme au profit de George Chappie .

Inspiré peut-être par les dieux de sa maison, George affrontait la vie avec courage et gagna une place mineure dans les bonnes grâces d'Anne lorsque lui et Madge eurent un fils aîné, qui avait la remarquable qualité de ressembler exactement à l' enfant Samuel, dont il portait le nom. . Mais George n'avait pas, à son avis, mérité à ce point la générosité de Sam.

« Vous êtes trop gentil avec eux », dit-elle. "Vous avez fait d'un couple de vauriens un homme et une femme, et je les laisserais tranquilles maintenant pour tracer leur propre chemin."

« Pensez-vous que ce sera un grand chemin ? » demanda Sam. "Ils sont du genre à avoir besoin d'aide."

« Oui, dit-elle, ils s'appuieront sur vous, d'accord. Ils savent bien se pencher.

"Eh bien," dit Sam en se redressant. "Laissez-les se pencher."

« Sam, » dit Anne, « je n'aime pas, mais si je te disais ce que je pense de toi pour ça, tu aurais le droit de me traiter d'affectueux et d'idiot. Je t'aime bien, mon fils. Vous êtes l'homme fort qui aide et soutient les faibles.

» Termina-t-elle brusquement et une pensée honteuse. Elle l'avait ouvertement félicité et considérait cela comme une faiblesse chez elle. Sam posa une main sur son épaule. Ce n'était pas démonstratif, mais son geste était plein de compréhension, et Anne se détourna rapidement, le secouant presque avec impolitesse, s'occupant très sérieusement de ranger leurs affaires de thé.

Sam regardait avec appréciation du coin de l'œil. Il appréciait les éloges d'Anne, même lorsque, comme maintenant, ils n'étaient pas strictement mérités. Dans la philosophie de Sam, le fort ne soutenait pas le faible, mais le faible le fort. Il fut confirmé dans sa conviction que les femmes ne pouvaient pas comprendre les affaires. Cependant, se rappela-t-il, ce n'était pas de pures affaires, c'était de l'argent de conscience, qui ne devait pas être inconsciemment reproductif : il acheta donc à George une charrette à bras, une échelle, un seau et des cuirs, et n'exigea pas de lui plus de dix dollars. pour cent, sur ses dépenses en capital. Dans les affaires de Travers, Sam a trouvé des opportunités de pousser George. Un client prenait une maison et Sam suggérait d'un air joliment décontracté que les fenêtres avaient besoin d'être nettoyées. Il proposait alors, pour éviter des ennuis au client, d'envoyer un homme, afin que les relations de George se développent et qu'il prospère à hauteur de deux livres incroyables par semaine, jusqu'à ce que Sam, agité, commence à élargir sa vision des potentialités de George.

Son œil pour la principale chance avait toujours un regard utile qui pouvait voir l'argent au coin de la rue aussi bien que sur la grande route droite, et il pensait que George, avec son équipement d'échelles, pouvait voir son talent pour la hauteur autrement que par la fenêtre. nettoyage. Il y avait, par exemple, l'affichage d'affiches, un métier dont Sam estimait qu'il n'était pas au-delà des capacités de George d'apprendre les mystères.

L'entreprise s'est développée peu à peu, depuis le premier bâtiment de construction que Sam louait aventureusement pour un espace publicitaire, jusqu'à une petite entreprise confortable qui fonctionnait toute seule longtemps après qu'il se soit lassé de son insignifiance relative. Avec George, le début était tout : il pouvait toujours avancer là où Sam avait mené, et comme Sam avait le temps de lancer le bal et suffisamment d'argent pour nourrir l'entreprise naissante avec du capital, George a maintenu l'entreprise en faisant attention, une gestion régulière. Il ne s'était pas vanté lorsqu'il avait dit à Anne qu'il était stable.

Bien sûr, Sam était impatient et déplorait l'inactivité de son partenaire actif. Il se lassait de cette augmentation progressive, mais, malgré tout, l'entreprise était un succès incontestable, et il savourait énormément le sentiment d'être le pouvoir derrière le trône, ne serait-ce que derrière un petit trône conservateur, si lamentablement peu ambitieux. Sam faisait également partie des faiseurs de rois.

L'autre conséquence, plus importante, de sa réaction a conduit à des résultats plus pyrotechniques, et finalement au lancement de sa carrière par Sam. Rien ne se passa au début, et même pendant si longtemps qu'il se sentit entre le diable de l'administration immobilière et la mer profonde de la prudence persistante de George. La Chappie Bill-Posting Company était assez bonne pour George, mais pas pour Sam : il y avait trop de concurrents avec de trop grandes ressources, tandis que la routine de la succession l'ennuyait et que les opportunités d'entreprises pirates ne se reproduisaient pas.

Il sentait, à vingt-quatre ans et à deux livres dix par semaine, qu'il vieillissait dans le service, lui qui n'était pas fait pour servir mais pour être servi.

Mais alors – pensée désolante – était-il destiné à être servi ? Avait-il perdu, ou du moins ne perdait-il pas l'accent de la parole et de l'esprit de ceux qu'on sert ? Il savait que son accent avait atteint le ton et était souillé : ses histoires de paillardise étaient racontées dans la langue de ses auditeurs, et il y avait eu récemment des clients qui lui avaient parlé, lors de l'inspection d'une propriété, comme s'il était un employé, et ce n'était pas un jeune homme agréable et courtois, d'une supériorité évidente par rapport à son emploi actuel, sans doute temporaire. Il eut soudain peur que ce travail ne soit finalement pas temporaire, et vint ensuite une époque où il était entièrement déterminé à s'améliorer, où il renonça à la voie étroite des manuels professionnels et lisait pour devenir un lettré. , afin qu'il puisse échanger des allusions avec ses vieux camarades d'école qui étaient allés à l'université , afin qu'il puisse, s'il ne pouvait espérer briller, au moins ne pas être éclipsé.

Ce n'était pas *pour le bon motif*, et il n'avait même pas la prétention d'aimer la plus grande partie de ce qu'il lisait. Il s'entassait à contre-courant, et un nombre croissant de « classiques du monde » figuraient sur son étagère comme des trophées de sa persévérance. Il essuya assidûment la rouille qui s'était accumulée dans son esprit depuis qu'il avait pris son vernis peu brillant de lycée. Il décrocha le Gibbon taché de poussière qu'il avait gagné pour sa lecture et le parcourut héroïquement.

Cela lui rappelait une autre faille dans son armure . Un homme du monde doit avoir le don de parler au monde, et Sam est devenu membre des Concentrics. Comme Anne le lui a dit un jour, il avait le don du bavardage, mais, à l'exception de ses recommandations actuelles de maisons aux locataires potentiels, c'était un talent qu'il avait enterré. Maintenant, cependant, il se proposait de le déterrer et le faisait (pensait-il) dans le cadre ambitieux des Concentriques, qui constituaient en effet une société aussi mixte qu'il aurait pu trouver n'importe où, et de ce fait la meilleure pour son objectif.

Le centre commun qui était censé maintenir l'unité des Concentriques était l'amour de la littérature, mais ils avaient tendance à abandonner la littérature pour la politique sous le moindre prétexte. Il y avait parmi eux des passionnés de littérature, mais il arrivait rarement que l'enthousiasme des uns coïncidait avec celui des autres. Cela n'a pas vraiment coïncidé. Un membre lisait un article laborieux sur un homme de lettres, et la discussion ultérieure était dirigée par des hommes qui commençaient leurs discours intelligents en admettant qu'ils n'avaient pas lu un mot, par exemple, de Henry James ou de Lafcadio Hearn, mais que leur opinion était néanmoins untel. Alors que, bien entendu, personne n'a jamais avoué son ignorance de la politique. La politique est comme la loi, mais encore plus. La loi présume que l'on connaît la loi, ce qui est hautement présomptueux à l'égard de la loi, car même les avocats ne connaissent pas la loi, et ils doivent souvent s'adresser aux juges, aux frais de leur client, pour savoir ce qu'est la loi : et Le « plus encore », appliqué à la politique, est que même si les profanes hésitent à argumenter un point de droit et à s'adresser à un expert, ils n'hésitent jamais à argumenter un point de politique et *sont* les experts.

Les discussions politiques entre les Concentriques étaient réelles et passionnées, les discussions littéraires irréelles et glaciales ; et comme la « réforme sociale » est devenue un mot d'ordre favori à cette époque, la littérature est passée au second plan au profit de sujets sur lesquels les hommes pouvaient devenir émotifs et de leur rhétorique oratoire. C'était tout un pour Sam, qui était là pour parler et faisait ses lectures à la maison.

Il parlait souvent, de sorte qu'il s'améliorait rapidement, et il pratiquait l'allusivité littéraire qui était le but de ses lectures, à tel point qu'il attira l'attention du président, qui était le révérend Peter Struggles.

Il n'est pas strictement juste de dire qu'un homme est handicapé tout au long de sa vie par un nom comme Luttes, car la procédure légale par laquelle on peut changer un nom indésirable est peu coûteuse, mais Peter n'avait jamais pensé à une telle décision et portait son nom. handicap sans en avoir conscience. En tout cas, il a échoué dans la vie. Il avait un visage rond, des cheveux roux, des favoris : il prenait du tabac et salissait son manteau : il était parfaitement futile dans les affaires pratiques et absolument « un chéri ». Son érudition n'était pas profonde, mais il aimait sincèrement les lettres. Il avait échoué régulièrement pendant trente ans à diriger une école privée pour garçons dans une banlieue qui dégénérait en industrialisme, et tard dans sa vie, il avait pris des commandes, en toute sincérité, pas du tout. avec l'idée d'aider son école avec une nouvelle respectabilité. De toute façon, c'était inutile, et un homme qui offrait aux fils de commerçants une solide éducation commerciale allait bientôt le racheter.

Peter Struggles, âgé d'une cinquantaine d'années, est devenu vicaire d'un vicaire de quarante ans, dans la grande paroisse agitée de St. Mary's. L'un d'entre eux dit qu'il avait échoué dans la vie et, selon les normes de Sam, c'était le cas, et même selon les normes de travail de son église. Un homme de cinquante-six ans ne devrait pas être vicaire avec un revenu de quelque cent vingt livres par an. Mais si un homme est heureux, à cinquante-six ans, d'être vicaire avec ce revenu ? S'il y trouve satisfaction ? Le tabac à priser était son indulgence, et la présidence des concentriques, qui n'étaient pas sectaires, sa dissipation. Pour le reste, Pierre avait fait port . Pour l'éducateur insistant qui l'avait racheté, pour rien, et qui profanait maintenant ses anciens bâtiments scolaires avec des sténographies et les rudiments de la comptabilité, Peter était un échec et un échec pathétique. Il n'avait pas conscience de son échec lui-même, ni de rien d'autre que d'un contentement serein d'avoir trouvé, quoique tardivement, le travail qu'il était apte à accomplir. Grâce à une bonté déterminée, inoffensive et discrète, il est devenu une figure de cette paroisse et une puissance. D'apparence indigne et de tenue vestimentaire négligente, il avait une dignité d'esprit et d'âme.

Sam Branstone méprisait un échec mondain, voici un homme de plus de deux fois l'âge de Sam, avec moins d'argent que Sam n'en avait, et, selon tous ses canons, Sam aurait dû mépriser Peter. Mais il ne l'a pas fait. C'était en partie, sans doute, l'opinion des autres qui influençait Sam — l'estime universelle que gagnait Peter Struggles — mais c'était bien plus la noblesse innée du vieux vicaire. Sam a commencé son discours aux Concentrics pour impressionner ses confrères, il a terminé en se souciant uniquement de l'appréciation de la silhouette pittoresque et négligée qui occupait la chaise.

Il a obtenu l'appréciation dont il rêvait. Peter était assez astucieux pour ignorer la rhétorique de Sam et les astuces tape-à-l'œil des citations appropriées : il considérait Sam comme un propulseur égaré et égoïste qui ne lisait que pour se couvrir et ne parlait que pour impressionner. Mais au moins, Sam avait essayé, et Peter pouvait admirer sa persévérance. Il s'agissait de bien diriger la persévérance de Sam, et Peter lui demanda de dîner.

Notre homme du monde était prodigieusement ravi. L' honneur était exceptionnel, car Peter ne pouvait pas se permettre d'être un hôte souvent, et Sam était conscient non seulement de sa rareté, mais aussi de la position unique de Peter dans la paroisse : et, plus encore, de la valeur de Peter. Être distingué par Peter Struggles et invité à souper était, socialement, un triomphe. Cela semble absurde, et c'est peut-être absurde qu'un homme bon puisse briller si brillamment en contraste avec les quinze mille autres personnes d'une paroisse surpeuplée, mais c'est pourquoi Peter était un colosse parmi les pygmées, et pourquoi Sam Branstone était extrêmement excité. par une invitation à souper chez Peter.

Pierre n'a pas invité Sam à lui prêcher. C'était l'esprit du garçon plutôt que son âme qui était la cible de son objectif, et la bibliothèque choisie de Peter à laquelle il faisait confiance pour son influence. Certes, le petit repas de bœuf froid et de cacao n'était pas fait pour impressionner, ni les vieux meubles usés, avec les déchirures béantes de leurs revêtements en crin de cheval, par où coulait la farce. Il manipulait les livres avec respect et en parlait, mais Sam écoutait à peine. Il était sous le feu d'une autre batterie.

Ada Struggles rencontrait des jeunes hommes lors de réceptions à l'église et discutait avec eux à l'école du dimanche, mais elle avait peu d'occasions de plus grande intimité et n'était pas du genre à gâcher une chance aussi rare que celle-ci. Peter continuait à bourdonner parmi ses livres et était actuellement perdu en en lisant un. Ada ne se perdait dans rien d'autre qu'un désir ardent, celui de monopoliser Sam. Les livres n'intéressaient pas Ada : le mariage, oui.

Le problème était qu'à l'époque où son école était relativement prospère, Peter avait plutôt bien réussi avec Ada. Peut-être qu'en tant qu'instituteur lui-même, il bénéficiait d'une attention particulière quant aux conditions d'embauche, mais en tout cas il l'avait envoyée dans un bon internat. Elle avait reçu une éducation de dame, et ce n'était pas juste, cela ne convenait pas aux choses qu'elle soit maintenant la fille d'un vicaire peu pratique. Son cas, dans une certaine mesure, était parallèle à celui de Sam : le passé des deux était de bon augure et l'avenir dépendait de leur intelligence.

Là, cependant, le parallèle cessa, car Ada avait peu d'esprit, mais elle avait des humeurs, et l'envers du mécontentement morose, qui était endémique chez elle, était le brillant brillant qu'elle exhibait maintenant pour l'enchevêtrement de Sam. Ada était « à fond » après sa proie, dans ses plus beaux vêtements et ses plus belles manières, c'est-à-dire ses manières les plus captivantes et géniales.

Sam pensait qu'elle avait illuminé cette pièce sombre entourée de livres. Ce n'étaient pas de gais livres aux reliures dorées, mais des volumes solides, usés, d'aspect pesant. Les livres repoussés et Ada invitée. Jeunesse appelée à la jeunesse : la jeunesse a répondu à l'appel.

Il était obsédé par son idée de l'accent et par la valeur mondaine de la supériorité du discours. Le premier attrait d'Ada, même si elle ne le savait pas, fut qu'elle parlait bien ; la seconde était qu'elle était la fille de son père ; sa troisième, comme elle le savait parfaitement, était l'impuissance dont elle utilisait astucieusement pour flatter son importance masculine. Elle lui dit sans un mot qu'il était un homme fort et puissant, et qu'elle était une fleur qu'il pouvait cueillir et porter. Et elle s'occupait assez efficacement du commerce des anémones.

Il n'y avait pas grand-chose d'Ada, et ce qu'il y avait n'était pas remarquable, mais elle était duveteuse, à froufrous et féminine dans un sens plus faible. Elle portait quelque chose qui n'était pas de la soie mais qui suggérait le bruissement de la soie. Après tout, ce n'était pas la faute d'Ada si ce n'était pas de la soie, ni si ses sous-vêtements intimes étaient en flanelle ; elle ne pouvait profiter que des opportunités dont elle disposait, et elles étaient peu nombreuses.

Mais elle avait cette joliesse, cette joliesse un peu bête et jamais durable, qui accompagne l'anémie .

Cela ne s'userait pas, et elle savait que cela ne s'userait pas. Elle devenait désespérée. Sam a été envoyé par le ciel.

Il le pensait aussi. Old Struggles lisait « Marc Aurèle », debout près de sa bibliothèque, complètement oublieux de son invité, et l'invité pensait que la préoccupation de Pierre était également instruite par le ciel. Cela le laissait libre pour Ada.

Ce qu'il disait à Ada et ce qu'Ada lui disait étaient des choses sans importance : leur conversation sérieuse ne se faisait pas par leur langue, mais par leurs yeux.

C'est le genre de chose :

Ada (sa voix) : Bien sûr, je me souviens de vous avoir vu assez souvent à l'église, M. Branstone .

(Ses yeux) : Et tu as trouvé grâce à mes yeux.

Sam (sa voix) : Naturellement, je te voyais toujours à chaque fois que j'y allais.

(Ses yeux) : C'est pour toi que je suis allé à l'église.

Ada (sa voix) : Je suis contente que tu aies pu venir ce soir. Je suis souvent seul le soir. Père est tellement absorbé par ses livres.

(Ses yeux) : Te rencontrer est le grand moment de ma vie. Je suis une princesse malheureuse dans la tour d'un ogre. Sauve moi. Sauve moi.

Sam (sa voix) : C'était très gentil de la part de M. Struggles de m'inviter à parler de livres.

(Ses yeux) : Au diable les livres. Je suis fasciné par le bruissement sensuel de tes jupes, et je suis un héros envoyé pour embrasser le regard mélancolique loin de tes yeux suppliants.

Et ainsi de suite. À la fin de la soirée, si les discours non-dits ou la moitié d'entre eux avaient été écrits, Ada disposait de suffisamment de preuves pour avoir intenté une action pour rupture de promesse contre un Sam récalcitrant. Seul Sam n'était pas récalcitrant, mais au contraire ardent. C'était, se félicita Ada, une première rencontre exceptionnellement agréable.

Pierre émergea de « Marc Aurèle » avec un doux sourire qui illumina son visage sans distinction. "Oui. Païen mais grandiose », dit-il, ignorant totalement qu'une demi-heure s'était écoulée depuis son dernier discours. « Je vais vous prêter ce livre, Branstone , et maintenant » — il jeta un coup d'œil à l'horloge — « J'ai peur de devoir vous expulser. Je ne savais pas qu'il était si tard. Comme le temps passe vite quand on parle de ses livres !

CHAPITRE VIII
LUTTES DE L'ADA

Il y a eu des moments au cours de cette nuit où Sam s'imaginait qu'il était aux prises avec une grande passion : des moments où il avait réussi à se tromper en pensant qu'il brûlait pour Ada.

Et certainement l'expérience, unique pour lui, d'une nuit blanche donnait de la couleur à la croyance qu'il était passionnément amoureux, alors qu'en réalité il était simplement attiré par une fille qui n'avait épargné aucun effort pour l'attirer ; et ce qui maintenait Sam éveillé n'était pas la passion mais le calcul. L'affaire, en effet, était aussi vaste que longue : elle avait une base mince d'attraction mutuelle et une superstructure monstrueuse de chaque côté de l'intérêt personnel.

Il n'a pas « vu à travers » Ada au point de se montrer prophétique à son sujet, mais il a même perçu dès le début qu'Anne n'était pas susceptible d'être enthousiaste. Mais Anne accueillerait-elle n'importe quelle belle-fille à bras ouverts ? Est-ce qu'est née la fille d'Eve qu'Anne considérerait comme la égale de son Sam ? Il ne voulait pas contrarier sa mère, mais un homme doit être un homme, et l'affection d'une mère et sa jalousie envers la future épouse étaient des choses à propos desquelles il fallait être insensible. Le monde, comme le disait Benedick, doit être peuplé.

Anne serait d'accord avec lui quant aux avantages pratiques d'Ada. Ada était la fille de Peter.

Cette filiation avait, en guise d'escompte, le défaut de sa qualité. Socialement, c'était une bonne chose d'être le gendre de Peter, et pas seulement socialement mais idéalement. L'admiration de Sam pour le vicaire était véritable et il savait qu'Anne la partageait. Mais il y avait une question d'argent, et Pierre n'en avait pas. Sam gardait sa mère et devrait garder sa femme. Il voyait en Ada un atout qu'il pourrait éventuellement exploiter, mais, en attendant, jusqu'à ce que lui vienne à l'esprit le plan qui devrait transformer sa relation avec Peter en argent, il doit compter sur une période serrée. Anne verrait la période difficile, mais pas le projet fructueux à venir sur lequel il comptait pour leur avenir. Et il ne pouvait pas précipiter la naissance de ce plan. Ses projets lui venaient au moment où il s'y attendait le moins, spontanément. Ils ne devaient pas être forcés par l'inquiétude.

Encore une fois, se rappela-t-il, rien n'était pressé. Il venait tout juste de rencontrer Ada et planifiait comme si sa bague de fiançailles était à son doigt. Non qu'il ait de sérieux doutes sur cette bague et sur la volonté d'Ada de la porter, mais elle ne la portait pas encore, et il lui restait du temps pour réfléchir à ces affaires pratiques.

En attendant, il l'aimait, et l'amour, selon les auteurs, était la chose du monde la plus merveilleuse. Il se disait très fermement qu'il aimait Ada et que cet amour était merveilleux. La réitération est si puissante qu'avant le matin, il croyait ce qu'il voulait croire. Il se rappelait la douce pression de sa main lorsqu'elle disait « Bonne nuit », le froufrou de sa jupe, son œil fondant ; et s'est persuadé qu'Ada Struggles était une perle inestimable.

Il était parfaitement sûr de l'aimer, et pour preuve, son insomnie. Il lui vint à l'esprit que, comme il ne parvenait pas à dormir et qu'il ne faisait que tourner en rond, il pourrait tout aussi bien faire quelque chose pour accélérer le moment où il pourrait revoir Ada. Il ne pouvait pas rendre « Marc Aurèle » à Pierre avant de l'avoir lu, et s'il le rendait avec une rapidité inattendue, il devait être prêt à faire face à un examen sévère ; il alluma donc le gaz et lut « Marc Aurèle » pour servir Ada, qu'il aimait.

Service difficile également, car il n'y avait pas grand-chose dans la philosophie de Sam qui s'accordait avec celle de l' empereur , mais deux nuits plus tard, il sonnait la cloche de Pierre avec le livre sous le bras, un résumé ordonné de celui-ci dans son esprit et quelques passages choisis. sur sa langue. Ils n'ont pas été sélectionnés parce que Sam les appréciait, mais parce qu'il pensait que Peter les appréciait.

Peter était sorti, mais Ada était dedans et, curieusement pour quelqu'un qui n'était pas optimiste ni par nature ni par expérience, elle reprit ses vêtements du dimanche.

Elle lui ouvrit la porte. «Père est absent, M. Branstone », dit-elle.

«J'ai seulement appelé pour lui rendre ce livre.»

"Je ne pense pas qu'il sera long", dit aussitôt Ada, qui savait très bien que Peter serait certainement en retard. « Ne viendrez-vous pas l'attendre ?

Il est venu, franchissant son Rubicon. L'intimité sans chaperon de cette nuit leur parut à tous deux un raccourci audacieux vers une position à laquelle ils n'avaient pas droit - une chose correctement faite uniquement par les engagés et ceux qui étaient engagés avec maturité et sécurité. La chance s'est battue pour Ada.

« J'ai bien peur de ne pas pouvoir rester très longtemps », se défendit-il désespérément.

Ada s'assit et croisa les genoux. Une cheville soignée était effectivement exposée. « La chaise de mon père, dit-elle, est assez confortable. » De plus, elle faisait face à celle d'Ada, et il en tira une autre, moins accueillante, et la plaça au ras du feu. Sauf d'un regard de côté, il ne pouvait plus voir sa cheville et évitait cet aphrodisiaque, tandis que la chaise de Peter, bien que vide, complétait le demi-cercle et semblait donner une sorte de visage à leur entrevue. Sam tira beaucoup de réconfort de cette chaise et essaya de guider leur conversation vers des voies littéraires que la chaise aurait approuvées. Il parlait de « Marc Aurèle », et il était très ennuyeux, mais il se sentait vertueux.

Ada ne croyait pas qu'il était vertueux d'être ennuyeux et maudissait mentalement ce *tertium quid*, le fantôme de Peter Struggles, que Sam avait si fermement installé sur sa chaise ; mais elle comprit qu'il ne fallait pas accélérer le pas ici, sous le toit de Peter.

"Je pense que votre connaissance des livres est merveilleuse, M. Branstone ", dit-elle, lorsque Sam eut épuisé ses idées sur "Marc Aurèle".

« Moi-même, je ne trouve jamais le temps de lire. Chaque fois que j'ai l'occasion de me divertir, je sors pour faire de l'exercice. Cette déclaration n'avait pas le mérite de la vérité. Elle ne faisait jamais d'exercice, mais était habituée à s'asseoir devant un feu et à ne rien faire. Le fait était que dans cette maison du bon Peter, l'entreprise de Sam était enterrée et elle voulait qu'il puisse courir sans handicap. « Est-ce que tu vas déjà à Heaton Park ? elle a demandé conversationnellement. "J'y vais probablement samedi."

« Avec… avec ton père ? demanda Sam.

"Oh, non," répondit-elle vivement. « Le samedi est le jour du sermon. C'est pour cela que je gêne ici, même si, ajouta-t-elle pathétiquement, je crains qu'il ne me trouve souvent sur son chemin. Je ne suis pas livresque comme vous et lui. Elle donna soudain cette explication, et cela le satisfit.

"Je ne suis pas vraiment livresque non plus", a-t-il déclaré. " Bien sûr, vous n'irez pas seul à Heaton Park."

Elle espérait que non. «Je m'y attendais», dit-elle.

Sam a franchi le pas. « Pourrais-je avoir l' honneur de vous accompagner, Miss Struggles ?

"Oh, mais tu es tellement occupé. Je ne dois pas vous faire perdre votre temps.

"Cela ne pouvait pas être gaspillé avec toi", dit Sam, et il jeta un coup d'œil coupable à la chaise de Peter, comme s'il avait dépassé les limites des convenances, mais il n'avait jamais vu Peter avec autre chose qu'un sourire bienveillant sur son visage, et il était incapable de le voir avec imagination maintenant dans une autre humeur. Il reprit courage. "Puis-je vous appeler?"

« Cela, dit Ada, ne suffirait jamais. Cela dérangerait mon père lors de son sermon. J'irai en tramway vers trois heures. Elle s'est levée. Il n'y avait rien à faire avec Sam dans cette maison, mais elle avait confiance en Heaton Park : et pas en vain.

Compte tenu de la différence de taille, de distance et de l'échelle générale des choses, Heaton Park peut être considéré comme l'équivalent de Manchester à Richmond Park.

Il était une fois, le conseil municipal de Manchester avait une magnifique opportunité et la perdit. Il existe des légendes selon lesquelles ils n'avaient pas l'intention de le perdre et ne l'ont pas perdu par quelque faute que ce soit de leur part. Mais ils l'ont perdu. Ils ont perdu la chance d'acheter Trafford Park, qui se trouve le long des rives du Manchester Ship Canal, et a été acheté par M. Ernest Terah Hooley. On raconte que Trafford Park, aujourd'hui une ville industrielle florissante et d'allure plutôt américaine (même les rues de sa zone résidentielle sont numérotées et ne portent pas de nom, d'après le plan américain, et les chemins de fer s'égarent le long des routes, *plus Americano*), est la seule entreprise prospère associée au nom de Hooley. Cela peut être vrai ou non : en tout cas, le conseil municipal de Manchester a raté sa chance à Trafford Park, et lorsque Heaton Park, un autre ancien domaine, est entré sur le marché, le conseil n'a pas répété son erreur.

On va, en montant tout le chemin, à travers Cheetham Hill, le Ghetto, jusqu'aux hauteurs de Crumpsall et au Park par un tramway municipal, qui est admirablement bon marché ou criminellement bon marché (selon l'opinion que l'on se fait des tramways municipaux), et, en tout cas , magnifiquement efficace : et au bout du trajet, on retrouve la beauté. On peut trouver du thé à Heaton Hall et des tableaux qui débordent de la maigre galerie d'art de Mosley Street et des terrains de golf municipaux, mais on y trouve aussi de la beauté.

C'est un pays vallonné, élevé au-dessus de la fumée, parsemé de bois et de lacs. De vieux jardins s'accrochent autour du Hall, avec des clairières de rhododendrons où se trouvent des sculptures et des piscines, et le parc s'étend librement en plein air, aussi pur que n'importe quel air peut l'être à moins de huit kilomètres de l'hôtel de ville de Manchester. Il lui manque le paradis, et si l'on peut voir des collines verdoyantes depuis Heaton Park, on ne peut s'empêcher de voir les usines qui les couronnent ou s'élever des vallées, mais la beauté persiste ici, à la périphérie d'une ville laide, à l'abri du jerry. -constructeur et la souillure ultime.

Ada allait à Heaton Park. Les amoureux sont allés à Heaton Park avant Ada et ils y iront quand Ada sera réduite en poussière. Ada y est allée et Sam l'a accompagnée.

Il est allé avec elle, pas elle avec lui : mais si elle dirigeait, il était très, très loin de l'admettre, même si c'était peut-être sa connaissance obscure et subconsciente de son leadership qui lui faisait assumer extérieurement l'allure et les gestes d'un homme. chef. Il affirmait, de chaque centimètre de lui, qu'il était l'homme, le conquérant, et elle permettait cette affirmation et la flattait.

Diriger, en effet, n'était pas une habitude d'Ada, qui est née pour être dirigée, mais il nous est donné à tous de dépasser notre nature à l'occasion, et ce fut l'occasion d'Ada. Une compétence subtile lui a été accordée pour qu'elle puisse saisir cette opportunité avec ruse. Elle ne faisait que calculer maintenant, tandis que Sam oubliait de calculer et marchait avec Ada sur son bras le long de l'allée principale de Heaton Park.

La romance le suivit et mit un voile radieux entre ses sens sobres et cette heure sorcière : à travers le mirage, il contempla son Ada et vit qu'elle était bonne. Il s'envola vers de grandes ambitions, soit mourir, soit posséder la nymphe, et maintenant, en cette heure grisante, tout mettre à l'épreuve parmi les buissons de rhododendrons derrière la salle.

Là, près d'un carré de gazon ancien, il l'arrêta et trouva un siège près de la piscine où prospèrent les nénuphars : un coin d'amoureux, l'amour hanté. Qui sait quelles ardeurs de l'ancien régime, lorsque seigneurs et dames foulaient ce terrain, s'étaient transmises sur la pierre aujourd'hui délabrée de ce joli siège ? Quels amants fantomatiques en satin et brocart se tenaient là pour les bénir ou pour se moquer ? Les pigeons ramiers roucoulaient au-dessus d'eux, donnant le ton, et Sam dansait dessus dans une extase de désir ardent.

Elle avait l'autosatisfaction élégante d'un chat, la même certitude tranquille que la souris était à elle pour l'avaler quand elle le voulait. Ada était très heureuse.

Mais l'appréhension le saisissait désormais. Il ne la connaissait pas depuis une semaine et elle s'appelait Ada. La fille de Pierre. Il resta alors consterné par sa précipitation, avec le sentiment qu'il s'agissait après tout d'un « accident vasculaire cérébral » (bien que plus grave que jamais auparavant), et qu'il croyait en la nécessité d'agir rapidement, s'éclaircit la gorge et se lança dans la parole.

« Mademoiselle Struggles », dit-il, « je sais que je n'ai fait votre connaissance qu'au cours de la semaine en cours, mais il me semble vous avoir connue toute ma vie. C'est parce que je te voyais à l'église, j'ose dire. Je veux dire, nous n'étions pas des étrangers lorsque nous nous sommes rencontrés et, de toute façon, poursuivit-il imprudemment, je m'en fiche si nous l'étions. Je ne suis pas du genre à hésiter. Je veux dire, montre-moi quelque chose, et je pourrai te dire tout de suite si c'est bon ou mauvais. Ma décision est prise en un tournemain : c'est le genre de gars que je suis. Et quand ma décision est prise, j'agis.

Ada avait eu un petit hoquet en entendant la formulation de son discours d'ouverture – « au cours de la semaine en cours », un idiome de sa correspondance professionnelle glissé ici pour marquer sa nervosité – mais il était maintenant assez lancé, et elle ronronnait doucement comme un chat. lubrifié avec du beurre.

"Oui, M. Branstone ", dit-elle, "je pense que les hommes devraient être déterminés."

«Moi aussi», répondit-il. « Et c'est ce que je suis. Assez résolu et assez déterminé à votre égard.

"Sur moi?" Elle tourna vers lui des yeux innocents, étonnés. "Je ne savais pas que tu étais personnel."

«Eh bien», dit-il, «je le suis. Je le suis, répéta-t-il en lui prenant la main.

"M. Branstone », murmura-t-elle, comme quelqu'un qui voit une vision splendide dans un rêve, et laisse sa main molle dans la sienne.

Il se pencha vers elle. "Tu ne peux pas," demanda-t-il d'une voix rauque, "tu ne peux pas m'appeler Sam?"

Elle l'a appelé Sam et il l'a embrassée.

"Ada!" Il prononça son nom comme une caresse. "Ada!" Son nom était merveilleux ; elle était un miracle ; Sam était un amour triomphant. A ce moment-là, il était passionnément amoureux et il avait vaincu. Il avait serré les lèvres de sa divinité, timidement, avec une incompétence révélatrice qui aurait dû charmer celle qui, étant une femme, savait tout de l'amour alors que Sam était en pantalon court. Cela n'a pas charmé Ada, cela n'a touché qu'une corde sensible que la satisfaction d'un bon travail bien fait. C'était son premier, son plus récent amour, mais elle se souciait seulement que le poisson soit sur sa ligne, bien accroché. Il a vu son visage, l'a idéalisé et s'est glorifié de son visage : elle a vu une alliance, elle devait être Mme, elle devait s'échapper de la maison remplie de livres de Peter Struggles. Tous deux ont eu leur moment, mais Sam, dans le sien, aimait Ada, et Ada n'aimait qu'elle-même.

"Chéri", dit-il, et il chercha à nouveau ses lèvres. Elle vit sa soif et l'utilisa.

Elle recula. "Je ne pense pas que tu devrais m'embrasser à nouveau tant que nous n'en aurons pas parlé à mon père", dit Ada Struggles, enfonçant l'hameçon plus profondément dans son poisson. « Non, » continua-t-elle en le voyant tressaillir, « que je ne veuille pas que tu le fasses. Seulement--"

"Oui", dit-il, tandis qu'elle laissait le mot "seulement" et lui permettait d'apprécier son infinie délicatesse. "Oui. Bien sûr. Allons-nous prendre le thé au Hall ?

"Oh," dit Ada, "devrions-nous le faire?" On la voyait trembler au bord d'une tentation délicieuse, et résister difficilement. « J'en ai bien peur », décida-t-elle, « pas encore. Mais mon père aura fini son sermon maintenant, et si tu venais le voir tout de suite, alors… alors, Sam… » Elle le regarda, languissant, et lui ouvrit la perspective dorée d'une cour joyeuse. une fois que Pierre avait été « vu ». Il vint docilement voir Peter, et elle relâcha son étendard jusqu'à lui faire descendre le bras dans l'allée de Heaton Park. En effet, juste au coin du bosquet , où ils étaient cachés, il avait un bras autour de sa taille : ses pieds marchaient dans l'air, et sa tête était dans les étoiles.

Ada pensait : « S'il reçoit la bague de fiançailles ce soir, je pourrai la montrer demain après l'église.

CHAPITRE IX
ADA ET UN TRAM-CAR FOLLE

D' une manière générale – au nom, par exemple, de quelque chose d'aussi dépassé et déraisonnable que la piété filiale – Ada était tout à fait indifférente au « consentement » de Peter et souhaitait qu'il ne fasse qu'enchaîner Sam plus fermement. Elle ne doutait pas vraiment que Peter consentirait, comme il l'a effectivement fait, mais pas aussi facilement qu'elle l'avait prévu. Elle n'a pas exposé de bague de fiançailles à l'église le lendemain parce qu'elle n'en avait pas à exposer. Peter a gardé Sam trop tard pour ça.

Bien sûr, Ada avait tort à propos de Peter : elle le considérait comme un homme bon et par conséquent un parfait imbécile, alors que sa sottise était imparfaite et qu'il était sujet, comme la plupart des gens surnaturels, à un certain sens des affaires du monde. Ils surviennent parfois, ces accès de perception déconcertants, comme si un barrage avait éclaté, et généralement les moments sont gênants pour ceux qui ont compté sur le non-mondain.

Pierre a répondu à son attente en disant : « Bénis mon âme », et jusqu'ici seulement . Après cela, il commença un catéchisme élaboré et habile de Sam, qui prétendait être une conversation amicale sur les livres, mais qui était en réalité un examen de Sam Branstone , de son caractère et de son tempérament. Au début, Peter ne savait pas grand-chose de Sam au-delà de ce que lui avaient appris ses observations chez les Concentriques, et les remarques spontanées de Sam sur son salaire et ses perspectives intéressaient Peter dans une très légère mesure. À la fin, Peter décida qu'on pouvait faire confiance à Sam pour faciliter les choses à Ada sur le plan matériel, et que spirituellement il n'était pas au-delà de tout espoir.

Mais il n'avait pas encore été touché spirituellement. Ada le toucherait-elle ? C'était la question qui se posait à Peter, qui connaissait son Ada. Ada pourrait être dirigée. Il a admis qu'il avait lui-même échoué avec elle, mais il n'était pas un homme fort. Un homme fort, avec l'amour comme allié, pouvait diriger Ada, la former, et Sam avait la force et, pensait Peter, l'amour. Cela dépendait donc de la question de savoir si l'amour de Sam pour Ada, en réaction sur lui, vivrait sa spiritualité latente afin que l'orientation qu'il donnait à Ada soit bonne. Et dans l'ensemble, Peter pensait qu'il y avait une chance raisonnable. Il croyait au pouvoir de l'amour, il croyait que l'amour est Dieu et que Dieu est amour, et confronté à ses deux amants avoués, il a lu leur avenir avec optimisme à la lumière de sa croyance. Que pouvait faire Peter d'autre ? Ils disaient qu'ils étaient amoureux, ils paraissaient amoureux, ils avaient les symptômes de l'état amoureux. Il ne pouvait juger l'affaire que sur la base des preuves présentées au tribunal.

Il ne pouvait pas savoir que chez Sam les symptômes, bien que réels, étaient temporaires, et chez Ada un mimétisme intelligent. Il donna son accord formel et très solennel à leurs fiançailles.

Sam a quitté la maison tard, ravi du baiser « Bonne nuit » d'Ada, mais la lueur s'est rapidement estompée et il s'est retrouvé à penser plus à Peter qu'à Ada, qu'il aimait bien sûr. Si jamais la sonde avait été douce, c'était bien celle de Peter : néanmoins, Sam avait ressenti la sonde de manière antagoniste. Il avait frissonné nu devant l'inquisition de Peter, il avait compris qu'il était soumis à un examen et il lui en voulait. Il s'agissait d'une opposition, même déguisée, et la pensée de cet aimable adversaire l'amena à penser à quelqu'un de qui, aussi, il fallait s'attendre à une opposition, et probablement avec moins de tact. Cela a conduit à Anne.

Eh bien, c'était le sort des amoureux : c'était le moyen d'approfondir l'amour et, peut-être déjà un peu dubitatif sur son amour, il accueillait l'idée d'Anne en opposition. Il était curieux que, même s'il considérait Ada comme la seule femme au monde, il s'attende à ce qu'Anne soit hostile non seulement à l'idée de son mariage en général, mais aussi à son mariage avec Ada en particulier. Elle n'était guère fidèle à Ada, qui aurait dû régner sans contestation comme reine ; et il pouvait présenter à Anne l'argument des avantages d'être le gendre de Peter Struggles. Mais, malgré tout, il recherchait des frictions, et Anne ne devait pas le décevoir là, même si au début elle l'accepta avec un calme qui le désarma.

Il entra, bien sûr, tard et dîna, espérant silencieusement qu'elle lui donnerait une ouverture, mais Anne ne posa aucune question, même si elle ne l'avait pas vu depuis tôt le matin, et Sam n'était pas souvent dehors pour les repas. Elle n'a posé aucune question parce qu'elle voulait d'abord le surveiller. D'un seul coup d'œil, il lui était évident qu'il se trouvait dans l'une des deux situations suivantes : il était ivre ou il était amoureux, et elle ne voulait pas se tromper. S'il s'agissait de boisson , elle agirait très rapidement et directement ; s'il s'agissait d'amour, elle agirait astucieusement et par des moyens détournés. Elle découvrit rapidement que ce n'était pas de la boisson. C'était plus sérieux.

Son silence l'impressionnait. "Mère," demanda-t-il en guise de rupture, "tu ne vas pas bien ?"

« Oui, » dit-elle sombrement, « je vais bien. Es-tu?"

"J'ai mangé un bon dîner."

"J'ai remarqué ça. Je vais dégager maintenant.

"Attends un peu. J'ai quelque chose à te dire.

« Je pense que ça tiendra jusqu'au matin. Vous ne le saviez peut-être pas, mais vous êtes arrivé en retard. C'est l'heure du coucher et au-delà.

« Pourtant, » dit-il, « j'aimerais que vous entendiez cela ce soir. »

"Vous avez l'air sérieux", dit Anne en s'asseyant. "Qu'est-ce qu'il y a, Sam?"

"C'est quelque chose d'assez merveilleux, maman."

"Ce serait le cas", a déclaré Anne. "Quel-est son nom?"

Sam se leva, étonné de sa perspicacité. "Tu as deviné!"

"Je ne suis pas encore dans mon enfance." Anne était sombre.

« Mère, j'espère que tu es contente. Vous devez être content. Tout cela est tellement merveilleux pour moi.

«Je vous ai demandé son nom», dit Anne.

«C'est Ada Struggles. Vous savez, poursuivit-il précipitamment, combien nous admirons tous son père.

"Je sais, mais je ne connais pas Ada."

"Vous le ferez bientôt", dit Sam avec enthousiasme.

"Je le ferai", dit Anne, et il y avait une menace dans sa voix. Elle a pris sa bougie. « Bonne nuit, mon fils », dit-elle en l'embrassant, ce qui n'était pas habituel.

"Est-ce tout?" Il a demandé. "Tout ce que tu as à dire?"

«Je ne connais pas encore Ada», dit-elle, et elle se mit donc au lit.

Peter et Anne ont parcouru des chemins opposés dans leur quête pour savoir si ce mariage était la bonne chose pour le bonheur de leurs enfants. Pierre ignorait le problème du pain et du beurre , ou le prenait pour acquis : et il possédait la sagesse la plus élevée. Il savait que Sam n'était pas fait d'une matière qui manque de pain ; Ce n'était pas dans son corps mais dans son âme que Sam risquait d'être pincé.

Anne avait une vision plus terrestre selon laquelle le bonheur résultait du confort de la maison. Ada, comme elle le savait, n'était pas une beauté éclatante, et tant mieux pour cela. La beauté est superficielle. Mais elle avait l'air fragile, mais d'ailleurs, certaines des filles les plus coriaces l'étaient aussi, et elle supposa que Sam avait eu le bon sens de mener quelques enquêtes préliminaires avant de s'engager. Sam, semble-t-il, ne l'avait pas fait.

Ada était-elle forte et en bonne santé ? Était-elle économique ? Pouvait-elle cuisiner ? Était-elle sa propre couturière ? Et lorsqu'elle constata que Sam ne pouvait répondre à aucune de ces questions, elle dit ironiquement : « Eh bien, au moins, tu as des yeux dans la tête. Leur maison est-elle propre ?

Sam pouvait seulement dire qu'il le supposait, et Anne le regarda d'un air morose. "Oui, tu es amoureux, d'accord", dit-elle. « On dit que l'amour est aveugle. Vous me laissez beaucoup de choses.

« Mère, dit-il alarmé, qu'est-ce que tu vas faire ?

«Je vais faire connaissance avec Ada», dit-elle. "L'un de nous doit la connaître, et vous non."

"Si tu es juste envers elle", dit Sam. "Je n'ai pas peur."

«Je serai juste», dit Anne, et elle avait l'intention de l'être; mais une mère est-elle toujours juste envers la future épouse de son fils unique ? Peut-être, et dans ce cas , Anne est allée voir Ada avec un esprit ouvert. « Après tout, réfléchit-elle, j'ose dire que la mère de Tom Branstone ne m'aimait pas beaucoup, même si Tom était l'un des dix et cela fait une différence. Mais ça ne devrait pas être le cas. »—— elle se releva. "Anne, tu seras juste envers la fille." Elle regarda avec indulgence les rideaux d'Ada et sonna à la cloche d'Ada.

Mais Ada portait des bracelets en argent aux poignets et ses chaussures étaient faites pour le spectacle. Anne éprouvait ce genre de plaisir que procure la réalisation de ses pires craintes. Elle a peut-être généralisé de manière trop radicale, mais elle a soutenu que seules les personnes superficielles portent des bracelets et des chaussures en argent dont le but est la délicatesse et non la durabilité.

En tout cas, les premières impressions étaient lourdes contre Ada, mais Anne se souvenait de sa promesse d'être juste. Il était possible que lorsque Tom Branstone emmenait Anne voir sa mère, cette dame n'aimait pas la façon dont Anne se coiffait. Pour chaque génération, les symboles de sa jeunesse et peut-être les bracelets sur Ada n'étaient pas plus capricieux qu'une broche cairngorn ne l'avait été sur Anne.

«J'ai du thé prêt, Mme Branstone », dit Ada. "Sam m'a dit que tu venais."

"Est ce qu'il?" Anne fut surprise de dire. Elle n'avait pas dit à Sam son intention et sa supposition ainsi que son avertissement à Ada avaient gâché son plan de tomber sur Ada à l'improviste. Elle voulait Ada sans préparation et sans fioritures : Ada à la maison, pas Ada « à la maison ». Et Ada était vraiment « chez elle ». La pièce avait été « aménagée » – et Peter aussi, peut-être – les manières de l'entreprise et la théière de l'entreprise étaient exposées, et tout était formel et visiblement pensé. Et, comme Anne devait l'admettre, ce n'était pas mal pensé non plus. Ada n'était pas allée dans cet internat coûteux pour rien ; elle avait l'air d'effrayer la veuve d'un porteur. Anne n'aimait pas son astuce consistant à mettre le lait dans la tasse avant de verser le thé, ni sa façon dogmatique d'affirmer que cela améliorait la saveur et que « tout le monde le faisait maintenant ». Tout le monde ne l'a pas fait, Anne ne l'a pas fait ; mais, encore une fois, c'était peut-être là une touche de modernité, et Anne était devenue juste.

Elle a fait son premier score quand Ada a quitté la pièce pour aller chercher de l'eau chaude. « Cette pièce a été époussetée aujourd'hui », pensa Anne. "Je vais voir ce que vaut son époussetage." Elle l'a testé en passant son doigt sur le dessus des livres sur l'une des étagères, et son doigt était très noir.

La seule façon de garder les livres propres à Manchester est celle adoptée par neuf personnes sur dix : ils n'ont pas de livres. Les autres mettent les livres derrière une vitre, comme des orchidées, les autres ont l'habitude de souffler fort sur un livre lorsqu'ils le sortent de l'étagère, et de se laver les mains avant de l'ouvrir.

Anne ne le savait pas. Elle gardait les quelques livres de Sam propres grâce à l'huile de coude quotidienne, et maintenant furtivement elle essuyait son doigt sale sur son bas avec le sentiment qu'elle avait découvert Ada. La poussière sur les livres (et elle était certainement épaisse) confirmait l'impression laissée par les bracelets, et Anne n'avait pas du tout honte de son espionnage. Sam lui avait volé une avance en prévenant Ada et elle l'avait payé avec sa propre pièce.

Et à partir de ce moment-là, le score n'a cessé d'augmenter contre Ada. Il y avait des gâteaux pour le thé. Maintenant, la seule excuse pour les gâteaux était qu'on les préparait soi-même et Ada a avoué qu'ils venaient de Mme Stubbins et a commis l'erreur supplémentaire de montrer les connaissances d'un expert dans les productions de la confiserie de Mme Stubbins. « Frivole dans la nourriture comme dans la tenue vestimentaire », fut le commentaire d'Anne. Sa robe, apprit Anne, avait été confectionnée par Madame Robinson.

« Elle est chère, dit Ada, mais tout à fait française. Et bien sûr, elle vient à l'église.

Aucun non-conformiste n'a besoin de postuler ; mais Anne ne pensait pas à la religion de Madame mais à ses factures. L'employeur d'une couturière toute française appelée Robinson, née Duff, n'était pas l'épouse de Sam Branstone .

Et pour rassurer doublement l'assurance d'Anne, Ada laissa échapper quelque chose sur le fait d'être sous la surveillance du médecin.

Mais Anne n'était pas optimiste. Elle voyait assez clairement que c'était précisément la faiblesse d'Ada qui faisait sa force avec Sam. Madge et George s'étaient appuyés sur Sam et l'avaient apprécié, tout comme Anne elle-même, dans ce cas, l'avait apprécié. Mais c'était un cas différent de celui-ci. Madge avait le droit d'être une sœur ; Anne ne voyait rien dans la faiblesse d'Ada et d'Ada qui lui donnait le droit de s'appuyer sur Sam : et le penchant dans le mariage ne devait pas être unilatéral. Ada ne pouvait rien donner à Sam à part elle-même, et Anne ne pensait pas que ce cadeau valait la peine.

Sam, malheureusement, l'a fait et Anne doutait de son pouvoir de changer d'avis. En tout cas, sa première tentative devait se faire avec Ada, et elle se sentait à l'étroit dans la maison d'Ada, peut-être parce que c'était la maison de Peter, le sanctuaire de sa simplicité. Elle voulait qu'Ada soit coupée des défenses de la table à thé et de son propre environnement familier, et, parlant quelque chose de la chaleur de la soirée, elle lui suggéra de monter sur le toit d'un tramway.

«Je le fais souvent moi-même», a déclaré Anne. "Cela fait disparaître les toiles d'araignées."

En fait, elle ne le faisait pas souvent, car cela aurait perdu son caractère de dissipation, mais avec une sage irrégularité, elle échappait à l' esclavage de sa maison à bord d'un tramway. Les voyages en tramway étaient sa romance, sa soupape de sécurité, son aperçu de la vie. Six penny de tramway coûtent moins cher à long terme que quatre penny de gin : les deux en emportent un, mais le tramway en ramène un sain et sauf.

La lèvre d'Anne se serra lorsqu'elle vit qu'Ada ne changeait pas les chaussures fragiles et que son chapeau éclipsait leur fragilité. Un chapeau « bébé », en imitation dentelle, d'où son visage ressortait comme une fleur tombante et sans sève. «Oui», pensa Anne. « Les hommes étant des hommes, ce chapeau est intelligent. C'est un piège pour les imbéciles et il a attrapé mon imbécile. Ada Struggles, tu es dangereuse.

Ils prirent place à l'avant du tramway et elle dit à voix haute, en utilisant volontairement son accent le plus rude : « C'est bizarre de penser que notre Sam épouse une dame. Je ne dis pas qu'il ne le mérite pas, mais son père était porteur de chemin de fer et le mien était policier. Sa sœur était en service.

"Sam Wall, continue", dit Ada avec conviction.

«Je n'en doute pas», a déclaré Anne. « Mais il a eu de la chance et la question est de savoir si la chance tiendra. M. Travers l'a pris en charge et l'a envoyé au lycée, et Sam n'y a pas très bien réussi. Il m'a déçu et il n'a pas continué comme il aurait pu le faire. Le combat l'attend encore et il aura besoin d'un combattant à ses côtés. J'ai fait ma part pour lui depuis si longtemps et je vieillis. Je serai heureux de me reposer, Ada. Sam se lève tôt et c'est un travail épuisant de se lever un matin d'hiver pour allumer le feu et préparer son petit-déjeuner. Seulement, cela ne vous dérangera pas. Tu es jeune."

"Bien sûr", dit Ada, "nous aurons un serviteur."

"Quoi!" s'écria Anne, avec deux livres dix par semaine, avec moi à garder et tout ? Je ne compterais pas là-dessus, si j'étais toi. Plus tard, peut-être. Mais je sais que ce n'est pas possible pour le moment, sinon Sam l'aurait fait pour moi. L'idée d'Anne Branstone avec une fille autour de sa maison lui parut humoristique. Anne aurait peut-être pu l'aider un jour, lorsqu'elle était alitée : jusque-là, sa maison était sa maison. « Non, reprit-elle, vous pouvez me croire qu'il ne s'adressera pas à un domestique. Je ne sais pas quelle est son idée de moi, s'il voudra que je vive avec toi ou non. Probablement pas. Un homme ne veut pas de sa mère quand il est marié.

"Non", acquiesça Ada avec espoir. Anne l'a opprimée.

"Non. Et je peux me débrouiller avec lui pour une livre par semaine. Cela vous laissera trente shillings. Eh bien, je l'ai fait, donc je sais que cela peut être fait, même si, remarquez, c'est une lutte tout le temps et des doubles marées lorsque les bébés commencent à arriver. Mais bien sûr, je vais vous aider, avec des conseils. Je ne suis pas pour m'imposer à toi, mais naturellement je connais les manières de Sam et ses goûts en matière de nourriture. Il est parfois un peu difficile aussi, mais ce n'est rien. Tous les hommes le sont et vous le saurez, ayant eu à faire à votre père. Je ne dis pas que Sam est capricieux, mais il aime ce qu'il aime et j'espère que vous aimez les mêmes choses. Cela m'a toujours excité de nettoyer un lapin, et je n'ai jamais aimé l'odeur des oignons, mais c'est un plat préféré de Sam et donc je me contentais de sourire et de le supporter. Et je sais que tu feras la même chose pour Sam.

Ada se tortilla, impuissante. Elle aurait pu crier. Anne s'assit à l'extérieur du siège et l'y plaqua. Le tramway ressemblait à une voiture Juggernaut qui fonçait implacablement sur ses rêves : une prison où elle était torturée par une vieille femme grossière aux mains endurcies par le travail et au vitriol incessant. Elle voulait dire à Anne qu'elle avait menti, que plus elle dépréciait Sam, plus Ada le savait désirable, que ses raisins n'étaient ni aigres ni susceptibles d'être aigris par la jalousie insensée d'Anne ; et elle ne pouvait pas le faire. Le trajet ressemblait davantage à un cauchemar à chaque instant qui passait. Le tramway était une cage à roues folle avec un conducteur et un garde fous. Il quitta les lignes et s'enfonça sauvagement dans la désolation, et elle y fut enchaînée à une fureur vengeresse qui ne cessait de parler, mais qui, avec un bon sens impitoyable, piquait toutes les bulles de ses espoirs. Elle ferma les yeux et s'abandonna à la misère. Chaque minute semblait une heure. Elle pensait que quelqu'un l'étranglait, que la cage volante était son tombeau, que des vampires lui suçaient le sang, et que son corps nu et vidé était enchaîné à son siège jusqu'à ce que la voiture, traversant inévitablement un espace noir, finisse par heurter une étoile en un seul coup. consommer du smash. Elle ouvrit les yeux et constata que le tramway s'était arrêté à son terminus de banlieue et qu'Anne demandait : « On descend se promener ou on revient par la même voiture ?

donc toujours dans le monde vivant, et avec cette conscience, le courage lui revint. Pendant une minute, elle resta silencieuse, combattant ses démons, captant les faits et les pesant. Anne n'était pas un vampire, mais une vieille femme usée qui avait, curieusement, le droit d'appeler Sam Branstone son fils — la future belle-mère d'Ada, et pittoresque aussi ; celle qui doit être mise fermement et hautaine à sa place et y être maintenue.

"Nous allons rester sur cette voiture", a-t-elle répondu. Sa folie était partie. C'était un tramway, tout à fait sain d'esprit et habituel. « Je pense, reprit-elle, que vous exagérez les difficultés. Je n'ai aucun doute que Sam aura plus d'argent au moment où nous serons mariés. Vous voyez, il me demande de travailler pour le moment.

Pas une plaisanterie avec ça non plus. Une déclaration purement factuelle, et la vérité a frappé Anne, l'hypothèse cool selon laquelle Ada, en tant qu'incitation à l'effort, était plus compétente qu'Anne. Et cela à Anne qui avait appris l'algèbre pour Sam, à Anne qui s'était sous-alimentée pour qu'il puisse porter les vêtements qu'un lycéen devrait porter, à Anne qui - oh, c'était ineffable, mais cela l'a vaincue parce qu'elle savait, amèrement , de manière irritante, mais indéniable, que c'était vrai. Cet enfant au visage de bébé, cet imbécile en jupons était plus pour Sam que la mère qui l'avait enfanté. La reine Anne était morte et Ada Struggles régnait à sa place.

CHAPITRE X
GERALD ADAMS, SOCIOLOGUE

Une NNE a appelé chez Madge alors qu'elle rentrait chez elle. Celle de Madge, malgré les progrès de George, était toujours la maison qui avait été les locaux du Hell-fire Club. Anne n'y allait pas souvent et jamais sans raison, mais Madge ne parvenait pas à connaître la raison de cette visite, et elle ne le devinait pas non plus lorsqu'Anne ajouta discrètement à La conversation sur le jeune Sam Chappie une question qui aurait pu sembler hors de propos. "As-tu déjà fait quelque chose avec ta chambre libre à l'étage ?" elle a demandé.

"Non", dit Madge. "Il est peu probable que ce soit le cas, j'imagine." C'était la raison de la visite. Anne gardait sa retraite, sans toutefois admettre qu'elle aboutirait à une retraite. Les fiançailles ne mènent pas invariablement au mariage. En attendant, elle jouait un jeu d'attente et une rupture avec Sam à ce stade devait être évitée.

Lorsqu'il lui demanda, sans trop de confiance, si elle n'était pas d'accord avec lui sur les merveilles d'Ada, elle fit preuve d'une noble retenue et se contenta de répondre : « Elle n'est pas la femme d'un pauvre homme, Sam. »

"Non," dit Sam pensivement. «J'étais tombé là-dessus. Et je ne veux pas non plus être pauvre », et c'est ainsi qu'il sortit pour ouvrir le sombre chapitre de son brillant succès. Il est allé chez les Concentriques, ne sachant pas qu'il allait vers son destin. Il y était allé parce que c'était le soir de leur réunion hebdomadaire et qu'il devait se rendre quelque part pour éviter le regard d'Anne, mais son humeur n'était pas concentrique. « Je dois devenir riche pour Ada, riche pour Ada », tel était le fardeau de sa pensée – si tôt il justifia les paroles d'Ada auprès d'Anne – et ce n'était pas une pensée opportune pour une soirée Concentrics.

Il avait même oublié qu'il avait un intérêt particulier pour cette réunion, où le conférencier devait être Adams, autrefois l'aversion de Sam et son rival imbattable au lycée. Cela lui fut rappelé lorsqu'il se trouva abordé par un jeune homme qu'il ne parvint pas au premier abord à identifier.

"Jupiter! Si ce n'est pas Sammy Branstone ! Êtes-vous membre de ces fossiles ?

" Dubby Stewart!" » dit Sam, alors que la reconnaissance lui revenait.

"Reed est ici aussi, quelque part", a déclaré Stewart. "C'est un rassemblement du clan."

Reed et Stewart, semblait-il, en étaient tous deux membres, ce qui veut dire qu'ils étaient venus une ou deux fois il y a quelque temps et qu'ils avaient continué à maintenir leur petite cotisation, par habitude ou par simple faiblesse, pour cesser de la payer. En effet, peu de sociétés pourraient exister sans l'enthousiasme du noyau présent et les souscriptions de la messe absente.

"Nous sommes venus entendre Gerald Adams se ridiculiser", a expliqué Stewart. « Quel sujet ! »

Sam avait même oublié quel était le sujet. « Riche pour Ada, riche pour Ada », résonnait encore à ses oreilles.

Le sujet était « La pureté sociale ».

« Ce qui explique, dit Stewart, la taille du public. Ils sont tous venus en espérant le pire. Je sais que oui.

Le pire ne s'est pas produit, ou plutôt, s'il s'est produit, il a été si habilement masqué que personne ne l'a reconnu comme le pire. Il était facile de le confondre avec le meilleur.

Adams était en partie sérieux et en deux parties espiègle, à la manière de la personne supérieure qui cherche une alouette intellectuelle. Il était constamment préoccupé par ce que l'on appelle par-dessus toutes les questions *la* question sociale. Ce n'était pas une préoccupation agréable pour un jeune homme : elle était, par exemple, loin de la saine exubérance du rabelaisianisme de Sam . Et bien sûr, Adams était rusé : il n'était pas du genre à mourir en martyr. Il appréciait, comme une gymnastique intellectuelle, le traitement de son sujet de manière à ce qu'il choque à la fois son auditoire et lui gagne son approbation en tant qu'honnête homme accomplissant un travail désagréable par conviction.

Sam était d'accord avec Stewart. Ses vieux préjugés contre Adams étaient forts en lui et il espérait qu'Adams deviendrait un recadrage. C'était au début, quand Adams, avec une flagrante affectation de supériorité, commença à lire sa conférence ; mais bientôt, très vite, Sam changea d'avis et n'espéra plus que que l' habile patineur garderait son équilibre, sur la glace mince.

« Riche pour Ada », et ici, comme Sam le voyait, était en effet un « coup » si Adams réussissait jusqu'au bout et si à la fin il écoutait raisonnablement Sam.

Adams courait peu de danger. Il venait d'Oxford, de Londres, du monde entier et de son public de Manchester. Et il s'est abaissé pour conquérir avec une conférence qui était une mosaïque d'avancées et de reculs, d'indiscrétions flamboyantes et d'excuses suffisantes, d'audaces et de méfiance.

Sam observait attentivement le public, et il ne serait pas injuste de dire que le public jubilait. Tous n'étaient pas ravis, mais dans l'ensemble, en tant qu'auditoire, ils ont bu la conférence d'Adams comme du lait maternel. Il appelait cela de la franchise et donnait des détails inutiles, il avait une apparence d'indignation honnête et une réalité de se baigner dans la boue avec délectation. C'était abominable mais diaboliquement intelligent ; indécent jusqu'à l'âme, il a astucieusement éludé tout ce qui justifiait une accusation d'indécence devant un tribunal de police ; c'était une immondice enveloppée de piété, marchant sous la bannière de la Réforme. C'était un croisé masqué, brandissant sous la garde de la réticence britannique une rapière dont la poignée était une croix.

Adams éprouvait une curieuse satisfaction à se tenir là, comme un pénitent lors d'une réunion de l'Armée du Salut, prétendant avoir une immense connaissance personnelle du mal, ce qui était heureusement impossible, et il se réjouissait de la présence d'un clerc dans le fauteuil. La chose s'est transformée, pour lui, en un jeu passionnant, un concours de son esprit avec celui de Peter. Il avait emporté son auditoire, mais le président restait distant et dubitatif. Si Pierre voyait clair en lui, il avait perdu ; sinon, il a gagné. Pour Peter, il a lu les passages condamnatoires avec un sérieux vibrant, et pour Peter, il a lu comme à contrecœur, poussé par sa conscience, les détails de son témoignage.

Sam a également contracté l'infection, mais pas comme un jeu. Il s'accrocha au jugement de Peter avec une profonde anxiété, regarda Peter rougir et se traîner sur sa chaise, le vit prendre du tabac nerveusement, trembla au moment où Peter semblait sur le point de l'interrompre, soupira de soulagement lorsque Peter se rassit silencieusement et attendit fébrilement le discours du président.

Il n'y aurait probablement eu que peu de doutes sur le verdict de Peter si Adams avait été un concentrique ordinaire, un conférencier et un membre de la Société. Mais il n'était ni l'un ni l'autre, et il était là sur invitation. Et il n'était pas seulement d'Oxford, de l'Université Peter's, mais brillamment d'Oxford, de Balliol, avec de nombreux honneurs académiques sur lui. Si Peter pensait, pendant qu'Adams parlait, qu'il devait le rappeler à l'ordre, il se souvint qu'Adams était un Double Premier et renonça. Il ne pouvait pas être hypocrite, car il avait gagné l'Irlande. Il était terriblement sérieux maintenant – parce qu'il avait remporté le prix des vers grecs. Il était déterminé, chevaleresque, bravant les malentendus des calomniateurs, ouvert et honnête – parce qu'il était un membre de Balliol.

Peu importe à Peter que le père d'Adams soit le paroissien le plus riche de St. Mary's ; il importait encore moins qu'Adams soit superbement habillé dans exactement la nuance de gris appropriée à un ardent croisé. (« Regardez ses foutus vêtements », avait chuchoté Reed à Stewart. « N'y a-t-il pas réfléchi ? » Il l'avait fait : ses vêtements étaient chastes si ce n'était pas le cas de sa conférence.) Mais l'érudition comptait pour Peter, dont l'autre nom était la Charité, et une fois qu'il eut décidé que Gérald était sincère, que tout ce qu'il disait était subordonné et justifié par un dessein élevé, il se montra généreux, et d'autant plus généreux qu'il avait douté.

« Le sujet de la conférence de M. Adams, dit-il, est comme des orties : s'il n'est pas traité avec audace, il pique. Je n'ai que des éloges pour le courage, la droiture et le sérieux avec lequel il a traité ce mal affligeant. Je pense que nous avons tous été profondément émus par ses exemples d'inhumanité de l'homme envers les femmes. En tant qu'homme d'Église, je ressens une responsabilité particulière et, puis-je dire, une gratitude particulière envers M. Adams pour son étude sur ce sujet. La médecine, nous le savons tous, a ses martyrs, ses chercheurs qui se sacrifient pour la santé de leurs semblables. M. Adams, qui a examiné si minutieusement cette plaie sociale, à quel prix seuls les plus sensibles d'entre nous peuvent deviner le prix à payer en douleur, mérite d'être classé parmi les martyrs de la science... » Et ainsi de suite, doublement beau parce que il eut honte de douter de l'honnêteté de Gerald et fit amende honorable.

Adams avait gagné sa partie, haut la main. Il trouvait le vieux garçon glorieusement drôle et il trouvait Sam Branstone , qui se levait quand Peter s'asseyait, encore plus drôle. Sam croyait qu'il fallait frapper pendant que le fer était chaud : il ne voulait pas que Peter ait l'occasion de changer d'avis lorsqu'il réfléchissait froidement.

Sam commença par se féliciter de la chance qu'il avait eu d'avoir été le camarade d'école du distingué M. Adams. Adams regarda fixement Sam à travers son pince-nez austère et fut remarqué en train de sursauter. « Mon Dieu, pensait-il, c'est ce voyou, le fils du portier. » Mais il aimait beaucoup les flatteries de Sam. Sam, semble-t-il, avait été si profondément impressionné par le discours admirable, voire éloquent et émouvant de M. Adams, et par le très juste éloge funèbre du président, qu'il pensait qu'il serait extrêmement dommage qu'un discours aussi saisissant et si bien écrit un article n'a pas réussi à atteindre un public plus large que celui auparavant qu'il avait été lu. Ils attendaient ce journal ; son attrait était large ; l'urgence de son besoin, l'instinct dans chaque mot, a été soulignée par les remarques du président. Il a donc une proposition pratique à faire. Le journal devait être imprimé, et si M. Adams pouvait lui accorder quelques instants après la réunion, Sam espérait qu'il le laisserait régler le problème.

Il s'est assis sous de vifs applaudissements. Sous sa couverture, Stewart murmura : « Espèce de connard inimitable ! Sam le regarda avec une surprise douloureuse. « Je veux voir ce journal imprimé », a-t-il déclaré avec indignation.

Le débat s'est déroulé de la manière futile habituelle. Peu avaient quelque chose à dire, mais beaucoup aimaient le son de leur propre voix et exprimaient longuement leur préférence, jusqu'à ce que les orateurs et les orateurs aient pris leur tour et que Sam puisse monter sur l'estrade. Peter n'avait pas changé d'avis et complimentait Adams de sa manière simple et charmante.

Cela aurait sans aucun doute dû faire honte à Adams, mais ce n'est pas le cas. Cela a durci son cynisme à tel point que, lorsque Sam est arrivé, tout ce qu'il pensait était : « J'ai dupé le curé. Maintenant, il faut faire rebondir le fils du portier.

« Comment vas-tu, Branstone ? Il a demandé. "Ravi de vous revoir."

"Et moi toi", dit Sam. Ils se serrèrent la main. "Avez-vous eu le temps de réfléchir à ce que j'ai proposé?"

« En fait, » dit Adams, ce qui est la façon habituelle de commencer un mensonge, « j'avais pensé envoyer mon petit journal à l'une des revues, la *Quinzaine* ou la *Contemporaine* .

"Excellent", a déclaré Peter.

Sam aurait pu lui donner un coup de pied. "J'ose être en désaccord", a-t-il déclaré. « L'objectif principal devrait être d'atteindre un public aussi large que possible. Ma propre idée était de le faire moi-même sous la forme d'un... » Il allait dire « brochure », mais il le modifia en « brochure ». Il pensait que cela semblait plus attrayant. « Dans les grandes critiques, il serait lu par relativement peu de personnes et il ne serait pas isolé comme dans une brochure. Il prendrait sa place avec d'autres articles. Et j'ai entendu dire que les contributeurs aux critiques ne sont pas très bien payés.

Adams n'avait pas du tout pensé au paiement, mais il y pensait maintenant, avec enthousiasme. Il était riche, mais l'idée de dépouiller le fils du portier, qui avait eu l'assurance d'aller à l'école avec lui, lui parut comme le couronnement d'un jeu joyeux. C'était, transcendantalement, sa soirée pour gagner.

« Oh, je ne sais pas », dit-il, ce qui était vrai. "Je suppose que je devrais gagner environ vingt livres pour cela."

«Je vous en donnerai vingt-cinq», dit Sam.

"Sam!" protesta Pierre. Il a abordé le motif (tel qu'il l'avait compris), mais a considéré l'offre imprudente d'un jeune homme qui envisageait le mariage.

"Vingt-cinq livres", répéta Sam fermement.

"Eh bien," rit Gerald, incapable de ne pas rire de l'insistance de l'idiot, "si tu es aussi désireux de faire le bien que ça, j'accepterai l'offre."

"Bien", dit Sam. "Je vais régler ça immédiatement."

Il s'est rendu à la table du président et a établi une forme de cession de droit d'auteur. Il connaissait un peu la loi, et c'était une situation dangereuse pour l'autre type. Mais Sam et Adams rentrèrent chez eux ce soir-là dans un état d'autosatisfaction chérubin.

"Quel match?" pensa Adams. "Et quel connard!"

Curieusement, les pensées de Sammy Branstone n'étaient pas différentes. Il avait cet avantage sur Adams : Adams avait lu son journal et n'avait pas regardé son auditoire tout le temps. Sam avait observé le public et pensait que vingt-cinq livres représentaient un prix bon marché pour ce journal.

Il dormit dessus et se réveilla le lendemain avec confiance dans son investissement et sans être dérangé, mais la nouvelle qui l'attendait au bureau le secoua d'abord. C'était une chose de voir une activité secondaire profitable dans la publication du discours d'Adams et une autre d'être soudainement obligé de considérer les droits d'auteur de ce journal comme son seul atout solide. Il craignait, dans la froide journée, que ce ne soit pas assez solide pour cela.

Pourtant, ce qui s'est passé n'est pas une surprise totale. Sam connaissait les habitudes de Travers et savait que les hommes ayant ses habitudes risquaient de mourir subitement. Travers était mort dans la nuit et Sam était très en colère.

Il se disait qu'il n'avait pas de chance avec la mort des gens. Son père était mort trop tôt pour Sam, et maintenant Travers était mort au moment même où Sam s'était fiancé et où il avait entrepris une spéculation qui, quels que soient ses espoirs, était après tout spéculative.

L'activité d'un agent immobilier est en grande partie personnelle et, s'il n'y a pas de successeur évident, pas d'héritier présumé déjà en formation pour la succession, elle risque de s'effondrer à la mort de son chef. Dans ce cas, le processus de désintégration était enclenché depuis longtemps ; la boisson avait commencé ce que la mort finissait maintenant ; et il n'y avait pas d'héritier. Lance Travers s'était décidé pour la médecine et était, sur le plan matériel, peu affecté par la mort de son père, puisque Travers lui avait acheté un cabinet un an plus tôt quelque part dans le Sud, et que le quartier se montrait en bonne santé valétudinaire.

Le bureau n'était pas un endroit joyeux ce jour-là. Les hommes estimaient leurs économies et les comparaient aux semaines probables de chômage avant de trouver un nouvel emploi. Quelques-uns d'entre eux pourraient sans doute espérer « céder » l'entreprise à celui qui l'achètera ; et ils se demandaient qui achèterait et lequel d'entre eux serait engagé par l'acheteur.

Ils s'imaginaient les chances de Branstone , tout comme Sam, en fait, mais tout cela était dans l'air et extrêmement perturbant au moment même où il s'était donné tant d'autres choses à penser. Même s'il déménageait avec l'entreprise, ce ne pourrait être qu'en tant que commis. Il perdit l'avantage de l'amitié de Travers et, en outre, il n'était pas sûr que quiconque penserait que l'entreprise valait la peine d'être achetée. Travers n'avait pas le droit de mourir.

Puis l'idée lui vint qu'il le prenait allongé. Lui, un garçon courageux, pleurnichait comme ces employés de bureau sans courage. Il trahissait sa bonne étoile. La mort, même celle de Tom Branstone , n'avait pas été terriblement cruelle envers lui. La mort de Tom l'avait conduit indirectement au bureau, à Minnifie , aux Concentrics, à Ada, et il commençait à voir dans la mort de Travers les possibilités du bien. C'était peut-être le doigt du destin, le détournant du bureau qui avait servi à son tour vers une nouvelle dispense à organiser par les collaborateurs, Sam et Providence, sur le rocher du papier d'Adams.

Ils accomplissaient le travail de routine du bureau, comme les hommes condamnés à mort font de petites choses ordinaires et y trouvent du réconfort. Puis, en fin d'après-midi, Lance Travers est arrivé. Il avait voyagé tôt le matin, était rentré chez lui, avait vu le médecin et l'avocat de son père et était maintenant venu voir Sam. Ils étaient assis dans le bureau privé de Travers, où les stores étaient baissés, et en présence du fils de Travers, qui lui devait la vie, Sam était conscient d'un sentiment plus profond qu'il n'avait jamais connu auparavant, il n'était plus en colère parce que Travers était mort, mais il le pleurait honnêtement.

"Au fait," dit immédiatement Lance, "est-ce que mon père vous a déjà parlé de son testament ?"

"Sa volonté!" dit Sam. "Non. Pourquoi le devrait-il ?

"Je pensais qu'il aurait pu le faire", a déclaré Lance. « Il a réussi l'année dernière après m'avoir acheté mon cabinet. Il a alors pensé qu'il devrait faire quelque chose pour vous, mais il ne s'attendait pas à vivre longtemps et il l'a inscrit dans son testament. Il y a mille livres pour toi.

Sam l'a bien pris. « Je préférerais, dit-il, qu'il soit encore en vie. » et, pour le moment, il le pensait vraiment.

Mais il avait raison. C'était le doigt du destin.

CHAPITRE XI
EN COURS

Bien entendu, Lance a offert à Sam le premier refus concernant l'entreprise de son père, mais il n'a pas été surpris lorsque Sam a refusé d'y penser.

Sam était bien plus surpris par lui-même que Lance par Sam. Lance n'avait jamais considéré l'agence immobilière comme un métier recherché, alors que Sam s'était lassé de sa routine sans perdre le respect de son utilité, et hier encore, il aurait sauté sur l'occasion de devenir propriétaire de l'entreprise. Il entendit avec étonnement le son de sa propre voix refusant poliment l'offre, mais après avoir refusé, il ne modifia pas sa décision rapide.

Le fait est, sans doute, que ce que l'on pourrait appeler la partie rapide de son intelligence avait absorbé et réagi au fait de ses mille livres avant que tout son être en soit réellement conscient. En tout cas, il refusa et, après réflexion, approuva son refus.

Ses spéculations sur Gerald Adams revêtaient un aspect différent maintenant qu'il était capitaliste. « L'argent », comme il s'en souvenait une fois auparavant, « engendre l'argent », et il doutait que les affaires de Travers, privées de la personnalité géniale de Travers, soient suffisamment fécondes pour le rythme de production d'argent qu'il prévoyait. Peut-être aussi y avait-il quelque chose dans l'idée que l'agence Travers était une chaussure d'homme mort, tandis que, gagnant ou perdant, l'idée de publier la conférence d'Adams était sa propre invention.

Une autre chose qui lui est arrivée avec son héritage était le sentiment d'avoir retrouvé sa caste ; il retrouvait sa place parmi ses anciens camarades de classe. « Combien d'entre eux, pensa-t-il, peuvent mettre la main à tout moment sur mille livres ? et marcha droit dans la rue où, naturellement, puisqu'il ne l'avait pas rencontré depuis huit ans jusqu'à la nuit dernière, il rencontra Stewart.

« Bonjour, dit Stewart, comment va le patron des lettres ? Et un verre vous serait-il utile ?

Sam hésita. Le chemin vers la société des Olympiens passait-il par les portes des pubs ? Stewart était indéniablement un olympien : il avait l'air, les manières, les vêtements d'un succès assuré. Il avait une légèreté et un équilibre qui excitaient l'envie de Sam. Il avait du style, ce jeune qui pouvait être n'importe quoi, mais qui, pensait cyniquement Sam, n'avait probablement pas payé ses vêtements distingués, alors que Sam était propriétaire de mille livres. Il était donc un olympien en fait, ce qui n'avait pas besoin d'être crié sur les toits, comme Stewart avait apparemment dû crier. Sam *l'était* , et il était possible que Stewart ne fasse que paraître l'être. Cela lui a donné la force de refuser. Pas par principe, mais par préjugé économique, Sam était un abstinent .

"Je ne prends pas d'alcool", a-t-il déclaré.

« Il n'est jamais trop tard pour réparer », a déclaré Stewart. « Pourtant, il y a un café ici et nous boirons du café. C'est mauvais pour notre cœur, mais Balzac a écrit la Comédie Humaine ' sur du café noir, donc il y a peut-être quelque chose dans le vice, même si ce n'est pas une de mes habitudes. Deux cafés noirs, Sophie, ordonna-t-il à la serveuse.

"Si ce n'est pas une de vos habitudes", a demandé Sam, "comment faites-vous pour connaître la serveuse par son nom ?"

« Mon cher cul ! » dit Stewart avec pitié.

« Est-ce que vous les appelez tous Sophie ?

« Seulement quand c'est leur nom. Vous vous appelez Sophie, n'est-ce pas ? dit-il alors que la fille revenait avec leur café.

"Oui Monsieur."

Stewart apprécia l'étonnement de Sam. «Je sais que je m'exhibe, mais j'aime ça. Si vous voyez une fille avec une broche en argent idiote composée des lettres *SOPHIE* , vous pouvez supposer que c'est son nom, et non celui de son meilleur garçon. Simple, quand on sait comment on fait, comme toute prestidigitation de premier ordre.

"Je n'avais pas remarqué sa broche", a déclaré Sam.

"J'avais. C'est la différence. Pourtant, ce n'est pas juste de vous blâmer. Je suis un observateur professionnel. Sam a cru que Stewart voulait dire qu'il était un détective, mais n'a pas eu le temps de demander confirmation, car Stewart a demandé à la place : "Et au fait, qu'est-ce que tu es ?" Et cette question le mettait dans un certain embarras. Qu'était-il en effet à ce moment-là ?

« Votre observation ne vous le dit-elle pas ? » il a clôturé.

« On m'a dit hier soir que tu étais un fou considérable. As-tu acheté ce truc d'Adams ?

"Oui je l'ai fait."

«Je pensais t'avoir vu en flagrant délit en sortant. Il est donc évident que vous êtes marchand de tripes.

«Je me demande», dit Sam, «si tu pourrais m'aider, Stewart. Sérieusement, je veux dire.

« Dans le commerce des tripes ?

«J'ai très envie de rencontrer un journaliste.» Il pensait qu'un détective devait connaître les journalistes.

« Mais, mon cher, c'est un café. Ce n'est pas un bar. Pourquoi voulez-vous un journaliste ?

"Je vais le dire au journaliste."

« Si vous souhaitez créer un journal et recherchez un éditeur, vous n'avez pas besoin de chercher plus loin que moi. Il y a eu des moments francs dans ma vie où je me suis qualifié de journaliste. Actuellement, je suis rédacteur du *Manchester Warden* , mais je suis ouvert à la conviction.» Il n'avait pas encore vraiment édité ce journal, mais il rapportait six livres par semaine. Il ne connaissait pas la sténographie, mais il citait Joseph Conrad et Henry James, de manière correcte et incongrue, lorsqu'il rédigeait une annonce concernant un spectacle de music-hall.

« Je crains, » dit astucieusement Sam, « que lorsque j'ai parlé de journaliste, je veuille dire quelque chose de très différent de vous, mais je vais vous dire quelle est ma position et peut-être me conseillerez-vous. Hier soir, comme vous le savez, j'ai acheté le journal d'Adams. Je lui ai donné vingt-cinq livres pour cela.

« Funacy », a déclaré Stewart, « est un mot doux pour votre plainte. Vingt-cinq shillings constitueraient un prix élevé sur un marché amical.

« Aujourd'hui, je suis arrivé au bureau pour apprendre que mon employeur était décédé subitement. Vous vous souvenez de Lance Travers ? C'était son père, et avec sa mort, l'entreprise prend fin à toutes fins utiles. Eh bien, vous voyez ma position.

Stewart a cité Sheridan : « 'Tu ne peux pas voir la flotte espagnole, parce qu'elle n'est pas encore en vue.' Et il en va de même pour votre position, mon garçon. Son adresse postale est la Ventre du Temps.

"C'est vrai", dit Sam. "Et je peux ajouter que je suis fiancé."

«Je peux admirer la minutie», a déclaré Stewart. "Vous n'omettez aucun des éléments essentiels."

"Maintenant, avec tout cela", a déclaré Sam, "je suis encore trop fier pour aller voir Adams et lui demander de me laisser tomber sur mon marché."

"Et cela ne servirait à rien si vous le faisiez", a déclaré Stewart. "Il se moquerait de toi."

«Je peux le croire de lui. Mais j'ai atterri avec son journal. Cela m'a coûté vingt livres sterling. J'avais l'intention de l'imprimer, et j'ai l'intention de l'imprimer, mais j'ai maintenant l'intention de le vendre lorsqu'il sera imprimé. Sam a laissé Stewart supposer que si Travers n'était pas mort, il aurait distribué cette brochure gratuitement. "L'argent", a-t-il ajouté, "est une nécessité".

Il avait pris la bonne ligne. La générosité instinctive de Stewart était touchée et il avait l'intention de faire passer ce chien boiteux par-dessus le montant. "Je vois où intervient votre journaliste. Très bien, Branstone , vous pouvez compter sur moi."

"Sur toi?" dit Sam. "Oh, je ne pouvais pas te le demander."

"Vous n'avez pas demandé", répondit naïvement Stewart. "J'offre. Je peux éditer le *Manchester Warden* , mais Zeus hoche parfois la tête, « on sait que les busmen prennent des vacances, et il existe un journal appelé *Sunday Judge* dans les chastes colonnes duquel j'ai écrit sous le nom de Percy Persiflage. Envoyez-moi une épreuve de cette brochure et Percy la tamponnera. Il dira qu'aucune personne honnête ne pourrait le lire sans être révolté, et le pamphlet fera un vacarme. C'est le public du journal du dimanche que vous voulez, et... Non, Percy ne tamponnera pas. Percy bénira. Il sera ému par l'admiration du sérieux de M. Adams, il applaudira au but moral élevé et fera le reste par correspondance. Demandez à vos sœurs, à vos cousines et à vos tantes de rédiger des lettres de chaque côté, et je veillerai à ce qu'elles soient imprimées. Je fais cette modification à cause des étals de livres.

« Les libraires ? » demanda vaguement Sam.

« Ce problème de distribution », a déclaré Stewart de manière impressionnante, « est la question la plus difficile de la vie moderne. Le producteur est là, vous ; le consommateur (nous l'espérons) est partout, et le problème est d'apporter votre brochure au consommateur assoiffé. La réponse est le libraire, mais les libraires sont prudents. Quand je parle de librairies , je parle des bonnes librairies. Vous ne récupérerez jamais votre argent si les seuls libraires qui exposeront votre brochure sont ceux qui vendent des éditions de poche atrocement imprimées de « Nana » et « Fanny Hill ». Vous devez vous épanouir dans *les* étals de livres, et ils ont interdit "Esther Waters". Les libraires, Branstone , vont exiger du tact, et le tact commencera par l'appréciation de Percy.

"Ou plus tôt", dit Sam.

"Plus tôt?"

« Je n'avais pas pensé aux étals de livres, mais cela pourrait être utile là-bas, ainsi que d'autres manières. Je veux dire, en ce qui concerne Manchester, et si nous l'obtenons sur les stands ici, ils ne peuvent pas très bien le refuser ailleurs.

"Manchester étant Manchester, ce n'est pas probable", a déclaré Stewart. "Quelle est ton idée?"

"Seulement ça", dit Sam, et il lui montra la couverture qu'il proposait pour le dépliant.

LE MAL SOCIAL

Être une adresse

Par Gerald Adams, MA,

Membre du Balliol College d'Oxford.

Comme lu devant la Concentric Society avec le révérend Peter Struggles à la présidence.

Stewart le regarda, puis il regarda Sam, et Sam ne lui ressemblait plus à un chien boiteux maintenant. Il siffla bruyamment. "Tu vas récupérer ton argent, mon garçon", dit-il. "Mais c'est dur pour Peter."

"M. Les luttes ont approuvé la conférence.

"Je me demande s'il approuvera cela?" dit Stewart.

« Il ne peut pas revenir sur sa parole », a déclaré Sam. "En plus, je suis fiancé à sa fille."

« Ce qui me trouble, dit Stewart avec admiration, c'est que je t'ai pris pour un fou inoffensif. Je ne suis moi-même qu'un journaliste, avec un pied dans le *Manchester Warden* et l'autre dans le *Sunday Judge* . Je suis conservateur le dimanche et libéral en semaine. J'ai abandonné l'honnêteté quand j'ai renoncé à être jeune, et je pensais que je connaissais les ficelles du métier à ce moment-là. Mais quand je pense que je t'ai pris pour un innocent naïf, j'ai envie d'aller dans un coin et de me donner des coups violents.

Sam trouva cela plutôt alarmant, car il savait que son utilisation, ou mauvaise utilisation, du nom de Peter était rusée, mais commença à regretter d'avoir montré à Stewart sa proposition de couverture. « Mais je reçois mon avis auprès du *juge ?* » demanda-t-il avec insistance.

« Mon fils, » dit Stewart, « oui. J'ai dépensé six pence en café et une demi-heure pour toi. Il y a un bon exemplaire là-dedans et je ne peux pas me permettre de le gaspiller. J'ai ma vie à gagner, et Gerald Adams mérite le pire. En même temps, je me permets le luxe de vous dire que votre jeu est un jeu de vérité.

"Nous n'avons pas fait le monde ce qu'il est, n'est-ce pas ?" dit Sam.

« Et ni vous ni moi ne laisserons les choses dans un état meilleur que celui où nous les avons trouvées », a déclaré Stewart, prophétisant imprudemment avec le cynisme sans limites de ses vingt-cinq ans. « Le pire du café, reprit-il en finissant sa tasse, c'est qu'il donne soif. Je traverse la route pour boire un verre. En avez-vous un avec moi ?

"Non, merci", dit Sam. "Je dois voir un imprimeur."

"Oh oui. Eh bien, pourquoi pas le Judge Press ? J'ose dire que je pourrais vous faire entrer au rez-de-chaussée.

«Mais ce ne sont pas tout à fait les bonnes personnes pour cela. Ils impriment des journaux sportifs, et... »

"Vous mourrez à cause d'une surchauffe des roulements dans votre cerveau", a déclaré Stewart. "Tu penses à tout."

Sam avait, au moins, pensé qu'un imprimeur (même obscur en comparaison était le Judge Press, dont les œuvres représentaient une petite ville en soi) qui publiait un journal religieux était meilleur pour son objectif que les imprimeurs du Sunday *Judge, Sporting Notions et le Temps du Football* . Il s'est adressé à Carter, Meadowbank & Co., qui étaient au bord de la faillite, mais avaient l'avantage d'imprimer *Christian Comfort* et le *Church Child's Weekly* , et s'est arrangé avec eux pour imprimer cinq mille exemplaires du journal d'Adams. Carter, qui représentait toute l'entreprise, regarda le titre d'un mauvais œil, mais lorsque Sam fit remarquer que le révérend M. Struggles avait approuvé le contenu, Carter succomba immédiatement et ne tenta même pas de protester lorsque Sam lui demanda d'imprimer. au total cinq mille :

« Cette édition originale, tirée à mille exemplaires, est tirée à six pence. Le prix des prochaines éditions sera de un shilling. Samuel Branstone , éditeur.

Le bureau miteux de Carter était décoré des principaux produits de son entreprise, des textes, le stock de la religiosité commercialisée. Bien géré, il y avait de l'argent dans les textes, mais Carter était un vieil homme aux pouvoirs déclinants et à l'esprit conservateur. Meadowbank, qui s'occupait du côté distributif de l'entreprise, était récemment décédé, et Carter priait tous les soirs pour que cette préoccupation dure son temps. Comme les choses étaient prometteuses, cela semblait peu probable, mais voilà que Sam avait une commande pour lui et n'était pas disposé à lui faire baisser le prix. Carter n'aimait pas l'instruction de décrire cinq mille exemplaires comme mille, et il n'aimait pas le sujet de la brochure, mais il voulait des affaires, et il ne pouvait pas concevoir un pirate naviguant sous le pavillon de M. Struggles.

Sam enfonça la porte jusqu'à la maison, sentant l'hésitation de l'homme. « Je pense qu'il est probable, dit-il, que M. Struggles prêchera un sermon sur cette brochure. Peut-être pourrais-je vous dire que je vais être son gendre.

Cela a réglé Carter, et il a pris la commande. Il connaissait et était sensible à l'influence de Peter Struggles, vicaire. Il le savait dans la paroisse de. St. Mary's, le sourire de Peter comptait plus que le mot le plus important du vicaire, et que même si le vicaire était inconnu en dehors de sa paroisse, Peter avait une autorité dans tout Manchester - une autorité qui s'était récemment développée grâce au refus de Peter d'être favorisé pour une vie facile à la campagne. . Bien sûr, ce n'était pas Peter qui avait fait part de ce refus, il n'en avait pas parlé à Ada. Mais cela s'était répandu, et Manchester, qui méprise l'altruisme des hommes, l' honorait dans le curé ; Les Mancuniens étaient flattés par sa loyauté envers Sainte-Marie et par l'idée qu'ils étaient les concitoyens de la sainteté.

Certes, le nom de Peter Struggles sur la brochure était un *clou* , mais Sam ne l'avait pas encore dit à Peter, et il devait le faire. Il ne pouvait pas se permettre un accident et Peter, considérait-il, était gérable.

Ada l'accueillit à la porte avec un sourire éclatant et leva des lèvres pleines d'expectative, mais il secoua la tête, lui touchant tendrement l'épaule et passa devant elle dans la pièce de sorte que, lorsqu'elle la suivit, son visage exprima l'inquiétude qu'il avait. voulu. Il s'est présenté comme un homme écrasé par le chagrin.

"Qu'est-ce qu'il y a, Sam?" elle a demandé. "Quel est le problème?"

Pierre ferma « Plotin » à contrecœur : il ne trouva jamais assez de temps pour lire, et c'est là qu'une de ses rares soirées fut interrompue. Il pensait, ne se sentant pas généreux, que de telles interruptions cesseraient une fois qu'Ada serait mariée.

« J'ai eu une triste nouvelle aujourd'hui. M. Travers est mort dans la nuit. C'est... c'est plutôt un coup dur.

Pierre dédaignait les conventions sacerdotales. "C'était un bon ami pour toi, Sam."

« Un deuxième père », dit prudemment Sam, sans profiter de l'occasion pour dire que l'amitié de Travers avait duré au-delà de la mort. Peut-être pensait-il ce moment trop sacré pour l'intrusion d'un héritage. « Bien sûr, poursuivit-il, j'ai eu toute la journée pour y penser et à la différence que cela fera pour moi – pour nous, c'est-à-dire Ada, pour vous et moi.

"Quelle différence, Sam?" » demanda-t-elle brusquement.

« J'en arrive au point suivant, dit-il avec découragement, que je suis sans travail et que la concurrence est si désespérée. Pendant qu'il vivait, j'avais son amitié derrière moi. Maintenant, je ne dis pas que j'ai peur d'être seul. Nul doute que cela finira par me faire du bien, mais, Ada, tu vois comme cela peut retarder nos espoirs.

Ada l'a vu. « Plotin » profita de cette occasion pour glisser des genoux de Pierre, et Pierre le vit aussi et soupira. "Oh, Sam!" dit Ada.

"Et," dit Sam en regardant Peter avec une belle affectation de culpabilité, "voilà mon imprudence d'hier soir. Dans ma situation d'alors, c'était extravagant. Aujourd'hui, la situation semble pire que cela.

"Vous ne pouviez pas savoir", dit Peter gentiment.

"Non," acquiesça Sam. "Je ne pouvais pas le savoir, et j'ai le sentiment maintenant que je dois respecter ce que j'ai fait."

"Très bien, Sam, mais M. Adams n'est pas pauvre et je pense que si vous deviez aller le voir..."

"Oh, s'il te plaît," dit Sam, "s'il te plaît, ne me pousse pas à faire ça. Une bonne affaire, j'en suis convaincu, est une bonne affaire et doit être respectée à tout prix.

Peter avait silencieusement honte de lui-même. "Vous avez parfaitement raison", dit-il.

"Eh bien," dit Sam, "c'est ce que je ressens, mais dans un sens , je suis tombé sur le truc et je propose de continuer. À mon avis — et je sais qu'il est quelque peu inapproprié de penser à toutes ces affaires pratiques avec mon bienfaiteur récemment décédé, mais je dois, je dois… » Il regarda Ada et il fut compris que sa pensée pour elle a tout excusé ... » Selon moi, il s'agit de continuer et d'essayer de tirer les marrons du feu, pour ainsi dire. J'imprimerai ce journal, et le bien que j'espérais faire ne sera pas perdu parce que ma situation a changé, mais je paierai une petite somme pour couvrir les dépenses autant que possible. Et comme je souhaite naturellement qu'il se vende bien, j'ai eu l'idée de préciser sur la couverture qu'il a été lu pour la première fois aux Concentrics sous votre présidence. Le fait est que tous les membres n'étaient pas là hier soir ; cela attirera leur attention sur ce point ; et ils achèteront, je l'espère. Cela garantit quelques acheteurs fiables.

« Tout à fait , tout à fait », dit Peter. « C'est une excellente idée. Même si je peux difficilement supposer que la mention de mon nom ait une quelconque valeur, le nom de la société devrait certainement aider.

Sa modestie était tout à fait incurable. Il n'avait pas la moindre idée de l'influence étendue de Peter Struggles. « Toute la journée, je n'ai pensé à rien d'autre qu'au journal de M. Adams. Je me demandais si c'était mon devoir de parler de ce terrible sujet en chaire. L'Église ne doit pas se taire, sinon on pourrait penser qu'elle acquiesce. »

Sam sentit son cœur bondir en lui. "Adams pensait que la franchise était la meilleure solution", a-t-il déclaré.

« Oui, oui, aux Concentrics. Mais il y a des difficultés pour moi, et peut-être ne parlerai-je qu'à la classe des jeunes gens de l'école du dimanche. Même si cela, réfléchit-il, est dangereusement proche d'un compromis.

"Mais qu'est-ce que c'est?" » demanda Ada. "De quoi parles-tu?"

Sam resta silencieux. Pierre aussi, et le silence grandit jusqu'à ce qu'il le sente comme un reproche. Il regarda Sam. " Tu vois?" il a dit. «C'est le dilemme de l'Église. Je parlerai aux jeunes gens, et après cela peut-être, peut-être… » Il jeta un coup d'œil à Ada.

"Non", termina-t-il décidément, "je dois en rester là." Il avait cinquante-six ans et avait vécu la majeure partie de sa vie sous Victoria la Bonne.

CHAPITRE XII
LAISSER LE PILOTE

Une NNE vivait pour Sam : et si elle le montrait rarement, si, par exemple, il lui apparaissait parfois qu'elle vivait pour que sa maison soit la plus propre de la rangée, ce n'était qu'un symptôme de son stoïcisme. Elle vivait pour Sam et il le savait. Elle appartenait à une race qui déteste l'ostentation comme le diable et cache ses sentiments derrière une sombre réserve. Il recèle l'émotion comme un trésor caché et porte un masque que les étrangers prennent pour indiquer un manque de sensibilité. Elle n'avait pas l'habitude de caresser Sam ; elle châtiait ceux qu'elle aimait ; et Sam était très conscient de la force de l'amour d'Anne.

Elle était prête, au moment opportun, à le confier à la bonne femme, mais elle estimait qu'Ada n'était pas la femme et que ce n'était pas le moment. Elle était prête à abandonner Sam et la vie elle-même lorsqu'il faisait un mariage qu'elle pouvait approuver, mais elle n'était pas prête à le laisser à Ada Struggles qu'elle désapprouvait. Elle n'était pas prête à mourir pour des gens comme Ada Struggles. Laissons Sam épouser Ada et Anne, censée vivre, car un jour il aurait besoin d'elle et, le jour venu, elle serait là.

Maintenant, Sam aurait été heureux s'il avait pu parler à Anne du pamphlet et de l'héritage. Il avait espéré, après l' affaire Minnielie , que son prochain « accident vasculaire cérébral » serait celui dont il pourrait parler à Anne, mais il ne considérait pas cela comme décelable. Elle demanderait naturellement de quoi parlait le pamphlet, et si Peter ne pouvait pas en parler à sa fille, Sam pouvait encore moins en parler à sa mère. Et quant à l'héritage, à quoi bon en parler à une femme qui ferait remarquer que la sécurité ne s'obtient qu'avec 2,5 % ? Ce qui n'était pas du tout l'idée que Sam avait de l'utilité de mille livres.

Après tout, il était grand et un homme ne dit pas tout à sa mère. Mais à moins qu'il ne soit un imbécile, il lui dit les choses qu'elle est de toute façon obligée de découvrir, et s'il avait prévu la certitude qu'elle le découvrirait, n'étant pas un imbécile, il le lui aurait dit. Il ne l'avait pas prévu, car Anne ne lisait pas les journaux, mais elle avait des voisins qui le lisaient et qui lui racontèrent, avec des commentaires, l'orage qui éclatait tout à l'heure dans les colonnes du *Juge du dimanche* , et le testament de M. Travers, qui reçu un petit paragraphe dans le journal quand cela fut prouvé.

« Il fut un temps où toi et moi n'avions pas de secrets », lui dit-elle. « Tu n'as pas eu grand-chose à me dire ces derniers temps et je ne t'ai pas beaucoup vu non plus, avec les heures que tu fais, mais j'attribuerais cela à l'amour. Je sais qu'un homme n'est pas rationnel lorsqu'il fait la cour, mais il semble que j'ai beaucoup de choses à apprendre sur mon fils. Pourquoi ne m'as-tu pas parlé de M. Travers ? Pensais-tu que je te volerais l'argent ?

« Bien sûr que non, mère, mais j'avais l'intention de vous présenter une histoire terminée, pas une histoire qui ne fait que commencer. Je suis engagé dans une affaire dont j'allais vous parler une fois terminée.

« *Oui* », dit-elle, «je vois. Vous risquez votre argent. Si tu sortais du bon côté, tu m'en parlerais, et si tu perdais , tu oublierais de me le dire. Est-ce que vous perdez ?

"Il est trop tôt pour le dire."

« Alors peut-être que j'ai encore le temps d'étouffer ça dans l'œuf. Qu'est-ce qu'il y a à propos du *juge du dimanche ?* »

"Je l'ai vu?" Il a demandé.

"Toujours. Vous faites parler de vous dans la rue.

"C'est splendide", laissa-t-il échapper avant de s'en rendre compte.

"Splendide! Il y a un monsieur qui écrit au journal pour dire que vous faites le commerce de l'immoralité.

"J'ai écrit cette lettre moi-même", sourit Sam.

"Tu as fait quoi ?"

"J'ai peur de ne jamais vous faire comprendre."

« Je doute que vous ne le fassiez pas. Me mentir comme ça. Je m'attends à ce que je croie que vous écrivez au journal sur vous-même et que vous vous traitez de noms durs. Et la lettre est également signée « Diseur de vérité ». Il est imprimé dans le journal que mon fils a soulevé le couvercle du puisard et laissé échapper une odeur à faire vomir les gens honnêtes.

"Oui. Je sais. La publicité est un art grossier.

« Ton nom est noirci à jamais . Et c'est mon nom, Sam, et le nom que ton père m'a donné. C'est le nom des honnêtes gens et… »

"Mère, mère, je ne te dis pas que ce n'est que de la publicité ?"

« Ce que vous me dites et ce que je peux croire deviennent deux choses différentes. Je sais ce qu'est une annonce dans le journal et je sais ce qu'est une lettre. Ceci est une lettre.

Sam ressentait le désespoir de poursuivre la discussion.

Elle avait une foi simple dans l'intégrité des journaux et de la parole imprimée, mais il pouvait au moins montrer que la parole pouvait se contredire. « Très bien, dit-il, c'est une lettre, et celle-ci aussi. Il sortit de sa poche un exemplaire du journal. Stewart avait tenu parole, ce qui n'était pas un grand exploit puisqu'il avait une bonne idée de ce que son éditeur supposait que le public du dimanche souhaitait, et une colonne de correspondance fervente éclata sous le titre « Le mal social. — Le pamphlet est-il justifié ? Sam a choisi une lettre qui décrivait Adams comme un croisé et Branstone , son éditeur, comme un réformateur social de grande âme risquant courageusement tout malentendu pour le principe et le droit, prenant à témoin l'approbation du révérend Peter Struggles pour prouver ses motivations irréprochables. "Eh bien," dit Sam, "est-ce que je dois être mal compris après tout, et par vous ?"

« Vous m'avez dit que vous aviez écrit l'autre lettre », dit-elle. "Tu ne veux pas dire que tu as écrit celui-ci ?"

"Je ne le fais pas", dit-il honnêtement. Il écrivit le sien, en s'attaquant lui-même, sur un côté du bureau de Stewart, tandis que Stewart, de l'autre, le défendait. Cela avait été très amusant.

"Et quelle est," demanda-t-elle, "l'affaire dans laquelle vous dites être engagé?"

"Eh bien," dit-il sans réserve, "c'est ça."

« Alors je ne me méprends pas du tout, mon fils. J'appréhende très bien. Et vous avez intégré Peter Struggles. Est-ce pour cela que tu t'es fiancé à Ada ?

"Mère!" il a protesté. « Doutez de moi si vous le souhaitez, mais vous ne devez pas douter de M. Struggles. Il est sûrement au-dessus de tout soupçon.

"Il a de mauvaises fréquentations en ce moment", dit Anne, "et je doute que vous ayez été trop intelligent pour lui."

Sam a choisi d'être offensé. "C'est ce que tu penses de moi?" Il a demandé.

« Que tu es intelligent. Toujours. Je pense que tout va bien. Je le sais depuis l'époque où vous avez arraché un paquet d'écoliers d'une maison de meubles et y avez mis George Chappie . Tu es intelligent aux mauvais endroits, Sam. Quand tu étais à l'école, tu étais intelligent en dehors de l'école. Vous êtes au travail maintenant et vous devriez le faire ; être intelligent dans l'honnêteté, et j'ai l'impression que vous êtes intelligent dans la malhonnêteté.

« Bien sûr, dit-il, cela montre à quel point j'avais raison de ne pas vous le dire. C'est la vieille histoire. Les femmes ne comprennent pas les affaires.

"Je sais. Les affaires sont une paire de lunettes qui font du noir du blanc, mais je ne porte pas de lunettes moi-même. Vas-tu me dire ce que tu fais avec ces mille livres ?

« Je vous ai dit que ce n'était pas encore décidé. Mais si les ventes de cette brochure augmentent cette semaine comme elles l'ont fait la dernière fois, je me lancerai dans le secteur de l'édition avec.

« Pour que vous puissiez publier davantage de choses du même genre ?

« Si je peux les obtenir. Il y a beaucoup d'argent dedans.

"Sam," dit-elle sincèrement, "est-ce que c'est tout ce qui t'importe ?"

"Tu m'as dit toi-même qu'Ada n'était pas la femme d'un pauvre homme." Il considérait que c'était un résultat très soigné, pour paraître rendre Anne responsable, mais Anne ne devait pas se laisser tromper par une telle apparence. Selon elle, Ada avait corrompu Sam, Ada était le motif de cet abus de son intelligence ; et l'amertume pour Anne était doublement poignante. Elle croyait en Sam, avec une foi qui n'avait jamais dévié malgré sa déception lors de son parcours scolaire ; mais elle réalisait maintenant qu'il avait piétiné dans le bureau de Travers, que c'était Ada et non elle qui avait mobilisé ses énergies pour agir rapidement. Ada les avait vivifiés, alors que sous Anne ils étaient restés endormis, mais la vivification avait été corrompue . Il venait d'Ada, empoisonné à la source, et empruntait des voies empoisonnées.

Ils avaient désormais touché le fond et atteint l'essentiel. « Sam, » dit-elle, « je plaisantais comme quand je disais qu'un homme n'est pas rationnel quand il est amoureux. Mais c'était un vrai mot prononcé pour plaisanter. Vous n'êtes pas rationnel, sinon vous ne feriez pas ces choses et ne feriez pas un synonyme du nom de Branstone , et la raison pour laquelle vous n'êtes pas rationnel est Ada. Si vous étiez amoureux d'une bonne femme, vous ne pourriez pas plus faire des choses déshonorantes que fuir. Mais vous êtes amoureux d'une mauvaise femme et cela conduit à de mauvais résultats. Sam, tu penses que j'aime te dire que tu as fait une erreur ? Et tu penses que je ne sais pas ? Mon garçon, mon garçon, je t'aime et je ne me suis jamais considéré comme un imbécile. Choisissez maintenant, je ne suis pas du genre à être jaloux simplement parce que vous vous mariez. Je ne serais pas jaloux de la bonne fille, Sam. Je la prendrais et l'accueillerais et je savais qu'elle avait plus de droits envers toi que moi. Mais Ada Struggles n'a aucun droit : elle est méchante et cupide et elle est petite à tous points de vue. Elle est... »

« Arrête, maman. N'oubliez pas que j'épouse Ada.

« Et rien de ce que je dis ne te modifiera ? Sam, elle continuera comme elle a commencé en t'envoyant là-bas. Elle a mis la main sur les polémiques sordides du *Sunday Judge* . « Elle va vous conduire de haut en bas. Vous pouvez gagner de l'argent et devenir riche, mais il y aura une malédiction sur vos richesses et sur tout ce que vous faites, et Ada Struggles est le nom de la malédiction.

Sam a tenté une petite légèreté. « Tout ira bien », dit-il. "Elle va changer de nom." Anne secoua la tête. « Un changement de nom ne changera rien à la nature d'Ada. C'est la meilleure partie de votre vie qui est devant vous, et la vie avec Ada est synonyme de ruine. Je ne vous dis pas ce que je pense. C'est ce que je sais, et je te demande, Sam, de tenir compte de mes paroles.

«Je les écoute», dit-il, «mais je sais que vous avez tort.»

"C'est la dernière chose que tu as à dire?"

"Je suis désolé que nous ne soyons pas d'accord, maman."

« Ce n'est pas possible d'être d'accord, dit-elle, et je ne suis pas contre votre bonheur. Tu vois, Sam, je vais le prouver. Il y a une pensée au fond de ton esprit que je n'ai rien contre Ada mais une rancune parce qu'elle s'est mise entre toi et moi. Je dis que cette fille n'est pas bonne pour toi, et je dis que je ferai tout pour te forcer à le voir. Il n'y a rien de moi là-dedans et peut-être que cela vous fera le croire.

Il y avait un bon feu dans la pièce et elle y mit la main. Sam était suffisamment alerte pour l'entraîner avant que de gros dégâts ne soient causés, et il eut de l'huile sur la main en un instant.

«Ne vous inquiétez pas», dit Anne, «mais dites-moi ce que vous en pensez.»

«Je pense», dit-il, «que vous êtes complètement fou de jalousie.»

Ce n'était pas de la folie, mais un dévouement fanatique à une idée : et l'idée était Sam, le bonheur de Sam, l'avenir de Sam. Elle a mis la main dans le feu dans l'espoir de convaincre, et elle se serait assise sur le feu si elle avait pensé qu'un acte plus vaste entraînerait une conviction plus complète. Mais il n'avait pas besoin d'être convaincu qu'elle s'opposait à Ada ; le fait est que ses objections étaient infondées et, face aux mérites sublimes et stupéfiants d'Ada, idiotes.

On ne peut pas mettre la main dans le feu sans en souffrir, et Anne souffrait extrêmement. Son visage était tiré par la douleur et ses lèvres tremblaient de manière incontrôlable, mais sa voix était ferme.

«J'ai fait de mon mieux pour te sauver, Sam. Si vous n'avez rien de mieux à dire que cela, vous et moi nous sommes séparés.

"Alors", dit Sam, "nous sommes arrivés", et il lui tourna le dos. Il pensait qu'elle reviendrait à elle, qu'elle se remettrait de sa crise de jalousie forcenée. C'était une vaine menace que de parler de séparation. Eh bien, elle dépendait de lui, et à plus d'un titre. Il l'hébergeait et la gardait, mais, plus que cela, elle avait besoin de lui. Sa présence était pour elle un souffle de vie. Il le savait et il l'a laissée partir !

Bien sûr, il pensait qu'elle reviendrait, avec une leçon bien apprise. Elle devait apprendre qu'il était adulte, en âge d'agir par lui-même, de choisir et de penser sans sa tutelle. Seulement, elle n'est pas revenue. Elle est allée voir Madge et est restée avec Madge ; et les conditions dans lesquelles elle est restée étaient ses conditions. « Je meuble la chambre, dit-elle, et je vous paie un loyer pour cela. Et puis, je paie ce que je mange. »

Elle a payé. À l'âge de cinquante-deux ans, la mère de Sara Branstone , de Branstone et Carter, et la belle-mère de George Chappie , de la Chappie Window-Cleaning and Bill Posting Company (une affaire plus petite que son nom, mais la source de cinq livres par semaine), était femme de ménage trois jours sur sept, et ce n'était pas le manque d'offres qui la limitait à trois jours, mais le fait qu'elle payait sa vie sur trois jours de résultat. Elle gardait les maisons des autres aussi propres qu'elle avait gardé la sienne.

On a suggéré à George Chappie qu'il n'était guère décent de sa part de permettre à sa belle-mère de se carboniser à son âge – un homme prospère comme lui. « Je sais », aurait-il répondu, « et nous avons essayé par tous les moyens possibles. Mais vous ne pouvez pas discuter avec Mme Branstone .

partie des vieux , n'est-ce pas ? dit sa commère, qui, peut-être, a enduré une belle-mère d'un autre genre.

"Tout ça", dit succinctement George.

<hr>

CHAPITRE XIII
LA COUR INTERMITTENTE

SEULEMENT par de longs services on devient artiste, mais on se marie par une simple cérémonie. C'est la tragédie du mariage, qui est le plus difficile de tous les arts, que la plupart des gens y accèdent sans apprentissage. Peut-être que la popularité des veuves comme épouses est due au fait que la veuve est une veuve : qu'elle a été forcée au mariage : qu'elle n'a pas tout à apprendre : que celui, en tout cas, des parties contractantes, est expert. . Il y a beaucoup à dire sur la politique du « voyage d'essai ».

La cour, si elle est suffisamment intime, peut être un bon substitut, pour ainsi dire, à un « voyage d'essai », mais lorsque Sam a épousé Ada , il en savait pitoyablement peu sur elle.

Il pensait qu'elle était merveilleuse. Non seulement il devait le penser, mais il le pensait réellement. Il devait y penser, car seul un prodige parmi les femmes aurait pu traiter sa mère comme il l'a fait. Il l'avait cru folle lorsqu'elle avait mis la main dans la lire, mais il savait que c'était héroïque. Si elle était folle, c'était par amour pour lui, et au fond, il l'aimait aussi et avait honte de lui-même, mais Ada se tenait entre eux, et il n'allait pas abandonner Ada. Puis il fut occupé, le temps passa, la coutume émoussa la conscience, et il devint finalement une habitude soit de ne pas penser du tout à Anne, soit de penser confortablement à elle comme étant assez heureuse avec Madge.

Et en fait, il pensait qu'Ada était merveilleuse parce que les conditions de sa cour étaient difficiles pour elle. Il était visiblement prospère ; il aimait la prospérité ; c'était Ada qui avait initié sa prospérité ; et elle était glamour pour ça. Encore une fois, il était très occupé à cette époque avec les premiers pas de sa nouvelle entreprise, trop occupé pour jouer à l'amant assidu, et la voyait de manière très intermittente. Vue ainsi, elle ne perdait pas l'étonnement de la surprise, mais le retrouvait fraîchement à chacune de leurs rencontres, capable de faire étalage pour chacune d'elles quelque nouvel attrait de son mince stock de charme. Elle gardait leurs rapports extrêmement corrects et il pensait que son mystère était infini. Elle cachait sa superficialité derrière une modestie affectée, sachant qu'une cour intime lui découvrirait qu'il n'y avait rien à découvrir, et attirée par la distance. C'était extrêmement intelligent dans sa manière brève : une intelligence qui durait tout au long de la cour, mais s'évaporait lorsque la bande – l'autel – était atteinte. Il ne semblait pas nécessaire à Ada de continuer à être intelligente une fois cette bague à son doigt. Elle était mariée, elle avait réussi : elle était intelligente pour le coup, et n'avait plus d'intelligence pour le marathon. Et Sam avait de nombreuses préoccupations à cette époque qui l'empêchaient de trop penser à Ada.

S'il était ennuyeux dans ses fréquentations, son esprit était suffisamment vif pour d'autres sujets. Il a eu la satisfaction, presque dès le jour de sa parution, de voir le pamphlet se vendre régulièrement. Très vite, il ne s'agissait plus de récupérer son argent, mais simplement de savoir combien de centimes pour cent il allait gagner. Sa première édition de cinq mille (le *soi-disant* mille) fut rapidement épuisée et les presses de Carter Meadowbank travaillèrent des heures supplémentaires pour faire face à la demande. Il a jeté du pain sur les eaux en envoyant des copies à chaque nom figurant sur la liste du clergé et à chaque membre du Parlement ; et je n'ai pas jeté en vain. De la publicité gratuite lui a été prodiguée. D'une manière ou d'une autre, il avait trouvé un de ces moments où la conscience sociale s'émeut : il publiait, sans le savoir, à propos, et l'intelligence diabolique de l'écriture de Gerald Adams le conduisait en toute sécurité hors des écueils du ministère public. Cela n'a semblé stimuler la demande que lorsqu'il a augmenté le prix à un shilling.

Il n'eut plus aucun problème avec la brochure. Il s'est vendu tout seul, mais rester assis à regarder les roues tourner n'a pas plu à Sam, qui avait mille livres à multiplier. Il n'avait pas vraiment la hardiesse de croire qu'il pourrait multiplier ses mille aussi rapidement que les vingt-cinq qu'il payait à Adams, mais il sentait qu'il était lancé comme éditeur et qu'il n'avait rien à publier.

Ses pensées furent détournées de ce solécisme un jour où il entra dans l'imprimerie de Carter pour accélérer le contremaître. Le contremaître a admis que le rythme pourrait être amélioré. «Mais je ne sais pas , monsieur, si le patron souhaite que cela soit amélioré. Il n'y a rien pour suivre votre travail. Vous pourriez dire que vous avez sauvé M. Carter.

Sam réfléchit pendant une minute. Il ne se considérait pas comme le sauveur de M. Carter et n'appréciait pas ce personnage lorsqu'il lui était imposé. Il entra dans le bureau de Carter.

« Mon petit bout de terrain », dit-il (« tract » semblait être la description légère dans cette pièce suspendue aux textes), « se vend remarquablement bien et la demande augmente. Maintenant, je n'ai rien à dire sur le passé. Je suis arrivé ici complètement inconnu et vous m'avez cité en conséquence. Mais il est juste de vous avertir que j'ai consulté d'autres imprimeurs et que je jugerai peut-être nécessaire de procéder à un changement.

Carter ne fit aucun effort pour cacher sa consternation. «J'espère que vous ne ferez pas ça, M. Branstone . Donnez-moi au moins une chance de réviser mon prix.

"Une fois mordu", dit Sam, "il est deux fois timide, et tu ne nies pas que tu as mordu."

« Mais les affaires, affirme Carter, sont sûrement des affaires. »

"C'est vrai", dit Sam sombrement, "et si vous me répondez à quelques questions, étant entendu qu'il s'agit d'un entretien d'affaires et que je ne suis pas inquisiteur par impertinence, je vous en serai obligé."

"Je ferai de mon mieux", a déclaré Carter.

"Merci. Quel âge ont vos presses à imprimer ?

"Vingt ans."

« Par conséquent, ils sont presque désespérément dépassés ?

Carter avait une tendresse pour ces presses. Ils étaient jeunes quand il était jeune, ils avaient été achetés lorsque le monde lui souriait et que son entreprise avait connu son heure de gloire . Ils l'avaient gardé et il ne pouvait plus être déloyal maintenant. «Je crois qu'ils ont imprimé votre tract de manière efficace, M. Branstone », les a-t-il défendus.

"Oh, il y a encore de la vie chez les vieux chiens", dit Sam. "Je ne propose pas d'en faire de la ferraille."

"Comme ils m'appartiennent", dit Carter avec aigreur, "cela ne ferait pas une grande différence si vous le proposiez."

« Par conséquent, » dit Sam, « je ne le propose pas encore. N'oubliez pas que je parle affaires. Voudriez-vous me dire combien a coûté la production de ce texte et ce que vous obtenez en échange ?

Carter s'en fichait, mais, même s'il se posait des questions, il le dit. "Et cela?" » demanda Sam en désignant un autre ; et encore Carter l'a dit.

« Alors, » dit Sam, « il y a deux journaux religieux que vous imprimez pour les propriétaires. Quoi--?"

"Jeune homme", interrompit Carter, "proposez-vous d'acheter mon entreprise ?"

"Non", dit froidement Sam, "seulement pour devenir votre partenaire. Quel bénéfice alliez-vous me dire sur les journaux ?

Carter a déclaré : il était trop stupéfait pour faire autre chose. "Euh," dit Sam. "Ce n'est pas grand-chose."

"C'est du bon travail", dit Carter, et Sam le regarda fixement, mais le vieil homme était parfaitement sincère. C'était du bon travail d'imprimer des magazines religieux et il le faisait pour presque rien.

"Eh bien," dit Sam, "merci. Maintenant, je ne vais pas mâcher les choses : lorsque je vous ai remis mon tract, je vous ai permis de reporter le dépôt de votre requête, mais ce n'était qu'un report, et si vous regardez les faits en face, le seul fait important pour vous est la faillite."

"Le Seigneur pourvoira." Carter avait vécu au jour le jour pendant de nombreux mois dans cette croyance.

« Si vous aimez voir les choses de cette façon. Il a pourvu : Il m'a pourvu. Je vais vous faire une bonne offre, M. Carter. J'introduirai un capital de cinq livres sterling dans l'entreprise pour une demi-part dans l'usine, le fonds de commerce et les bénéfices futurs de cette entreprise. C'est-à-dire l'imprimerie. Ce que je fais en tant qu'éditeur n'a rien à voir avec vous.

"... Je dois y réfléchir", a déclaré Carter; mais ils savaient tous deux qu'il avait déjà décidé d'accepter.

"Le Seigneur", pensait Carter, " *a* pourvu." Sam, au contraire, pensait : « Je suis peut-être idiot ou non de me lancer dans cette affaire sans avoir obtenu un rapport comptable, mais je crois à l'action rapide, et si j'avais proposé un prix trop élevé, je le ferais . Je suis sûr qu'il est assez imbécile pour me l'avoir dit.

Il restait à trouver quelque chose à imprimer, et il voulait l'avis de Stewart, mais, avec l'idée d'être le premier du côté des anges, il alla voir Peter Struggles. La bataille qui avait fait rage autour du pamphlet avait laissé Pierre intact, même si plus d'un membre du clergé qui l'avait reçu de Sam avait cru de son devoir d'écrire à l'évêque de Pierre. L'évêque n'a pas vu de raisons de prendre des mesures disciplinaires : Pierre aurait pu être victime d'un péché, mais il n'avait pas péché. Et le *Juge du dimanche* n'a été lu ni par Pierre ni par son évêque. (L'Église est notoirement déconnectée de la vie moderne, mais, après tout, il n'est guère raisonnable de s'attendre à ce qu'elle complimente son rival, le *Sunday Press* , en le lisant.)

Néanmoins, après réflexion, Peter avait ressenti quelques doutes hésitants à propos de la brochure. Son astuce intermittente jetait une lumière vacillante dans la brume de sa charité et lui donnait des moments d'inconfort.

L'attitude de Sam lors de cet appel était admirablement calculée pour lever son doute. Il voulait, en pensant à l'avenir, s'assurer du nom de Pierre, dont il pourrait avoir besoin un autre jour, et était prêt, même si cela n'était pas immédiatement rentable, à apaiser Pierre maintenant. Il expliqua qu'il s'était associé à M. Carter et qu'il avait immédiatement acquis du mérite aux yeux de Peter. Carter était irréprochable. Il n'expliqua pas par quels moyens il avait pu rejoindre Carter et il ne vint pas à l'esprit de Peter de le demander. Sam n'allait pas parler à Peter, qui le dirait à Ada, de son héritage. Si elle le découvrait, comme Anne l'avait découvert, il ne pourrait pas s'en empêcher, mais en attendant, c'était son secret. Ada, comme Anne, appartenait à un sexe qui n'avait aucune compréhension des affaires.

« Et le but, » dit Sam, « avec une entreprise comme celle de M. Carter, c'est de l'utiliser à bon escient. Je suppose que les textes font du bien, mais peut-être sont-ils réservés aux simples d'esprit. J'espère que je ne méprise pas les gens pour leur simplicité, mais mon goût va plutôt aux livres et je pense que vous serez d'accord avec moi.

Peter était d'accord, avec une citation qui a plutôt déçu Sam ; il avait l'idée que la poésie ne se vendait pas.

« Les poètes sont les trompettes qui chantent au combat. Les poètes sont les législateurs méconnus du monde.

"Oui," dit Sam. « Tout à fait. Mais la poésie ne va-t-elle pas vers l'extrême opposé ? J'ai pensé à quelque chose de plus direct. Une bonne prose avec une bonne morale.

"Excellent", dit Peter à nouveau.

« 'N'étaient-ce pas les lois de Dieu,

Ses lois évangéliques, autrefois prononcées

Par types, ombres et métaphores ?'

" Bien sûr qu'ils l'étaient", a déclaré Sam, se demandant quand Peter fermerait son dictionnaire mental de citations et passerait aux choses sérieuses, "et cette citation est très appropriée parce que je pensais à des classiques. Des classiques anglais, vous savez, expliqua-t-il précipitamment, et des classiques parce qu'ils ne sont pas protégés par le droit d'auteur.

"Et j'ai résisté à l'épreuve du temps", a déclaré Peter.

"Oui. Pensez-vous que vous pourriez proposer une liste ? J'aimerais savoir que les premiers livres que je publie ont été sélectionnés par vous. Je ne pense pas qu'ils devraient être exactement théologiques, mais ils doivent être bons dans tous les sens du terme.

« Pourquoi ne pas commencer par le livre dont je viens de citer la traduction ?

"Pourquoi pas en effet ?" dit Sam, qui n'avait pas la moindre idée de la source de la citation.

"Très bien", dit Peter. « Supposons que vous mettiez cela de côté. »

Idem fait de vagues rayures sur le papier. Il avait une réputation livresque à entretenir et il n'allait pas trahir son ignorance prématurément. « Ensuite, » a déclaré Feter , « il y a « l'appel sérieux de Law à une vie pieuse et sainte ».

«Je me laisse tenter par quelque chose», pensa Sam, mais il l'écrivit.

« « L'imitation du Christ » et « Les petites fleurs de saint François », a poursuivi Pierre.

"Je pense que cela devrait suffire pour commencer", dit Sam précipitamment.

"Quatre, n'est-ce pas ?" dit Pierre en récapitulant.

"Le 'Progrès du pèlerin'"——("Dieu merci", pensa Sam, "Je n'ai pas besoin de me trahir.")

"Oui, quatre", l'interrompit-il en lisant la liste désormais complétée. "Et je vous suis très reconnaissant."

Mais il n'en était pas vraiment sûr. Il avait « anobli » Pierre, mais il craignait que ces livres ne soient une pierre autour de son cou. Il se peut qu'il y ait une vente régulière pour le « Progrès du Pèlerin » comme prix, mais les autres... ! Pourtant, il n'avait pas besoin d'en imprimer de nombreux exemplaires et, pensée consolante, ils seraient une bonne vitrine pour sa liste. Il espérait que cela inclurait d'autres livres très différents.

"Je suis désolé qu'Ada soit absente", disait Peter, et Sam fut plutôt surpris de réaliser qu'elle ne lui avait pas manqué. Mais il était sûr de sa position auprès d'elle : c'était sa position auprès d'elle qu'il devait consolider. Il entreprit de le consolider en partant à la recherche de Stewart, et le trouva là où il s'attendait à le trouver, dans un bar.

«Je veux votre avis», dit Sam.

"Whisky pour monsieur, Flora", a déclaré Stewart. "C'est mon conseil et vous n'en aurez pas d'autre tant que vous n'aurez pas suivi celui-ci."

Sam l'a pris. Les affaires sont les affaires et, au-delà de cela, ses préjugés économes étaient désormais moins nécessaires.

« Vous n'êtes pas inapte à l'enseignement », a déclaré Stewart. « C'est un point en votre faveur . La bonne chose, quand on a bu, c'est de me demander si j'en veux un autre. Ma réponse sera affirmative et nous nous retirerons ensuite, avec un rafraîchissement soutenu, dans ce coin, où je vous conseillerai aussi longtemps que vous pourrez continuer à m'acheter du whisky et à boire à niveau. Je déteste les escrocs. »

Sam lui a parlé de son partenariat avec Carter. «Je suis toujours troublé à propos de toi», a déclaré Stewart. «Je n'arrive jamais à décider si vous êtes trop intelligent pour vivre ou si vous êtes né avec de la chance plutôt que du cerveau. Évidemment, vous publierez des romans.

"Il y en a tellement de sortes", a déclaré Sam.

"Non. Seulement deux. Le mien et le reste. Mais je souffre d'honnêteté. C'est pourquoi je vous dis que mon roman a été refusé par tous les éditeurs de Londres. Elle attend, dit-il avec espoir, un homme courageux. La différence avec le Livre Jaune, c'est que mon livre *est* jaune. »

"Je vois," dit Sam. "Mais je me suis lancé dans le métier de l'édition pour gagner ma vie."

« Dans l'ensemble, décida Stewart, vous êtes plus un fripon qu'un imbécile. Et on pourrait appeler cela le métier de l'édition. Le monde est plongé dans la pénombre, mais il existe encore des éditeurs qui ne font pas du commerce, au-delà du ventre. Viens-tu sérieusement me demander quel genre de romans publier ?

"Oui."

« Le genre, dit-il, qui est écrit pour les nourrices par des gens qui devraient être des nourrices. »

"C'est de la jalousie", dit Sam. "Ils sont publiés et pas vous."

"Peut-être avez-vous raison", a déclaré Stewart. «Mais j'ai toujours entendu dire que voir, c'est croire. Est-ce que tu vas parfois au théâtre ?

"Pas souvent."

« C'est dommage, parce que si vous le faisiez, j'ai une tragédie en vers blancs que vous aimeriez peut-être publier. C'est du grand art et ne sera jamais produit. Pourtant, je suis philanthrope ce soir et tu viendras avec moi au théâtre. Il se trouve que je vais chercher le *directeur.* »

« Êtes-vous un critique dramatique du *directeur ?* » demanda Sam, plutôt impressionné.

« Je suis journaliste, mon vieux fils. Ce n'est pas le genre de pièce pour laquelle ils gaspillent une critique. Buvons et nous partirons.

Sam découvrit, à son grand soulagement, qu'il était capable d'y aller et décida qu'il avait une tête solide. Le théâtre était bondé lorsqu'ils y arrivèrent et Stewart était assez jeune pour s'asseoir gêné dans l'un des deux sièges réservés au *directeur de Manchester*. Les critiques dramatiques étaient prises au sérieux dans ce journal ; au moins deux des critiques réguliers du journal étaient des hommes de génie, et Stewart espérait qu'on pourrait le prendre pour l'un d'entre eux. Mais ce soir-là, le public n'était pas de ceux qui s'intéressent aux lions du journalisme supérieur ; cela justifiait plutôt la référence méprisante au drame comme à « l'art de la foule ». Cela aurait fait pleurer un démocrate sincère sur ses convictions. "Les voici", a déclaré Stewart. "Le public."

Sam les voyait plus que la pièce. Il se rappela qu'il était là pour affaires, pour qu'on lui montre quelque chose que Stewart voulait qu'il voie, et s'il n'avait pas le don du détachement, il l'assurait.

Quand Adams avait lu son article aux Concentriques, Sam avait écouté mais avait gardé les yeux sur le public. Dans un théâtre sombre, le public était plus difficile à observer, mais il pouvait sentir sa réaction rapide à la pièce, entendre ses rires prompts et ses oreilles très attentives. Il s'agissait là, avec insistance, d'une pièce qui capturait son public, le saisissait, le chatouillait, l'asservissait , l'étranglait, en faisait ce qu'il voulait et quand il voulait ; le tout pour leur immense et bruyant plaisir. Il essayait de garder sa distance, de voir comment cela se faisait, d' arracher le cœur à ce mystère. Voilà quelque chose que le public voulait ; il n'avait qu'à le diagnostiquer, et le sésame ouvert à la fortune lui appartenait.

Il ne pouvait pas le faire. Le détachement lui échappa pour ne plus revenir que lorsque le rideau tomba. Il n'était pas un surhomme, immunisé contre les émotions des autres hommes. La pièce l'a saisi et l'a influencé avec les autres. Il essaya de résister, en vain ; se dit qu'il était là, non pas, comme ces autres, pour le plaisir, mais pour apprendre, pour apprendre ; et la pièce le saisit d'autant plus fort qu'il essayait de la prendre froidement.

À la fin, Sam applaudissait sauvagement tandis que Stewart le regardait avec un amusement cynique. « Je vous ai bien attrapé, » dit-il, « et en guise d'aveu, j'avoue que cette foutue chose a failli m'avoir une fois. Le lieu du rhum, le théâtre, n'est-ce pas ? Mais, » il devint plus sérieux, « je dois écrire à ce sujet, écrire sans être diffamatoire à propos de ces conneries larmoyantes, sentimentales, érotiques et religieuses. C'est suffisant pour qu'un homme abandonne le journalisme et se consacre à quelque chose d'honnête, comme le charbonnage. Mais j'oublie. Je t'ai amené ici pour t'apprendre quelque chose. L'avez-vous appris ? C'est une pièce de théâtre, mais la même chose s'applique à un roman. Vous trouvez des romans avec « Le Signe de la Croix », mon garçon. Une sentimentalité nauséabonde à écoeurer une abeille, et, pour le reste, n'oubliez pas que Jésus est mort pour que vous gagniez de l'argent avec les romans. Cette pièce me rend blasphématoire, mais je vous fais l'avocat du diable ce soir, alors tout est dans le tableau. Quand j'aurai terminé ma notice , je pense que je vais essayer un « court métrage » sur « The Tradesman Publisher » ou « The Dignity of Letters ». Ce sera bon pour ma conscience.

"J'aurais aimé que tu le fasses", dit Sam. "J'y répondrai avec une liste des classiques que je vais publier."

« Parfois, dit Stewart, vous me rendez plutôt malade. Je parle du *directeur de Manchester* , pas du *juge du dimanche* . Bonne nuit."

Mais les hésitations d'un journaliste avec un pied dans deux camps et un standard idéaliste qu'il ne prétendait guère prendre au sérieux lui-même n'ont pas impressionné Sam. La pièce et la description de son essence par Stewart l'avaient fait réfléchir furieusement. Il imaginait qu'il connaissait le genre de roman qu'il voulait et qu'il n'était pas troublé par la maladie de Stewart du double standard. Sam avait une norme, la norme de réussite ; et tout le reste n'était que confusion. En même temps , il était très reconnaissant envers Stewart qui avait fait la publicité de la brochure et lui avait maintenant présenté une politique.

Il s'agissait d'une politique, mais pas d'une application immédiate. *Festina lente* était son mot d'ordre du moment, et il se consacra à redonner un nouveau souffle aux ventes de textes et à la parution des « Branstone + Classics ». Il s'agissait, notons-le au passage, des Branstone + Classics : son nom apparaissait en grand et les noms de leurs auteurs, les insignifiants comme à Kempis et Bunyan, étaient proprement petits ; et il a mis le signe de la croix entre les Branstone et les Classiques. Il voulait que ce soit sa marque de commerce, et si c'était sa marque de commerce, pourquoi ne pas l'utiliser ? Cela n'a violé le droit d'auteur de personne.

Parmi tout cela, il avait peu de temps pour Ada, et elle savait combien elle gagnait en étant un luxe plutôt qu'une habitude. Mais Sam n'était pas fiancé pour le simple plaisir de l'être, et dès qu'il sut qu'il n'avait commis aucune erreur dans son entreprise, il avait hâte de se marier. Il n'y a eu aucune objection de la part d'Ada. Cette fréquentation intermittente, dans laquelle ses devoirs d'amant passaient au second plan par rapport à ses activités d'homme d'affaires, convenait bien à Ada, mais le mariage, la finalité, le lien lui convenaient mieux.

Même jusqu'à la fin de cet engagement, c'étaient les affaires d'Ada qui le préoccupaient, plutôt qu'Ada elle-même, et il prenait la question de l'ameublement au sérieux - d'un point de vue commercial, moins intéressé par les meubles qu'il achetait que par les remises qu'il pourrait obtenir. , par tel ou tel moyen, sécurisé. Il subit la surprise habituelle au prix des matelas et du matériel de cuisine, mais, aux yeux d'Ada, il parut royalement somptueux. Ada ne connaissait pas son héritage : elle savait qu'Anne lui avait dit, du haut d'un fantastique tramway, que Sam gagnait deux livres dix par semaine avec Travers, et que l'ampleur de cet ameublement ne correspondait pas à ce qu'un homme pouvait gagner. économiser deux livres dix par semaine. Il s'ensuivit dans l'esprit d'Ada qu'Anne lui avait menti, déformant de manière maligne la position de Sam pour l'effrayer ; et la brèche entre Anne et Ada, qui n'avait jamais eu beaucoup de chance de se refermer, était définitivement ouverte.

On n'a pas d'anciennes relations avec une agence immobilière sans pouvoir louer une bonne maison à moindre coût. Elle allait devenir maîtresse d'une maison qui ne correspondait guère aux rêves de ses années de pensionnat. C'était certainement « élégant » ; elle n'était pas sûre que ce ne soit pas vraiment « intelligent ».

Madge a pleuré la nuit précédant son mariage. Ada n'a pas pleuré. Elle était trop occupée à se serrer dans ses bras parce qu'elle avait surmonté les périls de la cour. Elle avait atteint son objectif dans la vie. Elle allait se marier.

CHAPITRE XIV
LUNES DE MIEL

Une procureure s'est mariée en satin blanc, même si Peter vendait des livres pour le faire et que son trousseau manquait de l'essentiel. Mais cela dépend du point de vue de chacun. Ada pensait que le satin blanc était essentiel, tandis qu'une autre aurait pu mettre les sous-vêtements en premier. Mais il convient de porter une couronne lors d'un couronnement et, lorsque le but de sa vie a été de se marier, de célébrer en satin l'atteinte de son objectif.

Cela a également rappelé à la congrégation que la mariée est la figure centrale d'un mariage. Autrement, les gens auraient pu se rappeler qu'ils ne sont pas venus parce qu'Ada était Ada, mais parce qu'elle était la fille de Peter.

Elle entra avec *réclame* dans l'état d'être Mme Samuel Branstone , ennuyée un peu par les tweeds de Stewart, le témoin de Sam, mais appréciant ses manières et appréciant aussi la façon dont Sam tenait pour acquis que cette journée était la sienne, pas ça. Il n'a même pas gêné une famille.

George était en fait obscurément là, caché parmi la congrégation. Il était là dans l'esprit d'un écolier, faisant l'école buissonnière d'Anne, qui était à la maison avec Madge. Ada pensait que l'absence flagrante de Branstone ajoutait de l'éclat à son satin. Seul le nécessaire, Sam était là.

Ils se rendirent à Londres, où ni l'un ni l'autre n'étaient allés auparavant, et comme c'est une chose amère de devoir se remémorer une lune de miel ennuyeuse, le choix du lieu fut très discrétionnaire. Il y avait tant de choses à voir à Londres qu'ils attendirent de rentrer chez eux pour se regarder. Ils ont vu des sites touristiques et sont allés au théâtre, mais bien qu'ils aient dormi et se levés ensemble et vu les sites touristiques (tous sauf un) ensemble, il n'y a eu aucune réalisation de « l'unité », aucune naissance d'une nouvelle vie dans laquelle ils n'étaient pas Sam et Ada, mais ces deux en un. Ils étaient furieusement modestes sur des choses sur lesquelles aucun jeune marié n'a le droit d'être modeste. S'ils sont modestes à leur sujet, ils n'ont pas le droit de devenir des jeunes mariés. Il se peut que ce soit dans leur cas quelque chose de pire et de meilleur que la modestie. C'était peut-être carrément dommage. Peut-être qu'inconsciemment ils savaient qu'il ne s'agissait pas d'un mariage, ni de la rencontre de deux partenaires en forme. Il n'y avait aucune passion là-dedans. Il y avait du moi alors qu'ils auraient dû être altruistes et extatiques. Ils étaient deux alors qu'ils auraient dû être presque un.

Mais Sam, s'il manquait énormément d'extase, était encore trop sous son charme pour être critique. Il s'étonnait un peu du franc plaisir d'être mariée qu'elle manifestait en public, de l'étalage de sa nouvelle alliance, de l'annonce selon laquelle c'était une lune de miel, et contrastait ce goût extérieur avec sa frigidité intime ; mais même cela lui paraissait déloyal, et il se disait qu'Ada, à l'hôtel, était une personne et qu'à la maison, elle en serait une autre. Ada allait « s'installer » et entre-temps ils étaient à Londres, et Londres attendait d'être explorée avec elle.

Ils ont exploré principalement le Londres que les Londoniens ne connaissent pas, le Londres des guides, et se sont sentis extrêmement métropolitains parce qu'ils sont allés à la Tour, au British Museum et à la National Gallery. Les magasins ont brûlé Ada. Leurs fenêtres fascinaient mais leurs portes repoussaient. Sam l'aurait probablement retenue de toutes ses forces si elle avait tenté d'entrer, mais, en l'occurrence, elle éprouvait la même satisfaction à les identifier que les snobs mondains trouvent à reconnaître, à distance, des personnages célèbres. C'étaient les magasins authentiques qui faisaient de la publicité dans les journaux et ils organisaient un jeu appelé "à la recherche des Harrod" ou "à la recherche des Barkers", ce qui conduisait à beaucoup de plaisir avec les bus après avoir cantonné Oxford Street et Regent Street. C'était très gai, et encore plus gai, presque vilainement gai, d'aller un soir dans un endroit appelé le Colisée, un music-hall ; une chose à faire avec audace, dont on ne parle pas à la maison ; et pourtant l'endroit était rempli de gens vraiment très respectables. Ils s'émerveillaient de l'émancipation du Londonien.

Lors de sa lune de miel, Sam est devenu possédé d'une ambition. Ce n'était pas une ambition extraordinairement belle, mais il en est venu à s'en soucier grandement et cela a récompensé ses soins mille fois. Le chemin vers la raison est de désirer très ardemment quelque chose qu'il est tout à fait possible d'obtenir, et l'ambition de Sam l'a gardé sain d'esprit à l'époque où il savait qu'Ada l'avait laissé tomber.

Struggles avait suggéré à notre débatteur des Concentriques qu'il devrait voir la Chambre des communes lors du débat et avait écrit à leur député local pour obtenir un laissez-passer à la Tribune. Le résultat a été l'expérience la plus excitante de la lune de miel de Sam ! C'était, d'une part, unique qu'Ada ne puisse pas être avec lui : c'étaient les premières heures depuis qu'il l'avait épousée qu'ils passaient séparés et peut-être que, tout cela, inconsciemment, les avait dorés pour Sam. Ils eurent presque une dispute avant qu'elle ne le laisse partir : pas tout à fait, mais elle était mécontente de son abandon et considérait que c'était de sa faute si elle n'était pas autorisée à s'asseoir avec lui pour entendre les législateurs qui faisaient des lois pour elle comme pour lui. Non pas qu'Ada se souciait de qui faisait ses lois, ni d'observer les créateurs à l'œuvre, mais elle parvenait à mettre suffisamment d'agressivité dans son ressentiment face à son départ pour donner à son expérience la qualité supplémentaire d'un plaisir volé.

Cette galerie, avec sa vue en raccourci sur le cockpit miteux, n'est pas le premier choix des connaisseurs de sensations fortes, mais sur Sam, son effet fut étonnant. Il devait avoir un don de vénération, jusqu'à présent inconnu, car il est presque incroyable que la réalité de la Chambre des communes puisse impressionner. Mais l'idée est possible et peut-être (pour être juste) la réalité est plus impressionnante que celle de n'importe quelle autre Chambre sur terre. L'imagination l'aidant, elle captura et retint son esprit.

Un petit homme corpulent d'apparence banale parlait sur un ton de conversation difficile à entendre depuis la galerie, mais bientôt l'orateur s'est réchauffé à son sujet et a prononcé des paroles vivantes dans une vague d'émotion réelle. Il était l'un de ces rares hommes, et celui-ci, l'un de ces rares discours, qui convertissent réellement un adversaire : et l'ambition de Sam de parler comme ce politicien, et depuis ces bancs, est née instantanément.

Non seulement il voulait être député, mais aussi député libéral, car cet homme de paroles était libéral. Jusqu'à cette époque, Sam n'avait pas été un animal politique bien qu'il ait voté, et il a voté Tory parce que c'était en général la ligne de M. Travers et de la classe propriétaire qu'il représentait. Maintenant, avec un enthousiasme rapide, il était libéral, ne connaissant rien des deux côtés, mais soudain pris d'un culte de héros pour un petit politicien potelé et snobé qui parlait en phrases d'une longueur prodigieuse et ne s'y perdait jamais.

En un clin d'œil, il acquiert le parti pris du politicien : l'adversaire de son héros était manifestement un imbécile ; il n'avait aucun don, aucun argument. Oui, Sam avait doublement raison d'être libéral. Ils avaient si évidemment tous les cerveaux qu'ils étaient, ils étaient indéniablement l'équipe gagnante. Il ne comprenait pas la technique d'une division et fut surpris, lorsqu'il consulta le journal le lendemain, de constater que les libéraux étaient en minorité. Cela le fit réfléchir, mais ne le secoua pas. Lorsque les libéraux reviendraient au pouvoir, comme ils étaient certains de le faire grâce à leur supériorité intellectuelle, lui, Sam Branstone , les accompagnerait. Que ce ne soit que dans un an ou deux et il serait prêt. Lui aussi se prélasserait sur ces bancs rembourrés, attirerait l'attention du Président et serait un orateur.

Il marcha le long du quai en direction de son hôtel, et il lui vint à l'esprit qu'il avait passé quatre heures dans la galerie et qu'il n'avait pas pensé à Ada. Même s'il essayait, il ne pouvait pas non plus penser à elle maintenant.

Des panneaux célestes clignotaient toujours sur la rivière, et tandis qu'il s'arrêtait et s'appuyait contre le parapet, un jeune policier le surveillait avec méfiance. Mais Sam méditait sur la vie, pas sur la mort. Les lumières de Londres brillaient sur la Tamise et la rendaient magique pour lui. Il conquit Londres dans sa rêverie et sortit, en tant que député, de la Chambre jusqu'à son automobile. Sa maison, supposait-il, se trouvait quelque part à Park Lane.

Il repensait maintenant au théâtre où il avait vu *Le Signe de la Croix* . C'était différent des théâtres de Londres qu'il avait vus, où le public semblait avoir peur de l'émotion. Ou était-ce parce que les pièces n'étaient pas bonnes ? C'était tout : ils n'avaient pas la note : ce n'étaient pas − quelle était l'expression de Stewart ? − des pièces religieuses érotiques. Il voulait émouvoir le public comme cette pièce avait ému son public. Pouvoir! Le pouvoir de la parole. C'était cela, et comme il ne pouvait pas écrire une pièce, il devait compter sur lui-même, sur son oratoire, sur sa seule voix. Il se voyait sur des estrades face à des salles bondées, saisissant ses auditeurs, les conduisant là où il voulait, apprivoisant la foule jusqu'à ce qu'elle fasse de son maître une idole. Quant à savoir où il mènerait, pourquoi, il mènerait et c'était ce qui comptait. Branstone était Premier ministre ce soir-là.

Il était une heure lorsque le jeune policier se sentit libre de reprendre sa patrouille, et Sam quitta la rivière enchantée pour son petit hôtel de Norfolk Street. Ada lui tournait le dos et apparemment elle dormait. En fait, elle était bien éveillée ; elle se demandait s'il était arrivé à une autre femme d'être traitée de manière aussi abominable lors de sa lune de miel.

Elle brossa ses cheveux le matin avec une méchanceté notable. Les cheveux ont des usages qui vont au-delà de la simple décoration. C'est un voile admirable à travers lequel on peut regarder sans être vu en train de regarder. Ada regardait Sam et elle l'écoutait aussi.

Elle l'écoutait non pas parce que son enthousiasme pour la Chambre des communes l'intéressait, mais parce qu'elle attendait des excuses. Ce n'est pas venu. Il était plein de regrets, mais uniquement parce que c'était leur dernier jour en ville et qu'il ne pouvait plus retourner à la Maison.

« À quelle heure est notre train ? » elle a demandé.

Il lui a dit.

"Ensuite, j'ai le temps de faire quelques courses d'abord."

"Achats?" » a-t-il demandé, mais sans méfiance.

Elle acquiesça. Sam allait payer pour ses plaisirs. Les chemisiers qu'elle avait vus chez Peter Robinson ne semblaient plus incroyablement chers. Si Sam choisissait de s'amuser à sa manière, sans elle, elle s'amuserait à la sienne − avec Sam pour payer le prix du joueur de cornemuse.

Shopping est un terme vague ; on fait du shopping quand on achète un hareng ou un diadème en diamant. Ada était en train de relever ses cheveux et il imaginait qu'elle voulait dire qu'elle voulait un paquet d'épingles à cheveux. "Oh, oui," dit-il pensivement. "Et pendant que vous partez, je pense que je vais à nouveau me rendre au Parlement." La Chambre ne siégerait pas et il ne pourrait pas entrer. Il le savait, mais il voulait regarder, regarder le cadre qui devait un jour le contenir. Il voulait être certain qu'il était toujours là.

« Je pense, dit-elle, que tu viendras avec moi au magasin. Je voudrais que vous payiez là-bas.

Sam s'arrêta pendant qu'il attachait son col. "Payer?" » demanda-t-il, non sans méfiance maintenant.

« Est-ce que vous ne pensez qu'à vos plaisirs égoïstes ? » Ada voulait savoir. « N'est-ce pas un privilège de pouvoir m'acheter de beaux vêtements ? »

Il ne l'avait pas vu sous cet angle. En budgétisant leur avenir , il avait en effet supposé qu'un trousseau durait la première année d'une mariée. «Je vois», dit-il sombrement; puis se rappelant qu'il était amoureux d'elle, « bien sûr », ajouta-t-il avec un sourire qui pouvait lui compter pour de l'héroïsme. "Mais il ne faut pas oublier les billets, et après avoir payé la note ici, il ne me restera plus que deux livres à dépenser."

"Ensuite, je dépense deux livres en chemisiers", a-t-elle déclaré.

Il a émis un bruit monosyllabique qui aurait pu être « Oui ». Cela aurait pu aussi être « Merde ».

La vérité était qu'il avait délibérément gardé ces deux livres, dans l'intention d'en dépenser une partie, mais pas, il l'espérait, la totalité, en cadeau pour Ada. Il avait pensé à un sac à main, il avait imaginé son cri de joie lorsqu'il entrait avec audace avec elle dans l'une de ces boutiques rébarbatives et invitantes, son appréciation de sa générosité.

La nuit dernière avait complètement chassé cette pensée de son esprit, et il était maintenant ennuyé non seulement par son oubli, mais aussi par Ada. Elle n'a pas demandé, elle a exigé. Une nuit à la Galerie peut être considérée comme une dissipation, mais au moins ce n'est pas un crime. C'est même patriotique, et on lui a demandé de payer une facture de deux livres comme prix de son patriotisme. L'ambition, pensait-il, serait un luxe coûteux s'il devait payer des vêtements pour Ada chaque fois qu'il se rend à une réunion politique. Car telle était clairement son attitude : elle exigeait une *contrepartie* : elle annonçait une politique de représailles.

Il y a un drôle de plaisir pervers à gratter une plaie ouverte, à se couper le nez pour dépiter son visage. Il avait voulu être généreux et voulait toujours l'être, mais l'argent qu'il avait mis de côté pour sa générosité était désormais hypothéqué pour répondre à sa créance. Il lui donnerait son kilo de chair, mais il voulait vraiment le lui faire rôtir avec des charbons ardents.

La tristesse le quitta soudainement. Il ôta la vieille cravate qu'il avait mise comme étant assez bonne pour voyager, et attacha très soigneusement celle qu'il avait achetée « pour Londres ».

«Je vais le faire», pensait-il. "C'est presque un accident vasculaire cérébral."

Au petit-déjeuner, il était positivement gay, de sorte qu'Ada se demandait furtivement ce qu'il faisait et si le moyen de lui remonter le moral serait toujours de lui exiger de nouveaux vêtements. Cela ne semble pas probable, mais elle propose en tout cas d'expérimenter librement dans ce sens.

Il partagea son attention entre elle, le petit-déjeuner et le rapport parlementaire du *Times* . Il avait le sentiment d'avoir virtuellement participé à ce débat, et même le choc de lire que la division était défavorable à son héros ne gâchait pas le plaisir qu'il éprouvait à le lire. Il lisait avec un œil prophétique. Lui aussi serait rapporté dans le *Times* un jour .

Il a appelé le serveur. "Marmelade, monsieur?" demanda l'homme.

"Non merci. Apportez-moi l'annuaire.

— L'annuaire, protesta le garçon, est dans la salle de lecture.

"Et moi", dit superbement Sam, "je suis dans le café."

Le serveur lui apporta l'annuaire.

Sam sourit largement. Il testait sa forme et décida que si cela équivalait à contraindre un serveur à porter un annuaire à sa table de petit-déjeuner, cela ne lui ferait probablement pas défaut dans ce qu'il se proposait de faire. Il consulta le livre et nota une adresse qui n'était pas, observa-t-il, à Park Lane. Son respect pour Sir William Gatenby subit un léger déclin.

Une demi-heure plus tard, il a téléphoné à la maison de ce monsieur. Gatenby était le membre local à qui Peter Struggles avait écrit pour obtenir le laissez-passer de Sam à la Galerie.

« Sir William est là ? » Il a demandé.

"Oui, mais..." Un œil exercé observa ses vêtements. Ils n'ont pas été coupés à Savile Row.

"Il me verra", dit Sam sereinement. Certaines personnes sont à leur meilleur tôt le matin.

Sa carte fut acceptée et il fut conduit dans une bibliothèque de livres bleus sévères, peut-être qualifiés par une reproduction du portrait de Gladstone par Millais. Normalement, Sam aurait été accueilli à la bibliothèque par une secrétaire qui gagnait son salaire grâce à son talent à administrer des rebuffades polies aux appelants indésirables. Aujourd'hui, le secrétaire ne gagnait pas son salaire, mais il le dépensait probablement. C'était le jour du Derby.

Après tout, un vote est un vote, et Sir William est arrivé avec une démonstration de gentillesse. "Bonjour, M. Branstone ", dit-il en lisant la carte de Sam. « De la vieille ville. Je vois."

"C'est tout ce dont tu te souviens à propos de moi?" demanda Sam.

"Pour le moment", avoua Sir William avec prudence. Sa majorité n'était pas grande.

"Eh bien", dit Sam, "le révérend M. Struggles est mon beau-père."

"Asseyez-vous", dit Sir William. «Je suis très heureux que vous ayez appelé. Comment va M. Struggles ?

«Je l'ai bien quitté, merci. Peut-être vous souvenez-vous qu'il vous a écrit pour vous demander un laissez-passer pour la Galerie.

« J'étais heureux d'avoir eu de la chance lors du scrutin », a déclaré le député.

"Oui", dit Sam, "j'y suis allé hier soir. Mais j'ai mentionné cela pour établir mon identité. Mon but en faisant appel à vous est de vous demander de me prêter cinq livres.

Sir William pensa à son secrétaire, qui aurait dû lui épargner cela. En pensant à sa secrétaire, il pensa au Derby Day et aux intentions probables d'un homme qui choisit ce jour-là pour demander un prêt. "Mon cher monsieur!" il a dit.

" Tout à fait ", acquiesça Sam. « La vie vous serait insupportable si tous les électeurs qui viennent à Londres essayaient de vous emprunter de l'argent. Mais je suis Branstone . Je dirige Branstone Press et Branstone Classics. J'ai publié la brochure « Le mal social » et vous en ai envoyé un exemplaire que, je regrette de vous dire, vous n'avez pas reconnu. » Sir William repensa à son secrétaire, et avec méchanceté. "Ceci", dit Sam, "c'est simplement pour indiquer que je suis un homme de substance."

Sir William Gatenby portait des moustaches latérales. C'était un vieil homme et il ne restait plus grand-chose de lui à part l'emphase et la détermination à conserver son siège. Il avait l'air, ce qu'il ressentait à ce moment-là, quelqu'un dans une farce. Il était tout à fait sûr que Sam était quelqu'un dans une farce. Ils étaient tous les deux dans une farce, et bien sûr les billets de cinq livres volent dans les farces comme des moucherons en août. Il ne lui semblait pas qu'il y ait autre chose à faire que de produire un billet de cinq livres.

"Merci", dit Sam en s'asseyant à un bureau. "Je vais vous donner mon chèque pour ça."

Cela stupéfia Sir William. Il a failli avertir Sam du danger d'émettre un chèque qui ne serait probablement pas honoré , mais s'est abstenu à temps. « Alors, dit-il, vous n'aviez vraiment pas besoin de venir me voir ? »

"Seulement", dit Sam, "que je voulais que tu te souviennes de moi."

"Je pense que je vais le faire", a déclaré Sir William.

"Merci," dit calmement Sam. "Je voulais te connaître parce que j'ai l'intention de me lancer en politique."

« La Cause », dit solennellement Sir William, « exige le meilleur de tout travailleur sérieux ».

«Je travaillerai pour la Cause», a déclaré Sam. Aucun d'eux n'essaya de définir la cause, et Sam partit sans autre remarque, mais son appel eut le résultat suivant : qu'après avoir trouvé le chèque honoré , Sir William écrivit à son agent pour lui parler d'« un drôle de poisson appelé Samuel Branstone qui m'a appelé » . l'autre jour, et m'a proposé de travailler pour la Cause. Un jeune homme que je pense que vous devriez encourager. Il est le gendre de M. Struggles, et l'Église, hélas, est si tiède à l'égard de nos grands principes que nous ne devons pas négliger une recrue prometteuse de ce groupe.

CHAPITRE XV
AUTRES CHOSES QUE LE MARIAGE

D EBT séduit certaines personnes. Ils ont le sentiment que lorsqu'ils sont endettés, ils ont tiré plus de la vie que ce que la vie leur doit. Sam avait donné son chèque à Gatenby et n'était donc pas endetté envers lui, mais il a commencé à dépenser les cinq livres aussi imprudemment que s'il s'agissait d'argent emprunté.

Il voulait étonner Ada et il y parvint, mais la surprise qu'il provoqua ne fonctionna pas tout à fait comme il l'avait prévu. Pendant un instant, en effet, alors qu'il lui achetait des chapeaux et des chemisiers, elle rayonna d'une gratitude sans réserve, et il goûta avec elle la joie d'une acquisition obstinée. Mais l'éclat d'Ada ne tarda pas à disparaître.

Elle eut le temps dans le train d'oublier la splendeur de ses cadeaux et l'élan qu'elle allait donner dimanche prochain, et de se rappeler qu'il avait dépensé beaucoup d'argent ; celui qui niait avoir plus de deux livres à dépenser en avait dépensé sept. De toute évidence, il lui avait menti.

Il était vrai, pensa-t-elle, qu'il s'était repenti de son mensonge et de sa méchanceté et qu'il avait acheté généreusement : plus l'achat était beau, plus le mensonge était démontrable.

Elle se souvenait de son terrible entretien avec Anne, des déclarations d'Anne sur ses moyens et du peu de conformité avec l'ampleur de l'ameublement de Sam. Elle réfléchit à la franchise de Sam dans le magasin de blouses et conclut que les Branstone étaient des menteurs congénitaux en matière d'argent.

Dans le futur, elle saurait comment agir. Sam en avait plein.

« Vous aviez donc tout le temps de l'argent dans votre manche », dit-elle.

Sam fit un clin d'œil facétieux. "J'ai beaucoup de choses amusantes dans mon sac", a-t-il déclaré.

«J'apprends ça», a déclaré Ada. Ce qu'il prit pour un compliment ; et sourit.

Il avait depuis longtemps décidé que la manière d'agir avec les femmes était de les mystifier, de les traiter comme des enfants lors d'un spectacle de prestidigitation, de les surprendre par des résultats, mais jamais de les expliquer. Il faillit s'étouffer de fierté suite à son exploit avec Sir William Gatenby . Mais pour la boîte à chapeaux et les chemisiers là-haut, ce qu'il avait fait était trop beau pour être vrai, et c'était certainement trop beau pour être raconté à une femme. Ils ne comprenaient pas les affaires ; aucune femme ne pouvait apprécier l'audace de son exploit.

S'il disait à Ada qu'il avait emprunté à Gatenby , elle répondrait simplement « Oh, oui » et considérerait son audace sans exemple comme une évidence. C'était une inspiration, brillamment conçue et brillamment exécutée, et son brillant souvenir ne devait pas être terni par l'acceptation ennuyeuse d'une femme comme quelque chose qui n'avait rien d'extraordinaire.

Il sourit et ne dit rien, et ce qui ne lui vint pas à l'esprit, c'est que s'il ne proposait aucune explication , elle lui fournirait la sienne. Il est idiot de tout dire à une femme, mais sage de dire presque tout ; surtout quand il lui est possible de tirer une fausse conclusion.

Sam ne pensait pas qu'une fausse conclusion s'offrait à elle, car il croyait toujours au meilleur d'Ada, car il était toujours amoureux. Mais tomber amoureux est désespérément facile.

« De même qu'une ville fortifiée, dit Touchstone, vaut plus qu'un village, le front d'un homme marié est plus honorable que le front nu d'un célibataire », et Sam était marié. Il pouvait imposer cette onction flatteuse à son âme, il pouvait tenir la tête haute, parce qu'il était contribuable et qu'il avait des responsabilités, et rentrait le soir dans une maison avec jardin. Il a fait tout cela, et ce n'était qu'un vain honneur , car le succès dans le mariage, comme dans tout le reste, ne s'obtient pas tout fait, mais dépend de la volonté de faire des ajustements.

La volonté peut mieux venir de la passion, et il n'y avait pas de passion ici pour les aider à traverser l'âge difficile du mariage, la première année difficile où des ajustements doivent, si jamais, être faits. Passionnée, un homme peut aimer une femme qu'il sait être une meurtrière ; laissez la passion manquer, et il peut tomber amoureux parce que la femme ronfle ou est en désordre. Le mariage de Sam n'a pas été fait au paradis, mais par Ada à Heaton Park, et avec un mariage ainsi fait, il est aussi facile de tomber amoureux que de quitter une maison. Les petites choses comptent plus que les grandes quand il n'y a pas de passion pour créer le mirage de toute une vie.

Si vous ne pouvez pas avoir le mirage de la passion, il existe un substitut utile appelé bon sens, un autre nom pour le compromis, et Ada a refusé de faire des compromis. Elle était pour elle-même, sans réserve et suprême. Ada a laissé les ajustements à Sam et ne s'est détendue en rien de son parfait égoïsme.

La petite chose qui pesait lourdement contre elle, presque immédiatement, était simplement qu'Ada n'était pas en ordre. Elle n'a pas inventé de lieux pour les choses, ou, si elle l'a fait, ils n'ont jamais été utilisés. Elle a laissé ses vêtements en bas après être sortie, et le piano n'est pas l'endroit idéal pour un chapeau ni le canapé pour un parapluie. Cela agaçait Sam au point de voir ses vêtements répartis dans leur chambre, négligemment suspendus aux dossiers des chaises, jetés sur le sol.

Les hommes ne sont pas le sexe en désordre : la vertu de la propreté, comme la plupart des autres, est également répartie. Sam était propre par nature, et ses habitudes sont encore plus fortes. Le malheur d'Ada était qu'il était habitué à Anne, qu'Anne était soignée et Ada une salope. Sam ne savait pas, jusqu'à ce que cela lui manque, à quel point il appréciait la propreté d'Anne, à quel point il en avait besoin et à quel point il détestait le désordre jusqu'à ce qu'il vive avec à Ada. A Londres, à l'hôtel, il avait excusé ce qu'il en avait vu, parce que c'était dans un hôtel ; c'est aussi pour cela qu'il y avait peu de choses à voir, grâce à une bonne femme de chambre.

À la maison, ça lui faisait mal et il ne pouvait rien faire. Ada n'a rien fait non plus. Elle ne s'était pas mariée par amour, et on ne change pas d'habitude sans motif fort. Ses allusions semblaient maussades et déraisonnables à Ada. Elle pensait qu'il avait fait des montagnes avec des taupinières et le méprisait pour son étroitesse d'esprit ; il pensait qu'une femme qui ne pouvait pas mettre un jupon dans un tiroir quand il le lui demandait le provoquait volontairement .

Elle n'avait pas volontairement d'objectif fixé. Elle refusait simplement de bouleverser ses habitudes, de s'accommoder de lui, de se sacrifier à l'amour. Elle n'avait aucun amour à sacrifier.

Et bientôt il découvrit que lui non plus n'aimait pas. Mais c'était tout. Puis et après , c'était, putain, tout. Il n'aimait pas, mais il ne détestait pas non plus. Il ne l'avait jamais aimé assez profondément pour la haïr. C'était la tragédie du mariage de Sam : l'indifférence, le péché le plus mortel.

Il lui était indifférent, à son désordre et même à son extravagance. Elle ne pouvait pas traiter les vêtements raisonnablement, elle ne savait pas comment les porter quand elle les avait, mais elle désirait follement les posséder. Elle était grossièrement, inexcusablement extravagante, et lui était indifférent. Il était indifférent parce qu'il devenait riche et voulait utiliser ses énergies dans le but de s'enrichir et non de se quereller avec elle.

C'était une autre tragédie. Ils ne se sont jamais disputés . Ils n'ont jamais purifié l' air, ils n'ont jamais vidé les canalisations. Ils n'ont pas fait d'ajustements, mais ont laissé les choses là où elles étaient, dans un mauvais endroit. Pendant leur lune de miel, ils abandonnèrent leur regard l'un pour l'autre pour se tourner vers Londres, et chez eux, après une expérience de révélation, ils n'en cherchèrent pas une autre, mais rebondirent et regardèrent ailleurs qu'eux-mêmes.

Mais Peter regardait, et Anne, à travers les yeux de George, regardait, et il lui semblait que les choses se passaient comme elle s'y attendait. Elle avait dit que la fille n'était pas bonne et ce que George lui avait dit avec sa manière maladroite lui avait fait comprendre que la fille devenue épouse n'était pas non plus bonne. Anne serra sombrement les lèvres et poursuivit sa carbonisation efficace. Elle pensait que son heure viendrait.

Pierre attendait la venue de l'amour pour bénir ce mariage auquel il avait consenti dans la conviction que son Dieu d'amour le sanctifierait. Il avait fait confiance à la force de Sam et à l'espoir que la force de Sam se transformerait en douceur ; et cela s'est seulement tourné vers les affaires. Cela n'a pas éloigné Ada du matérialisme, mais a attiré Peter lui-même, involontairement au début, vers ce matérialisme. Peter s'est retrouvé à sélectionner des textes pour le « Calendrier des enfants de l'Église » de Sam, un travail d'amour, qui n'avait pourtant rien à voir avec Ada, sauf de la manière la plus indirecte, et rien à voir avec la situation de Sam et Ada.

C'était le fait que, pour eux, il ne semblait y avoir aucune situation qui affligeait Peter. Ils laissent simplement les choses être, et les choses obéissent à la loi de la gravité. Il espérait ardemment des enfants. Les enfants bénissaient le mariage au sens physique du terme, et de cette bénédiction pourrait surgir l'autre bénédiction, la bénédiction spirituelle.

Il y avait autrefois un espoir qu'Ada puisse avoir un enfant... mais cet espoir s'est envolé et le médecin leur a dit de ne plus espérer. Ada ne serait jamais mère.

«J'aurais pu leur dire ça», a déclaré Anne. "Il suffit de regarder la fille pour le voir." Ce qui n'était peut-être qu'une sagesse après coup, mais cela ne signifiait certainement pas qu'Anne était déçue ; bien que Pierre l'était, et avec amertume.

Sam aussi avait voulu un fils, mais pas, comme Peter le pensait, par Ada et pour Ada. Il voulait un héritier pour des raisons dynastiques. Il était la Branstone Publishing Company, sa société mère et originale, et voulait que la chair de sa chair soit publiée après lui. Il rêvait d'un jeune Sam portant la casquette du lycée, qui irait à l'université où il n'était pas allé et aurait les chances qu'il avait manquées. Il a construit de nombreux châteaux en Espagne pour son fils qui n'est jamais né.

Ada se leva du lit et enfila avidement de nouveaux vêtements. Si la mesure de son achat était la mesure de son chagrin, elle avait été profondément touchée. Peut-être était-elle touchée, car elle avait pour objectif le mariage, qui est incomplet sans enfant. Mais dans les magasins, les journaux de mode, ses vêtements et ceux des autres femmes, elle trouvait une distraction et une occupation. Elle a franchi une étape importante et a continué son chemin. Ada n'était pas stoïque, ne cachait pas son chagrin, et comme elle ne se plaignait pas, elle devait penser qu'il n'y avait pas de quoi se plaindre de son incapacité à avoir un enfant. Lorsqu'elle avait décidé de se marier, elle n'avait peut-être pas regardé plus loin que la bague, la cérémonie et l' état honorable d'être Mme Branstone .

Elle se précipita dans les magasins et dépensa de l'argent, Sam se jeta dans les affaires et réussit ; et une partie, en tout cas, de l'amour désormais contrarié qu'il avait gardé pour son fils passa dans l'entreprise. Quelque part au fond de son esprit, il savait que son entreprise n'était pas aimable ; que c'était du pitch ; qu'on ne peut toucher la poix sans se souiller. Mais on ne peut pas non plus traiter avec succès le pitch sans parvenir à croire dans ses vertus. Dans des moments intimes, il était conscient que le pamphlet « Social Evil » était pernicieux, mais Sam Branstone , incitant un libraire à le stocker, était plus qu'un avocat qui croyait temporairement en son mémoire : il était un missionnaire ayant foi en sa mission. Il en va de même pour les textes. Il les vendait avec la conviction qu'il était bon pour les gens d'avoir des textes sur leurs murs. Il a contrefait la sincérité jusqu'à en arriver à être sincère, ou, en tout cas, à oublier qu'il n'était pas sincère.

De plus en plus loin dans les recoins inexplorés de son esprit, il enfonçait l'idée qu'il vendait des textes parce que leurs ventes étaient bonnes pour lui, et avec son esprit travaillant, quotidien et non introspectif, il avait une sincérité à propos de ses produits, pratique mais néanmoins authentique, ce qui lui a été d'une valeur inestimable à la fois pour son estime de soi et comme premier secours pour réussir dans la vente. Il n'avait jamais, autrefois, fait l'éloge d'une maison avec la voix retentissante de conviction absolue qu'il avait utilisée à propos du « Serious Call » de Law. Il n'avait pas lu Law, mais les ventes ont duré jusqu'à ce qu'il soit convaincu de l'énorme valeur de Law.

Il avait lui aussi une vocation sérieuse, celle de vendre de bons livres avec de bons profits, et cette vocation s'exprimait dans ses vêtements et son apparence. Il semblait plus âgé, plus grave, portait sa redingote au quotidien, ne portait que du noir dans ses cravates et ses chaussettes, et avait l'air de quelqu'un qui, s'il n'était pas un ecclésiastique, était souvent en leur compagnie, bien qu'en fait il soit plus fréquemment avec des voyageurs de commerce , et dans les hôtels la nuit, son répertoire d'histoires de fumoir ne sortait pas moins gaiement de sa langue que autrefois.

Et à ce moment-là, sa moustache commença à tomber comme un rideau sur sa bouche résolue.

Stewart est arrivé un jour au bureau avec un colis sous le bras. Il n'avait vu ni Sam ni son bureau ces derniers temps, et les regardait tous les deux avec des yeux écarquillés. Carter, associé dans l'imprimerie, occupait toujours le bureau délabré où Sam l'avait trouvé, mais la Branstone Publishing Company disposait de locaux plus spacieux à côté, dans un bâtiment que Sam louait comme entrepôt pour son stock. Des lettres dorées sur ses fenêtres ont attiré l'attention du passant sur le Branstone + Classics.

Sam s'occupait toujours des détails et, lorsque Stewart entra, il corrigeait les épreuves d'un calendrier détachable avec une Bible à son coude.

«Je suppose», dit Stewart, «que vous *êtes* Branstone , mais pourquoi se déguiser en aîné écossais ?

"Je porte mes vêtements habituels", dit Sam, plutôt vexé.

« Si les vêtements sont l'homme, ce n'est pas ma place. Utilisez-vous souvent la Bible pendant vos heures de travail ?

Il le faisait souvent, non seulement pour vérifier avec une assez belle précision les textes de ses calendriers par la version autorisée , mais d'une autre manière, et qui semblait montrer, si cela montrait quelque chose, qu'il regardait la Bible avec une intime familiarité. Peut-être qu'une des mascottes était la copie reliée en vélin du pamphlet « Le mal social » et l'autre la Bible. Quoi qu'il en soit, son code tarifaire utilisé au bureau était composé de cette façon :

MON PÈRE DIEU

1 2 3 4 5 6 7 8 9 10 20

Les nouveaux employés initiés à ce code s'y posaient des questions pendant une journée. Puis ils s'y sont habitués.

"Je corrige les épreuves de ce calendrier", expliqua Sam. « Vous voyez, c'est un calendrier de rasage. Accrochez-le près de votre miroir de rasage et étudiez le texte de la journée pendant que vous vous rasez.

"Je ne le fais pas", a déclaré Stewart. «Je vais chez le coiffeur . Ma main est instable le matin. Mais je vois l'idée. Lisez d'abord le texte, puis essuyez votre rasoir dessus.

« Ce n'est pas l'idée. Voir." Il montra la carte du calendrier et lut solennellement :

« Un texto par jour

Chasse les soucis.

« Cela ne ferait pas disparaître mon type de soins », a déclaré Stewart. "Le mien est sérieux."

"Il ne peut y avoir de problème trop grave pour que vous trouviez une consolation dans ce calendrier."

« Mais supposons que j'aie mal aux dents un quart de jour et que la consolation que vous offrez pour cette date soit une consolation pour un homme qui ne peut pas payer son loyer ? Sérieusement, Branstone , suis-je dans les coulisses de ce bureau, ou tu ne laisses jamais tomber le showman ? J'admets que vous êtes au pi-market, que vous avez habillé le rôle du pi-man et que vous avez aussi son bagout, mais je ne sais pas si vous avez besoin de l'exercer sur moi. Votre stock a l'air désastreux », commenta-t-il en se promenant dans le bureau. "Je suppose que c'est ce qui se vend?"

"Mon entreprise", a déclaré Sam, "est fondée sur un roc".

«Je suis venu ici pour vous vendre une fortune», a déclaré Stewart. « Si vous voulez me critiquer , j'apporterai ma fortune à un éditeur londonien. Votre entreprise est peut-être fondée sur un roc, mais le nom du roc est le « Mal Social ».

"Le mot rock", a déclaré Sam, avec un scintillement dans les yeux, "est également utilisé pour une sorte de caramel au beurre."

"Eh bien, maintenant que je sais que tu es sain d'esprit, je vais te parler. Et je parlerai aussi de caramel. Je ne pensais pas, au temps de ma sérieuse jeunesse, que je devrais en arriver là, mais on ne sait jamais ce que la dette fera à un homme. J'ai écrit un roman. Au moins, ce n'est pas un roman, c'est un outrage à la pudeur. C'est une violente attaque contre les émotions. C'est le genre de chose que je mérite de photographier pour écrire. La mélasse est amère comparée à elle, et elle ne contient pas un mot de littérature. C'est une certitude absolue.

"Je dois le lire", dit Sam.

"Vous devenez méfiant", dit tristement Stewart.

"Je n'achète pas de cochons en poke, même quand ils sont à toi", a déclaré Sam. "Viens dans quelques jours."

Il a lu le roman et était prêt pour Stewart quand il est venu.

« J'ai pris la liberté, dit-il, de marquer quelques passages de ce manuscrit que vous voudrez peut-être modifier.

"Oh? Je sais que c'est mièvre, mais je ne crois pas qu'il y ait de limite à ce qu'ils acceptent et aiment.

"Je fais particulièrement référence au personnage que vous avez appelé Hetaera."

« Mais une seule fois. Après ça, elle s'appelle Hetty.

« Hetty, » dit Sam sévèrement, « devra être éliminée. C'est une femme impure.

«Même les romans les plus populaires devraient avoir un rapport avec la vie.»

« Si vous souhaitez que je publie celui-ci, Hetty doit partir. Les Branstone ont une réputation à maintenir.

"Bon dieu!" dit Stewart. « Hetty est la seule oasis de vérité dans un désert de sentimentalité bâclée. Elle est vraie parce que je la connais.

"Ce n'est rien à votre honneur, Stewart."

Stewart le regarda. "Est-ce que tu me tires la jambe, Sam, ou est-ce vraiment sérieux ?"

"Pourquoi douteriez-vous de mon sérieux quand je demande que la fiction soit dénuée d'offense ?"

"Tu ne veux pas dire sans vérité ?" Il a retrouvé son sang-froid et sa perspective. Après tout, il manquait beaucoup d'argent. "Très bien, Sam," dit-il. «Modifiez-moi. Censure-moi. Je pensais savoir des choses, mais il y a des profondeurs au-dessous des profondeurs les plus basses, et vous les avez atteintes. Je me rends. Quelles sont les conditions ?

Sam a proposé des conditions assez généreuses. Il voudra peut-être à nouveau Stewart.

Le roman a été purgé de Hetty et publié. La prière de trois pages de l'héroïne en détresse a été reprise, en paraphrase, par un certain nombre de chaires non conformistes, et le livre a connu un énorme succès. C'était le premier de cette série – Happy Novels for Healthy Homes de Branstone – qui portait la force de l'émétique littéraire à un point de douceur concentrée inimaginable auparavant, et découvrait quelque part un estomac public qui ne rejetait pas sa confiture nauséabonde, mais se délectait de il.

CHAPITRE XVI
L'ANIMAL POLITIQUE

Si seulement Ada avait eu le courage de ce qui aurait dû être ses convictions, les choses auraient été bien différentes. Mais elle n'avait ni le courage ni la joie de vivre pour être autre chose qu'un négatif presque parfait, et un homme se bat pour une femme pour de nombreuses raisons, mais pas pour la raison qu'elle est un point final.

Ada, comme Peter le savait lorsqu'il consentit au mariage, pouvait être conduite : avec un espoir encore plus sûr d'obtenir de bons résultats , elle pouvait être conduite, et si Sam avait pris soin de conduire, de jouer Petruchio avec Ada, il aurait pu transformer son négatif en un comparatif, voire positif.

Malheureusement, ses forces motrices étaient autrement sollicitées et ses objectifs étaient sur le champ de bataille, dans son bureau, plutôt que dans le dortoir qu'il aurait pu transformer en maison. Et comme Ada possédait tout ce qu'elle avait conscience de vouloir, elle éprouvait un contentement ennuyeux. Deux domestiques et du crédit dans les magasins étaient suffisants pour Ada, et également pour Sam, car ils annonçaient le succès. Si Ada avait été activement vicieuse, si elle avait bu, si des hommes ou un homme l'avaient obsédée, si effectivement elle avait été perceptiblement mauvaise, Sam aurait abandonné son indifférence et adopté une ligne ferme et efficace avec elle. Cela aurait pu, au début, être uniquement dû au fait qu'une Ada positivement vicieuse aurait été mauvaise pour les Branstone + Classics, mais cela aurait fini par être bon pour Ada et pour Sam : cela aurait été le début d'Ada *et* Sam, de leur double vie qui n'avait pas encore vu le jour. Mais dans l'état actuel des choses, il ne voyait rien à combattre. Il y avait une justesse superficielle ; donc tout allait bien, il pouvait oublier Ada et se tourner vers les choses qui lui étaient vitales, les affaires en soi, et les affaires considérées comme un tremplin vers la politique.

Pendant un certain temps, il s'est contenté de laisser de côté ses ambitions politiques, car il lui semblait que la politique avait besoin d'argent, de beaucoup d'argent. En vérité, il était plutôt impressionné par son ambition : la Chambre des Communes semblait très loin de son bureau à Manchester, et il pensait qu'il faudrait beaucoup d'argent pour le voyage. Fondamentalement, il était modeste et surestimait rarement ses capacités, mais il croyait qu'il avait de la chance et considérait que l'argent était un bon premier secours pour avoir plus de chance. Même s'il travaillait dans les affaires, il ne pouvait pas se permettre de détourner ses énergies de l'argent vers la politique, où il n'avait pas l'intention de commencer par le bas.

Il n'était pas encore prêt à se créer des opportunités politiques, mais si des opportunités politiques se présentaient à lui, c'était une autre affaire. Et ils sont venus. Lorsqu'il interviewa Sir William Gatenby , il jeta un caillou dans une mare dont la vague devait l'emporter jusqu'en haut lieu.

Cela l'a fait connaître M. Charles Wattercouch , qui était agent de la Division. Wattercouch a lu la lettre de Gatenby à propos de Sam avec une certaine surprise, car l'un de ses terrains de recrutement de travailleurs bénévoles était les Concentriques, et il pensait se souvenir d'avoir entendu Sam parler au nom de l'autre faction, mais il a catalogué le nom pour référence future sur sa liste de jeunes sérieux. Hommes.

Wattercouch , comme Sam, n'était pas pressé. Il préférait que les hommes viennent à lui, pas qu'ils partent à leur recherche, mais Sam n'est pas venu, et une lettre de Gatenby ne devait pas être négligée. Même si Gatenby avait probablement écarté le sujet de son esprit, il avait payé la moitié du salaire de Wattercouch , et il se renseignerait peut-être un jour sur Sam . L'agent a donc appelé Sam au bureau.

C'était un homme d'une quarantaine d'années, au visage carré, au teint rose et eupeptique, aux cheveux clairs et hérissés. Votre organisateur de la victoire, comme votre rédacteur en chef, a tendance à se montrer cynique à l'égard de la politique pour laquelle il est payé, mais Wattercouch a gardé sa foi parfaite dans le libéralisme, en dépit du fait qu'il a servi le Parti libéral, un exploit pour accommoder le Parti libéral. principe irréprochable avec un opportunisme sans scrupules, qu'il a accompli en toute sincérité. On peut être sincère et jésuitique, en fait on peut difficilement être jésuitique sans être sincère, et pour M. Wattercouch les actes les plus manifestement antilibéraux du Parti libéral étaient justifiés parce qu'ils étaient les actes de ce parti et devaient, aussi improbable que cela paraisse , être moyen pour atteindre le but qui était le libéralisme.

Cela ne veut pas dire que M. Wattercouch était complexe, car il était en effet assez simple, comme en témoigne le goût de l'homme pour son nom grotesque. Il connaissait la valeur d'être ridiculisé quand on peut transformer le ridicule en respect, et une grande partie de sa popularité résultait de la manière géniale avec laquelle il acceptait les blagues sur son nom. Il a fait un atout de ce qui aurait pu, pour un homme moins bon enfant, être un handicap. "En effet", dit Ben Jonson, "il y a une mauvaise chance dans les noms, monsieur", et Wattercouch a tiré parti d'une chance douteuse.

Sam avait le don du bavardage, ce qui signifie qu'il savait à la fois comment et quand parler, et comment et quand se taire. Il resta silencieux pendant que M. Wattercouch parlait du travail précieux que devait accomplir un travailleur sérieux dans le cadre de la révision annuelle du registre. Le but du travail était de s'assurer que tous les libéraux connus possibles étaient inscrits sur la liste et que toutes les objections possibles étaient soulevées contre tout conservateur connu, et, aussi compliqué que soit le travail par l'habitude de destitution parmi les électeurs, ce n'était pas une entreprise facile. Il est certain qu'aucun agent n'aurait pu mener à bien ce projet sans l'aide de bénévoles industrieux.

Mais Sam ne se considérait pas comme un bénévole travailleur et il restait silencieux pour deux raisons. La première était que son silence causait un embarras visible à M. Wattercouch , et Sam aimait que l'autre homme soit embarrassé ; la seconde était qu'il réfléchissait à la manière de faire comprendre à M. Wattercouch que sa suggestion était une absurdité, voire une insulte.

Il sourit avec une supériorité tout à fait polie. "Mais je pense, M. Wattercouch , que vous faites une erreur", a-t-il déclaré, comme s'il s'excusait d'avoir dû être direct.

"Eh bien", a admis Wattercouch , "j'avais des doutes, parce que je pensais vous avoir entendu soutenir Stephen Verity aux Concentrics."

« Ce n'est pas là, dit Sam, l'erreur à laquelle je fais allusion. Je suis conscient que j'ai soutenu Verity chez les Concentrics. Et je suis conscient que la façon d'apprendre à couper les cheveux d'un homme est de s'entraîner sur une tête de mouton. La vérité était ma tête de mouton.

"J'ai bien peur de ne pas suivre", a déclaré Wattercouch , qui était en effet plutôt scandalisé par une telle allusion à M. Verity, qui, bien que conservateur, était un échevin et une figure marquante de la politique locale.

"Je vais vous faciliter la tâche en admettant que même moi, j'ai dû apprendre", a déclaré Sam.

« Ah ! Je vois. Vous avez maintenant vu l'erreur de vos voies. Vous réalisez la grandeur du libéralisme, le… »

"Je l'ai toujours fait", a affirmé Sam. «Quand j'ai soutenu Verity, j'apprenais tout seul à parler. Je pratiquais le torysme pour devenir parfait dans le libéralisme. Les jours où je faisais une commodité du torysme étaient les jours de mon apprentissage de l'art de parler. Auriez-vous voulu que je parle mal d'une cause comme le libéralisme ? Non. Mais si j'ai mal parlé du torysme, je n'ai rien endommagé. Le torysme *n'est* rien à moins, comme je l'ai dit, que ce soit une tête de mouton sur laquelle les libéraux peuvent s'entraîner lorsqu'ils sont novices, et l'erreur que vous avez commise est de supposer que je suis encore un novice, alors qu'en fait… » » fit une pause minutieuse et espéra que M. Wattercouch comblerait le vide intelligemment. "Mais il est prématuré d'en parler", a-t-il déclaré. "Quant à l'inscription, je peux vous envoyer un de mes commis." Il fit un geste écartant comme une affaire de pygmées cet événement majeur de l'année d'un agent.

"Je vois... je vois", dit Wattercouch , s'efforçant de croire qu'il avait jusqu'à présent regardé Sam par le mauvais côté d'un télescope. « Et vous-même, M. Branstone ?

Cela tentait Sam, ce ton de respect assez surpris qu'adopta maintenant Wattercouch . Le malheur des vols imaginatifs de Sam était qu'il ne savait jamais quand s'arrêter. Tout ce qui l'intéressait, pour le moment, c'était de donner à Wattercouch l'impression que Sam Branstone était trop important pour qu'on lui demande de s'occuper du travail d'enregistrement. Il n'était pas pressé de faire de la politique, mais lorsqu'il commençait, ce ne serait pas comme commis bénévole.

"JE?" il a répondu. "Deux choses. L'un est un fait et l'autre une prophétie. Le fait est que je suis un orateur, et la prophétie est que Sir William Gatenby ne vivra pas longtemps et que je prendrai sa place comme membre de la Division. As-tu un rhume ? ajouta-t-il, tandis que Wattercouch s'étranglait d'une stupéfaction irrésistible.

Il n'avait pas de rhume, ni la capacité de parler à ce moment-là, et le silence devint emphatique sans le moins du monde déconcerter Sam. Une fois lancé sur la mer du bluff, Sam était un navigateur aguerri, et il avait le soutien moral de savoir que son seul objectif à l'instant était d'éviter de devenir commis. Pour éviter d'être employé, il est légitime de faire plus que de faire une romance : il est légitime de commettre la plupart des crimes du calendrier Newgate . On n'a guère demandé à Sam de faire cela, mais la toux de Wattercouch était un défi, et un bluff à moitié bluffé est pire que pas de bluff du tout. C'était devenu une question de fierté de convaincre cet incroyant.

«J'ai l'intention», a déclaré Sam avec aplomb, «de faire une bonne partie du programme du Parti. Si des élections arrivent bientôt, tant mieux. Je profiterai de l'occasion pour me rendre plus populaire auprès des électeurs que ne l'est Sir William Gatenby . C'est facile. Il cite le latin dans ses discours électoraux et je suis un homme du peuple. Après cela, je compte me présenter à une élection partielle pour un siège que le Parti considère comme un espoir désespéré. S'il est possible de gagner ce siège pour notre Grande Cause, je le gagnerai. Sinon, je me fierai à deux choses : la décadence sénile de Sir William Gatenby et la discrétion du bureau du Whip.

Wattercouch s'adaptait péniblement à cette nouvelle perspective. Il concéda que Sam avait de la plausibilité et une assurance qui donnait presque de la conviction à son étonnante déclaration.

« Vous êtes en contact avec les Whips ! » Il haletait.

Sam s'est souvenu et a modifié une vieille formule. « Pensez-vous, » demanda-t-il avec indignation, « que je vous parlerais ainsi si je ne le faisais pas ?

Wattercouch ne le supposait pas. D'une part, il connaissait les méthodes sournoises des Whips, et rien de ce que faisaient ces autocrates secrets ne pouvait le surprendre : d'autre part, il souhaitait croire ce que Sam voulait qu'il croie. Il voyait en Sam la solution à un dilemme.

Son dilemme était courant. Un décès avait rendu un siège vacant au conseil municipal, et le caucus libéral local était presque pathétiquement embarrassé quant au choix d'un candidat. Il y avait au moins trois vétérans de la Cause qui s'attendaient, en toute justice, à être contactés, et aucun d'entre eux ne pouvait être choisi sans offenser des intérêts qu'il était impolitique d'offenser.

C'était très bien pour le caucus : ils laissaient à Wattercouch , l'homme à tout faire, le soin de faire des suggestions, et en écoutant Sam , il crut avoir trouvé un candidat qui, simplement parce qu'il était politiquement inconnu, ne pouvait offenser personne. Si les hommes évidents avaient tort, il devait se fier à la justesse de l'inattendu et, après tout, Sam disait peut-être la vérité. On ne savait jamais où l'on en était avec Whips, et c'était là sa chance de se montrer apaisé pour Sam et en même temps de résoudre le problème qui troublait le caucus. Sam était un cheval noir et il aurait aimé en savoir plus sur lui ; c'était surprenant de venir chercher un commis volontaire et de trouver un candidat ; mais, finalement, il y voyait un motif légitime de prendre un risque.

« Je ne sais pas, monsieur, » dit-il avec un très joli respect dans la voix, « si la politique municipale plaira à un homme de votre calibre , mais il y a un poste vacant dans le quartier St. Mary's, et je ne pense pas que ce soit le cas. il y aura des difficultés concernant votre adoption comme candidat si vous vouliez vous présenter.

Sam fit semblant de réfléchir. La vérité était que la perspective d'un siège immédiat au Conseil lui faisait battre le cœur très fort. Il avait eu l'intention depuis un certain temps déjà de faire passer les affaires avant la politique, mais ce genre de politique, c'était les affaires. Le Conseil prenait du temps, mais conférait à Branstone et aux Branstone Publications un prestige qui ferait plus que compenser la perte de temps.

Et c'était délicieusement inattendu. Il n'avait pas étudié pour impressionner Wattercouch , mais avait parlé avec exaltation simplement pour s'excuser de la corvée invisible et ingrate de l'organisation : pourtant il semblait qu'il avait impressionné. Virtuellement, on lui offrit un siège. Il devait bientôt s'asseoir là où Travers s'était assis, devenir père de la ville avant l'âge de trente-cinq ans. Il avait parlé avec désinvolture d'un oiseau dans la brousse et s'était retrouvé à tenir un oiseau dans la main, et aucun oiseau méprisable non plus.

"Nous ne devons rien mépriser", a-t-il déclaré, "ce qui conduit au libéralisme". Wattercouch hocha la tête avec enthousiasme. « Bien sûr, poursuivit Sam, strictement entre nous, le Conseil est une petite bière. Mais c'est pour la Cause, et si l'on me demandait de me lever, vous pouvez comprendre que je ne devrais pas permettre que la vision plus large que j'ai de mes activités ultimes interfère avec mon acceptation. J'aime le devoir et je considère qu'il est de mon devoir, même si cela implique le report de mes ambitions parlementaires, de me lancer sans réserve dans ce conflit.» Il était merveilleusement pieux.

Wattercouch était moins émotif. Il avait entendu trop de discours de candidats potentiels pour se laisser emporter par celui de Sam. "Il n'y aura probablement pas de contestation", dit-il sèchement. "C'est un siège libéral sûr."

"J'aurais préféré un combat", mentit Sam avec mélancolie. "Mais j'accorde la priorité au devoir."

En fait, il n'y avait pas de contestation, et si chacun des trois anciens ouvriers se sentait lésé, il avait la consolation de savoir que les deux autres partageaient son grief. Wattercouch était discrètement mystérieux à propos de Sam dans les conseils internes du parti local, utilisait librement le nom de Gatenby et réussissait à faire comprendre que Branstone était quelque chose de beaucoup plus grand qu'il ne le paraissait. Il les avait au moins sortis de leur dilemme.

Sam n'a pas non plus discrédité son parrain, ni lors de la réunion privée à laquelle il s'est adressé, ni lors de la réunion publique qui a suivi. Il avait dit qu'il était un orateur, Wattercouch l'avait répété inlassablement, et le public de Sam le croyait implicitement. Il n'était pas vraiment un orateur, mais il s'en sortait bien sous la direction d'un vieil acteur qui avait échoué sur scène et qui se disait maintenant professeur d'élocution.

Il est devenu Monsieur le Conseiller Branstone, et de joyeuses petites références à l'événement commencèrent à apparaître dans les journaux. Le *juge du dimanche*, par exemple, n'avait «aucun doute que M. Branstone vivrait assez longtemps pour considérer son retour sans opposition au Conseil comme un épisode mineur de sa carrière politique, et nous parlons selon les règles.» Branstone ira loin, mais en attendant, c'est quelque chose, même pour lui, de savoir qu'il est l'homme le plus populaire du quartier St. Mary. Nous avions presque écrit dans toute la ville, mais ce serait anticiper. Comment est-il fait? Comment obtient-on une telle popularité ? En d'autres termes, comment le mérite a-t-il été reconnu ? M. Branstone lui-même a seulement souri lorsque nous le lui avons demandé, mais son sourire est la moitié de son secret et son discours entraînant et sérieux l'autre moitié. Il s'agit en effet d'un sourire ouvert et d'un secret de polichinelle. Mais il existe d'autres secrets moins révélés. Tout ce que nous dirons maintenant, c'est : « Regardez Branstone . Il ne vous décevra pas.

Il y avait un petit journal du soir, dirigé dans l'intérêt des conservateurs, qui s'en tenait à l'expression « d'autres secrets moins révélés » et publiait la déclaration calomnieuse selon laquelle l'un des secrets les moins révélés était le fait que M. le conseiller La mère de Branstone était femme de ménage, mais le paragraphe n'est apparu que dans la première édition et a inexplicablement disparu des numéros ultérieurs. Cela n'a fait aucun mal, car les premières éditions ne sont pas publiées pour les hommes politiques, mais pour les sportifs, et, en tout cas, il y a eu un bref mais digne éloge funèbre de M. Branstone dans le *Manchester Warden* le lendemain. Ce journal se trouvait, heureusement, être libéral en politique et même, à l'occasion, un vaillant ramasseur de bûches. Il a roulé une bûche pour Sam ; la popularité de Branstone était établie, marquée par la presse ; et c'est à peu près à cette époque que la deuxième chaudière de Stewart fut acceptée pour inclusion dans les romans de Branstone . Les conditions étaient encore plus favorables à l'auteur qu'auparavant.

CHAPITRE XVII
L'AFFAIRE VÉRITÉ

La malédiction du Juif errant pèse sur l'annonceur : il doit se déplacer perpétuellement. Non pas que Sam se serait de toute façon contenté de rester les bras croisés sur un siège dans la salle du Conseil. Il n'avait pas les dons de la sédentarité, et n'était pas non plus de la race d'Ada, qui, une fois l'état de mariage atteint, existait dans la contemplation d'une gloire encore plus végétale qu'animale.

Il devait faire quelque chose pour justifier une réputation de popularité sur papier et il devait même se convaincre qu'il ne se réveillerait pas de si tôt pour trouver tout cela un rêve. Cela s'était produit trop facilement pour être vrai, ou, du moins, sans danger. Wattercouch avait laissé entendre qu'on attendait certaines choses de lui.

Bien sûr, on attendait de lui qu'il soit libéral, et Sam n'était pas, en fait, un libéral mais un conservateur. Un conservateur est un homme qui conserve, qui dit « oui » aux paroles de Giovanni Malatesta.

> "Ce que j'ai pris au piège, c'est que j'ai serré les dents
>
> Et perdre avec agonie.

Sam avait pris au piège, il se proposait de continuer à prendre au piège et de ne jamais perdre ce qu'il avait pris au piège. Alors qu'un libéral est un conservateur affaibli par une compassion sentimentale pour les dépossédés. Il n'est pas le contraire d'un conservateur, mais d'un conservateur assez faible d'esprit, ou assez timide ou scrupuleux pour se croire un voleur et proposer de donner aux pauvres environ cinq pour cent de son pillage. Le contraire d'un conservateur est un anarchiste.

Politiquement, il était libéral parce qu'il pensait que les libéraux joueraient certainement un long tour aux prochaines élections, et s'il y avait un quelconque sentiment à ce sujet (au-delà du désir d'être du côté des vainqueurs), c'était pour les gros. orateur dont les phrases formidables avaient frappé son imagination lors de sa visite à la Chambre des communes.

Ce qu'il a fait est devenu connu sous le nom d'affaire Verity. On aurait pu l'appeler, avec une justice égale et peut-être supérieure, l' affaire Branstone sans cette impulsion malveillante qui pousse les gens à désigner un scandale par le nom de celui qui est exposé plutôt que de celui qui l'a révélé. C'est comme l'odieux que nous attachons à un homme qui a été en prison, où il a déjà eu son châtiment. L'humanité est résolue à ne pas laisser mentir les chiens endormis.

M. l'échevin Verity était un ancien homme d'État du Conseil et un conservateur du type honnête et inflexible qui pensait qu'approuver la démocratie conservatrice était soit un voyou, soit un imbécile, et Sam ne s'y opposait pas parce qu'il était conservateur, mais pour des raisons plus profondes. Verity était la propriétaire des bureaux de Sam. Chaque locataire s'oppose à chaque propriétaire.

On qualifie Verity d'honnête conservateur parce qu'il n'a fait aucune concession, et non parce qu'il était lui-même une source d' honneur . Il n'avait aucune sympathie pour la mièvrerie moderne consistant à choyer les gens. Il a admis qu'il fallait faire des promesses, que pour gagner les élections, il fallait chatouiller l'électeur comme s'il était une truite, mais en tant qu'échevin, il se tenait au-dessus du cockpit de la campagne électorale et désapprouvait les attitudes libérales auxquelles sont descendus les jeunes conservateurs. attraper un vote. Et leur conception selon laquelle le Conseil existait pour le peuple le révoltait en toute honnêteté : c'était manifestement le contraire.

Le cas particulier était celui des Bains de Hulme. Il ne voyait aucun sens aux bains de Hulme. Il était tout à fait sincère dans sa conviction que construire des bains à Hulme revenait à jeter des perles devant les porcs. Hulme n'avait pas demandé de bains et ne voulait pas de bains. Les bains étaient des occasions de propreté et Hulme ne voulait pas être propre. Hulme ne serait pas Hulme s'il était propre.

La malpropreté de Hulme était une institution. Les conservateurs préservent les institutions, et la seule chose qui pouvait lever son objection conservatrice et échevine aux bains de Hulme était l'intérêt personnel.

L'intérêt personnel est la plus grande institution de toutes.

Il a continué à s'opposer aux jeunes de son parti parce que pendant longtemps il n'a pas vu où ses intérêts personnels entrent en jeu. Il s'y est même publiquement opposé. Il a déclaré publiquement que les bains à Hulme étaient une idée libérale désagréable et flatteuse et qu'aucun conservateur honnête ne pouvait y penser sans nausée. Et puis, tout à coup et silencieusement, il se retrouva du côté de ceux qui proposaient à Hulme de se baigner s'il le voulait. Son changement d'avis a coïncidé avec la découverte qu'il n'y avait aucun espace ouvert à Hulme où des bains pourraient être érigés. Il faudrait que quelque chose descende pour que les bains puissent monter, et ce qui descendrait, et pourquoi, était le secret de M. l'échevin Verity et d'un ou deux autres membres de la vieille bande qui avaient l'habitude de se soutenir loyalement quand il s'agissait d'un petit bricolage simple. En réalité, c'était trop simple pour être répréhensible. Si un conseil municipal peut, par une seule et même résolution, éliminer un bidonville et conférer des bains, à qui profite, et doublement, sinon la ville ? Bien entendu, le propriétaire du bidonville doit être indemnisé, même si une indemnisation adéquate peut difficilement être fixée à un niveau suffisamment élevé. Les bidonvilles sont tellement rentables.

Wattercouch avait de nombreuses préoccupations en ce moment, mais sa vigilance était une habitude, et il fut frappé par le changement d'attitude de M. l'échevin Verity. Le silence qui succéda à son éloquence semblait gros de quelque chose, et Wattercouch se demandait de quoi. C'était une erreur de jugement de la part de l'échevin de ne pas être malade à ce moment-là, mais il avait effacé ses traces et l'affaire était préjugée, réglée avant même d'être soumise au Conseil. Verity n'avait ni conscience ni crainte, et le parti conservateur, avec un œil prémonitoire sur les élections législatives imminentes, allait utiliser sa majorité au Conseil pour figurer comme le parti qui accorderait la propreté à Hulme.

Wattercouch se demandait pourquoi c'étaient les bâtiments de Simpson que ces bienfaiteurs de l'humanité proposaient d'acheter et de démolir afin de dégager un emplacement pour leurs bains.

"Cela pourrait être votre opportunité, Branstone ", dit-il.

"N'est-ce pas demander beaucoup au jeune membre du Conseil que de lui suggérer de s'attaquer à un vieux monsieur comme l'échevin Verity ?" » demanda Sam, adossé au dossier de sa chaise, les pouces dans les emmanchures de son gilet.

"Nous attendons tous de grandes choses de votre part", a flatté Wattercouch , qui devait encore justifier son choix de Sam au caucus libéral.

« Je n'ai pas non plus l'intention de vous décevoir. Mais je ne peux pas m'opposer à ces Bains. En tant que libéral, je suis en leur faveur .»

« Nous le sommes tous aussi. Mais nous ne sommes pas favorables à ce que l'échevin Verity soit en faveur de ces mesures.»

"C'est David et Goliath qui me dressent contre Verity, Wattercouch ."

"David a gagné."

« Et Samuel gagnera. Mais il posera une condition. La condition est d'avoir les mains libres. Je ne veux aucune aide ni aucun conseil et je m'engage à cette condition à pulvériser Vérité.

"Mais tu vas me dire ce que tu comptes faire?"

«J'ai dit main libre, Wattercouch . Laissez-moi faire et je réglerai ça.

Il semblait à Wattercouch que chaque fois qu'il avait affaire à Sam , on lui demandait de prendre un risque de jeu, mais il n'avait aucun plan d'action, et l'homme sans plan est toujours désavantagé par rapport à l'homme qui, avec ou sans plan. , a l'air confiant. Il l'a laissé à Sam et il n'y avait, en l'occurrence, personne à qui il aurait pu mieux le laisser.

Wattercouch n'avait aucune information privilégiée et seulement de vagues soupçons que le changement d'avis de Verity était enraciné dans la même terre que l'intérêt personnel de Verity. Mais Sam savait quelque chose et ne se vantait pas sans rien faire lorsqu'il entreprit de « pulvériser » Verity.

Ce qu'il savait, utilisé à bon escient au bon moment, était suffisamment dynamique, mais il lui manquait des preuves et il ne voyait pas comment en obtenir. La réunion du Conseil était proche et il avait chaque jour plus de mal à sourire avec une assurance joyeuse devant Wattercouch qui l'interrogeait en silence . Il ne se sentait vraiment pas rassuré.

Les faits étaient suffisamment clairs pour lui. Verity approuvait maintenant les bains parce qu'ils devaient être érigés sur le site des bâtiments de Simpson, et Verity était propriétaire de cette pile délabrée. Il n'en était pas propriétaire publiquement parce que les échevins respectables ne possèdent pas de biens dans les bidonvilles ; il en était propriétaire au nom de M. Sylvester Lamputt , le cousin germain de Verity, un homme de paille ; et Sam savait qu'il en était propriétaire parce qu'il avait une bonne mémoire, il se souvenait d'une conversation entre Lamputt et M. Travers, qu'il avait entendue, et toutes les circonstances actuelles indiquaient que les relations de Lamputt avec Verity étaient telles qu'elles étaient lorsque Sam était dans le bureau de l'agent immobilier.

Verity était conscient que les bénéfices du commerce de détail sont plus élevés que ceux du commerce de gros, et que les petits commerces de détail que ceux du grand commerce de détail ; que lorsque, par exemple, une femme pauvre achète une once de thé, elle paie un prix plus élevé que lorsqu'une femme riche achète une livre ou dix livres, et de même que lorsqu'une famille loue une chambre dans un bidonville, elle paie énormément plus proportionnellement que lorsqu'un roi du coton loue un entrepôt au centre de la ville. Mais il est digne de louer un entrepôt à un roi du coton, et peu recommandable de louer des chambres individuelles à Hulme, donc le cousin germain Lamputt était le propriétaire putatif des Simpson's Buildings. Sam sourit à l'idée ridicule de l'échevin costaud se réfugiant derrière la forme ratatinée de son cousin germain Lamputt . C'était comme essayer de cacher un taureau derrière une belette.

Mais il ne souriait pas souvent à cette époque. Il rendit visite, au crépuscule, aux bâtiments de Simpson et respira doucement de peur que les bâtiments de Simpson ne s'effondrent sur lui. De toute évidence, l'échevin trouvait son marché à temps. Cela a éliminé le doute, mais n'a pas apporté de preuve.

Il savait que dans l'affaire Simpson's Buildings, Lamputt était identique à Verity, mais il voulait des preuves, et pour obtenir des preuves, il devait s'appuyer sur l'ennui de M. Lamputt et ne pensait pas qu'il était ennuyeux. Le totem de Lamputt était certainement un furet, et Sam attribuait à la tribu des furets son esprit agile. Il devait donc être plus agile .

Il rejeta l'idée d'enivrer glorieusement M. Lamputt parce qu'il semblait impossible d'associer la gloire, même la gloire de l'ivresse, au corps faible de M. Lamputt . Il s'agissait, comme d'habitude avec Sam, de prendre des risques.

Il ne fit rien jusqu'au matin de la réunion qui devait décider si Hulme pouvait se baigner, et, même alors, il quitta son bureau seulement un peu avant l'heure habituelle pour se rendre à l'Hôtel de Ville. Il tourna dans une petite rue, monta de nombreux escaliers jusqu'au bureau mansardé dont la porte portait le nom de Sylvester Lamputt , agent (plus de péchés sont commis au nom du libre arbitre qu'au nom de la charité), et se jeta haletant dans la pièce unique.

Il a remporté le premier lancer de son match. Sylvester était là.

Il était assis sur un haut tabouret de bureau, écrivant sur la page nauséabonde d'un énorme registre, ressemblant aux yeux du monde entier à un petit garçon de bureau sur lequel quelqu'un aurait mis, en plaisantant cruelle, une tête blanche. Si les calendriers sur ses murs étaient des témoins dignes de confiance, il était l'agent de la moitié des compagnies d'assurance des îles britanniques. Autolycus était l'autre nom de Sylvester.

Il respectait son registre comme d'autres hommes respectent la Bible. Il ne tenait aucun autre journal, car le grand livre était son livre de vie, et quand Sam fit irruption sur lui , il était absorbé par ses dossiers. Il ferma le livre machinalement par pure habitude secrète, et y enferma juste assez de son esprit pour le mettre dans une position désavantageuse par rapport à Sam.

Sam n'a pas fait de quartier. "M. Verity, » haleta-t-il avant d'être dans la pièce. "Les bâtiments Simpson... les titres de propriété... ici, ou M. Verity les a-t-il obtenus ?"

Cela a réussi. Lamputt l'a pris pour un messager spécial urgent de Verity. « Si la mémoire de M. Verity disparaît, dit-il avec dignité, la mienne ne l'est pas. Les titres de propriété se trouvent dans le troisième tiroir de son coffre-fort, dans son bureau.

"Dans son nom?" » demanda rapidement Sam.

"Bien sûr", a déclaré Lamputt , puis, trop tard, il est devenu méfiant. "Je dis," commença-t-il, "qu'est-ce que————?"

Mais Sam était parti, et bien que M. Lamputt atteignit son chapeau et la porte d'un seul bond et descendit ses escaliers familiers comme l'employé de bureau que sa silhouette imitait, Sam avait tourné un coin et était perdu de vue. Lamputt s'est précipité vers le bureau de Verity, pour découvrir que l'échevin assistait alors à une réunion du Conseil. Lamputt ne pouvait pas faire plus, et en fait, pour un homme au cœur faible, il en avait déjà fait trop : mais il avait une forte prescience de la colère de l'échevin Verity, et s'en va, une silhouette malheureuse et rétrécie, hors de cette histoire vers un inconnu. destin.

Sam s'est rendu à la mairie avec sa bombe, et ils désapprouvent les bombes lors des réunions du Conseil, alors il a été assidu pour épargner leurs sentiments. Il appuie la partie de la résolution qui fait référence à la construction de bains, mais propose qu'elle soit autonome et que la désignation d'un site soit différée. Curieusement, sa proposition a suscité la colère de la majorité conservatrice : la résolution était une et indivisible. Sam regrettait que pour voter contre l'utilisation abusive d'un site particulier, il ait été obligé de voter contre les bains, mais défendant la pureté de la vie civique, détestant l'ombre même du machinisme, il n'avait d'autre choix que de proposer cette décision. la résolution soit rejetée. Il s'agissait là d'une proposition qui, aussi innocente soit-elle, impliquait en fait que l'argent des contribuables devait être remis à un membre éminent du parti d'en face, à un monsieur dans le coffre -fort, au bureau de qui, dans le troisième tiroir du en sécurité, furent déposés à ce moment les titres de propriété des biens dont l'acquisition par la ville était proposée. Il abhorrait les personnalités, il hésitait à prononcer un nom, et si la deuxième partie de la résolution était retirée, il...

C'en était trop pour un vis-à-vis jeune et impétueux et innocent. « Vous n'osez pas prononcer de nom. Tu mens."

Sam espérait que le Conseil l'absoudrait de provoquer une scène.

«Prouvez vos paroles», s'écria le téméraire gentleman.

"Je suggère", dit Sam doucement, "que nous évitions les désagréments. J'ai fait une déclaration et on me demande de la prouver. Si une députation de trois personnes m'accompagne, ainsi que M. l'échevin Verity, à son bureau, les titres de propriété des bâtiments Simpson se trouveront à l'endroit que j'ai indiqué.

C'était le genre de drame qui séduisait davantage les lecteurs des journaux du soir que le Conseil. M. le Maire, assis sur la chaise, restait bouche bée, embarrassé. Sam avait le calme du rocher impérissable dans les vagues agitées par le vent. Au milieu d'une excitation haletante, on vit M. l'échevin Verity se relever en chancelant. «Je suis propriétaire de la propriété», dit-il en s'effondrant sur son siège et en n'occupant plus ce siège.

Impossible, même pour un journal conservateur, de soutenir Verity, impossible de faire autre chose que de suggérer que les manières de Sam étaient déplorables : alors que ses propres journaux faisaient de lui un héros, trouvaient ses manières un modèle de considération et son triomphe aussi gracieux que complet.

Tout ce que Sam voulait savoir, c'était qu'il était au sommet d'une vague de popularité et qu'une élection générale était proche. Nuit après nuit, il parlait, et les platitudes les plus banales, avec le sourire de Sam derrière elles, brillaient comme une nouvelle vérité. Il était *persona gratissima* avant d'ouvrir la bouche : cela lui donnait confiance, et la confiance est la moitié du combat de l'orateur. Il a inventé certains de ces slogans laids, intelligents et faciles à lire dans les journaux, qui aident à gagner les élections, et qui sont cités dans les journaux et fleurissent sur les pancartes. Et, avec tout cela, il est devenu ce qu'il s'était prématurément appelé un orateur.

Il avait la satisfaction de regarder le public s'asseoir dans l'ennui de Gatenby pour pouvoir entendre Branstone , et d'être lui-même l'orateur « vedette » lors des réunions éloignées. Gatenby a été élu à une majorité record et c'est Bran-stone pour lequel la foule a crié devant l'hôtel de ville.

L'élection était anticipée et Sam a été appelé à prendre la parole dans d'autres circonscriptions. Il avait des dépêches, non seulement d'agents de divisions assez éloignées, mais aussi du quartier général. Il était en contact avec les Whips ! Moins d'un an après avoir menti à Wattercouch , le mensonge est devenu réalité. Il était en contact avec les Whips, un orateur recherché, un homme de réputation, un nom qu'il fallait applaudir lorsqu'il était annoncé sur une estrade, car tout le monde comme on applaudit quand le numéro d'un artiste vedette apparaît sur le tableau d'affichage. d'un music-hall. Il ne faisait pas partie des grands indésirables, mais des rares personnes recherchées.

Quelqu'un découvrit à cette époque le vieux bobard paru autrefois dans la première édition d'un journal du soir, selon lequel sa mère était femme de ménage. Il ne l'a pas nié, mais a utilisé comme Wattercouch son nom, faisant d'un atout un handicap. Il était du peuple, sang de son sang, démocrate de naissance, connaissant ses aspirations et ses besoins parce que lui aussi avait eu besoin et aspiré. Dans le feu de l' action, il est devenu radicalement flagrant. Ça racontait, ça « marchait » avec le public : c'était ça qui comptait pour Sam. Il n'avait pas l'ombre d'un principe, il gagnait, du côté des vainqueurs, et se faisait énormément plaisir.

Et à la fin de la campagne, il se trouvait en fait là où il avait voulu se trouver : parmi les candidats potentiels qui se présentent, pour ainsi dire, à des élections probatoires où ils n'ont pratiquement aucune chance sportive, de mettre le cap sur le type de candidature qui donne à un homme sa place. Si les conservateurs lui avaient offert un siège assez sûr, sans combat préalable, il aurait claqué avec empressement, et la femme de ménage, sa mère, aurait été mise à son service de l'autre côté. C'était tout un pour Sam Branstone .

CHAPITRE XVIII
QUAND EFFIE EST VENUE

PUIS Effie est arrivée avec beauté, brisant la vie qu'il menait comme le soleil brise les nuages d'avril. Au début , il ne savait pas ce qui lui était arrivé : il y avait un rayonnement, mais il ne pensait que ce n'était rien de plus grand que son attrait physique. Il était troublé, ému comme rien ne l'avait ému auparavant – pas même les applaudissements – mais il ne voyait pas qu'il lui était venu autre chose que de la beauté là où tout avait été désagréable. Il ne se rendait pas compte qu'il y avait chez Effie de plus grandes choses que sa beauté.

Elle était la fille d'un médecin qui avait vécu à la hauteur de chaque centime de ses revenus et qui est décédé, ne laissant à sa veuve qu'un chalet à la campagne, qui avait été leur repaire du week-end. La veuve a vendu le cabinet et en a obtenu de quoi vivre avec soin dans la chaumière.

Là, Mme Mannering vivait malheureuse, pleine de ressentiment, nourrissant une rancune contre sa pauvreté, développant une veine d'économie robuste jamais vue jusqu'à présent. Avec la gestion, elle en avait assez, mais il lui manquait le don de gestion. Elle ne voyait pas les choses en proportion, s'imaginait profondément plongée dans la pauvreté et imposait des exigences irraisonnées à Effie. Sur Effie, pas sur son fils qui gérait une plantation d'hévéas à Penang et suivait les habitudes dépensières de son père. Père et fils, les Mannering étaient maudits par une passion pour la popularité et se divertissaient avec des portes ouvertes à tous. À l'Est, cela coûtait plus cher à Rex Mannering qu'à son père à la maison et, compte tenu de ses habitudes, il avait raison de dire qu'il ne pouvait rien faire pour sa mère. Il ne pouvait rien se refuser.

Il en restait plus à Effie. Celle qui n'a pas été formée pour travailler doit aller dans le monde et se battre non seulement pour son pain mais aussi pour le luxe de sa mère. Augusta Mannering était impitoyable dans ses exigences. Elle croyait très sincèrement qu'Eflie s'enrichissait dans les bureaux de Manchester et lui refusait une part par simple complaisance. N'était-ce pas en fréquentant les cabinets que les riches patients du Dr Mannering avaient pu payer leurs factures ? Et n'avaient-ils pas une armée d'amis qui mangeaient leur sel ?

Mais les amis, ne comprenant pas la fierté d'Effie, ne lui proposèrent aucune aide du genre qu'elle pouvait accepter. Elle voulait du travail, pas des invitations dans des maisons où, avec la tenue vestimentaire et les pourboires des domestiques, il lui en coûterait plus cher de vivre que dans les chambres qu'elle trouvait à Rusholme. Elle n'avait plus les moyens d'être décorative à présent, et personne ne se rendit compte qu'Effie était une employée de bureau et qu'elle cherchait une place de commis. Ils ne pouvaient pas penser à elle, cette fille brillante, enchaînée à une machine à écrire. Ils ne lui ont pas offert ce qu'elle voulait et elle était trop fière pour demander.

Alors les souvenirs sont courts, en particulier ceux des hommes populaires qui achètent leur popularité à table et facturent des honoraires élevés aux malades pour obtenir une alimentation abondante pour le puits ; et lorsque les Mannering disparurent, Augusta dans sa chaumière et Effie à Rusholme, peu de recherches furent faites.

Un autre artiste est intervenu en violation de l'hospitalité locale ; Le jeu au filet d'Effie est devenu une légende sur leurs pelouses de tennis ; et elle-même était considérée comme étant avec sa mère à la campagne, brillant sur d'autres cours que la leur.

Ce n'était pas de la pure insensibilité, mais les choses sont telles qu'elles sont, et on ne peut pas vivre d'argent et ensuite perdre de l'argent sans perdre plus que de l'argent.

Effie est allée en ville seule et sans amis, et sa mère vivait, avare, dans son cottage. Elle écrivit à Effie qu'elle avait besoin de ceci et de cela ; qu'Effie devait épargner de son abondance, sinon sa mère devait mourir de faim, et Effie envoyait sur ses trente shillings par semaine, mais sa mère n'achetait pas. Elle se réchauffait les mains devant un livret de banque, portait des vêtements anciens et regardait son crédit grandir. C'était plus qu'une perversion de son ancienne extravagance, c'était de la folie et Effie le savait. Pour garder une femme folle modérément heureuse, elle a sacrifié le nécessaire. C'est pourquoi elle était minable lorsqu'elle s'est présentée dans le bureau de M. Branstone pour le poste de dactylographe un après-midi ensoleillé, révélant peu de temps après que son parti avait triomphé aux élections et qu'il s'était fait une figure lors des élections.

Effie avait trouvé de la compagnie en Rusholme et connaissait désormais la différence entre l'amitié qui se donne et celle qui s'achète. Elle était devenue experte en amitié, et Sam, dès leur première rencontre, lui apparaissait plus comme un ami que comme un employeur. À cette époque, elle avait l'expérience des employeurs. C'était pour cela qu'elle était sans travail.

Ce n'était bien sûr pas le Sam normal qu'elle rencontrait, mais un Sam exalté, véritablement élevé et pas seulement gonflé, par sa notoriété électorale. Il avait une nouvelle confiance en lui ; il lui semblait que peu de choses étaient hors de sa portée, et qu'il pouvait même espérer s'entendre avec Effie. Pas, c'est-à-dire aux conditions proposées par son dernier employeur. Sam n'était pas, dans ces domaines, l'homme sensuel moyen. Le fait était, et c'était tout à son honneur, qu'il discernait déjà quelque chose de bien chez Effie, et l'atmosphère de confiance lui faisait espérer qu'il ne lui semblerait peut-être pas banal. Déjà, cet après-midi-là, il s'en souciait tellement. Son opinion comptait.

Cela lui importait tellement qu'il entreprit lentement de la surprendre : car c'était bien sûr ce qu'il pensait devoir faire. Elle ne savait peut-être pas des choses sur Branstone qu'il était bon qu'elle sache. Il pouvait s'agir de n'importe quel employeur qui postulait pour un dactylographe, mais il n'était pas n'importe quel employeur. Il était Branstone , des Classiques et des Romans ; conseiller municipal ; politicien; et il faut lui parler de lui. Elle devait apprendre quel genre d'homme il était. Il voulait lui dire à quel point il allait devenir meilleur, mais il décida que cela pouvait attendre. D'abord , elle devait savoir ce qu'il avait fait, avant de lui dire ce qu'il allait faire, et son bilan viendrait mieux des autres que de lui-même. Au bureau, ils savaient tout et, même si elle ne posait aucune question, le travail quotidien lui apprendrait beaucoup de choses sur lui.

Il réprima son impatience et la laissa quelques semaines au bureau général, où l'on supposait qu'elle acquérait quelques connaissances sur l'affaire avant de commencer à lui servir de secrétaire, mais ce qu'il espérait qu'elle acquérait, c'était une certaine connaissance de lui. Il avait l'impression qu'il était populaire auprès de son personnel et ne pensait pas qu'ils le diffameraient.

Tout le temps, il brûlait de l'avoir assise avec lui dans son bureau privé. C'était dans ce but qu'il avait postulé pour une secrétaire-dactylo, et la faire venir du bureau général ne pouvait susciter aucun commentaire. Au contraire, la laisser là aussi longtemps pourrait paraître étrange ou du moins suggérer qu'Effie était un échec. Un échec! Il se souciait beaucoup de savoir si elle était efficace dans son travail. Pourtant, elle était d'une efficacité splendide, et il coquettait toujours avec son intention de l'avoir avec lui. Il lui semblait que l'appeler serait une démarche définitive et irrévocable, qu'il voulait et même désirait faire, mais sur laquelle il hésitait sensuellement comme un époux hésite sur le seuil de la chambre nuptiale. Il négligea à cette époque de faire deux voyages, certes profitables, à Londres, car il ne pouvait se priver du plaisir de voir son cou penchée sur sa machine à écrire lorsqu'il traversait le bureau.

Et il ne lui avait presque pas parlé ! Mais ses rêves vibraient de la musique de sa voix, gonflant comme un orgue jusqu'à remplir sa vie d'une nouvelle harmonie. Cela remplissait sa vie, non pas parce qu'il refusait de penser à Ada, mais parce qu'il ne pouvait pas penser à elle. Ada n'était pas là ; elle n'existait pas. Elle n'y avait jamais été, pour Sam, au vrai sens du terme, de sorte que le passage de l'habitude qui est le néant au néant complet était presque imperceptible. Elle était un fantôme du passé qui s'effaçait dans l'éclat du présent. Le soleil éteint la lueur des bougies.

Il voyait Effie, bien sûr, avec des yeux tout à fait grotesques et insensibles. Elle aurait pu être, d'après tout ce qu'il voyait d'elle, la belle poupée qu'elle n'était absolument pas. Son extérieur plaisait et satisfaisait ses yeux, et il tenait pour acquis que la femme intérieure le satisferait de la même manière que la femme extérieure. Et c'est ce qu'elle a fait, à long terme, mais pas avant que Sam n'ait fait une course de haies et n'ait rencontré des coups maladroits sur le parcours. L'harmonie de son rêve d'orgue aurait pu être une véritable prophétie ; ce n'était certainement pas un fait présent. Il ne se voyait pas comme Effie le voyait, ou les regards obliques qu'il jetait sur son joli cou auraient pu exprimer plus le désir de le briser que de l'embrasser.

Il lui paraissait un monstre joyeux, tout à fait aimable s'il était dressé, mais à présent aussi peu dressé qu'un chien mal élevé, et peut-être trop vieux pour apprendre. Mais cela pourrait être amusant de voir s'il pourrait apprendre, et auprès d'elle qui n'avait pas l'habitude de dresser un dogue. Cela valait la peine , sa grandeur et le caractère adorable qu'elle reconnaissait derrière son rang. La chance ne se présenterait peut-être pas à elle, et elle pensait que cela était peu probable, mais si elle se présentait, elle comptait la prendre à deux mains. Effie, vingt-six ans, s'est proposée de former Sam Bran-stone, trente-cinq ans et son employeur ! Elle sourit devant son audace absurde, mais plus elle le voyait et plus elle entendait parler de lui, plus la détermination la mordait. C'était drôle, officieux, absurde, c'était tout cela son idée, et elle l'aimait parce que c'était fantastique et parce que Sam était Sam. Dans les yeux sages et impertinents d'Effie, le fantasme et Sam semblaient liés. Et pourtant, il lui payait un salaire ; c'était un homme solide, un membre du Conseil et un homme politique sérieux ! Elle était vraiment impertinente.

Mais il ne pouvait, ni pour lui ni pour elle, la maintenir éternellement sur le seuil. Malgré toute sa confiance tardivement acquise, il était pitoyablement nerveux et se retint pendant des jours dans une pure hésitation avant le simple fait de l'appeler dans son bureau. Il y voyait une initiation, un rituel auquel s'attachait une haute solennité. Il avait l'intention d'agir à la hauteur de sa solennité, de l'introduire dans cette fonction avec tout ce qu'il y avait de plus impressionnant, de lui signifier l'importance d'être secrétaire de Branstone ; et, au lieu de cela, celui qui était verbeux cherchait ses mots, celui qui avait terriblement raison laissait tomber deux pouces dans une phrase et restait là, comiquement consterné par son erreur.

Bien sûr, le rituel était terminé ; on ne peut pas être rituel et conscient de l'absence de douleur . Le rituel implique le surhumain, le quelque chose, au moins, qui place l'exécutant au-dessus de l'argile commune, et laisser tomber une douleur est humain. Dans l'instant de solennité, dans la bouche du ritualiste, c'est drôlement humain. Nous trouvons l'incongruité amusante, et plus l'occasion est solennelle, plus facilement une gaieté espiègle s'immisce sous un prétexte léger.

Effie rigola. Elle ne voulait pas être méchante, mais le spectacle de sa confusion était trop pour elle. Elle n'avait pas la force de résister, et même si elle transformait son rire en toux, ce n'était pas avant qu'il ne s'en rende compte.

C'était son grand moment, qu'il attendait avec impatience, et elle rit de lui ! Il se sentit écrire un cul et se demanda pendant une fraction de seconde s'il obtiendrait plus de satisfaction en la frappant ou en se donnant des coups de pied. Puis il la vit le regarder, et rien ne semblait avoir d'importance. Il a laissé tomber ses hanches et elle a ri. Très bien, alors il n'était pas un surhomme, et elle n'était pas divine. C'étaient des êtres humains, en ce moment dans la relation d'employeur et d'employé.

"À l'avenir, vous serez assise au petit bureau ici, Miss Mannering." Il croisa son regard avec défi alors qu'il prononçait le « ici ».

"Si vous avez votre cahier, vous pouvez noter cette lettre."

Il fuyait sa situation ruinée. Lui dicter une lettre n'était pas du tout prévu, comme il l'avait prévu. C'était un refuge et un refuge sûr, mais pendant qu'il dictait , il vit dans la lettre l'occasion de lui indiquer qu'il avait pardonné le rire. Il écrivait à un auteur au sujet d'un manuscrit qu'il avait l'intention de publier, mais il s'interrompit avant d'avoir atteint le point décisif de sa lettre.

«Attendez un peu», dit-il. «Voici le roman sur lequel j'écris. Je veux que votre opinion renforce la mienne avant de prendre quoi que ce soit de précis. Allez-vous y jeter un oeil ici ? Je dois assister à une réunion du Conseil et je dois y aller.

« Certainement, M. Branstone », dit-elle ; "mais mon jugement n'est pas très fiable."

"Nous ne le saurons pas tant que vous n'aurez pas essayé", a-t-il déclaré en s'enfuyant de son bureau pour se rendre à la mairie, où il a marché pendant une heure jusqu'au début de la réunion . Il n'est pas non plus retourné au travail ce jour-là. Il éprouvait une timidité et un sentiment de dégonflement. Il lui fallait du temps avant de pouvoir à nouveau se développer.

Effie a pris sa lecture du roman consciencieusement plutôt que sérieusement, ne supposant pas que son verdict dans un sens ou dans l'autre serait valable, mais appréciant son soupçon de confiance et le fait que, considérée comme un travail, la lecture du roman était agréable. Et n'ayant pas fini le manuscrit au bureau, elle l'emporta chez elle à Rusholme.

À Rusholme, les logeuses sont un peu humanisées par rapport à leur grundyisme primitif, en partie à cause de la jeune employée, mais surtout parce que peu d'entre elles ont évité, à un moment ou à un autre, le locataire du théâtre, vaillant adepte des conventions ; et il est possible qu'une femme dans un logement soit appelée le soir par un homme sans être expulsée comme pécheresse. Il faut bien sûr choisir sa logeuse avec discrétion.

Effie, qui n'avait pas eu la possibilité de choisir ses parents et en avait souffert, a choisi sa logeuse avec discrétion. Elle avait désormais ses amis, ceux qu'elle s'était fait à Manchester, et non ceux qu'elle avait hérités de son père ; il y avait parmi eux des hommes et ils venaient la voir. Souvent en effet, et surtout le dimanche, sa chambre était bondée ; mais un lit, à demi déguisé en tapis de voyage, accueille de nombreux visiteurs, et ils résolvèrent le problème de l'hospitalité en apportant chacun une contribution au festin.

Ce soir-là, elle avait un visiteur, Stewart, qui, ayant été amené un dimanche par un homme qui connaissait une femme qui était une collègue d'Effie à son avant-dernier endroit, avait pris l'habitude de venir aussi souvent que possible. il pourrait. Il n'était pas au bureau *du directeur* ce soir-là, pour la même raison qui expliquait qu'il ne savait pas qu'elle était allée chez Branstone . Il était en convalescence après la grippe, trop mou pour écrire le super-journalisme du *Warden* , assez bien pour sortir prendre le tonique appelé Effie.

«Je ne devrais pas vous laisser entrer ce soir», dit-elle. « Dieu merci pour cela, » dit-il en entrant. « Faire ce qu'on devrait est la chose la plus ennuyeuse que je connaisse – à moins que tu ne sois vraiment sérieuse, Effie ? Dans ce cas, j'y vais. Sa main était sur la poignée de porte.

«Je suis vraiment sérieuse», dit-elle avec une fausse impression. «Je fais des heures supplémentaires. Voir!" Elle se jeta sur le lit, le manuscrit à la main. « Cela, annonça-t-elle, c'est le travail. »

«Je peux le croire», dit-il, «parce que cela ressemble au texte dactylographié d'un roman. Si c'était le mien , ce serait un plaisir de le lire ; mais comme ce n'est pas le mien, c'est probablement du travail.

"Oh, c'est bien le travail", dit-elle. « Un dur travail aussi. Je le lis sur ordre de mon nouveau chef. Il publie des choses comme ça.

Stewart s'est assis. "Pas Branstone ?" il a dit. "Ne dis pas que tu es allé voir Sammy!"

"Oui. Est-ce-que tu le connais?"

"Connais le? Je l'ai inventé. Un peu Frankenstein pour autant. Je ferais mieux de dire que je connais la plupart de lui. Il peut encore me réserver des surprises, et vous, dans son bureau, en faites partie .

"Pourquoi? Vous n'aimez pas son bureau ?

«C'est un bureau. Tant que vous devez être dans un bureau, vous pourriez facilement choisir pire. Sammy est un ruisseau avec beaucoup de bas-fonds, mais il y a aussi des profondeurs, et je ne les ai jamais sondés. Il y a de la boue en lui, mais ce n'est pas une sale sorte de boue.

«J'en ai vu beaucoup», dit-elle. « Pollu mais guérissable. »

« Ce n'est pas par hasard que vous vous considérez comme un Branstone River Conservancy, n'est-ce pas ?

«Je l'aime plutôt, Dubby », dit-elle.

"Bon dieu! Toi et Sam : je dis, vieux truc, sans vouloir t'offenser, mais tu sais qu'il est marié ? »

"Je sais", dit Ellie. "À quoi ressemble-t-elle?"

« Je ne l'ai pas vue depuis que j'étais son témoin. Je n'ai pas été tenté de la voir davantage.

"C'est aussi grave que ça?"

« Oh, c'est plutôt pire, je crois. Présentez ce roman. Je vous dirai dans cinq minutes si cela sert à quelque chose.

« Cinq minutes, ce n'est pas très juste pour l'auteur », a-t-elle protesté.

« Oh, tout à fait . Je suis critique, et les critiques sont mal payées. Il vous apprend à arracher rapidement les tripes d'un roman. Fume cette cigarette et je te raconterai tout quand tu auras fini.

Il agitait les pages pendant qu'elle fumait. « Totalement », décida-t-il. "Dire."

«Je ne l'ai pas fini», dit-elle; "Mais jusqu'à présent, je suis d'accord avec toi."

« Vous serez d'accord avec moi jusqu'au bout. Une poubelle plus que parfaite. Sam va adorer.

"Quoi!"

"Tu verras. C'est juste sa ligne.

"N'essayez-vous pas de me préjuger contre lui?"

Il a regardé. « J'essaie de vous épargner la peine de lire ce truc bestial. Je vous ai donné un avis d'expert. C'est le trash et la marque de trash qu'il aime. Ne te l'ai-je pas dit, il y avait de la boue dans Sam ?

« Tu m'as dit que tu l'avais inventé. Je ne crois pas que votre influence ait été positive.

« Ne soyez pas dur avec un gars, Effie ; Je l'ai seulement initié à la boue. Je ne savais pas qu'il se vautrait. Quoi qu'il en soit, parlons d'autre chose.

"Tu sais," dit-elle, "tu influences les gens, Dubby ."

"Bien sûr. C'est pour ça que je suis payé. Je suis un journaliste. N'avez-vous jamais entendu parler du pouvoir de la presse ? Cela signifie que beaucoup de petits journalistes comme moi écrivent comme leurs rédacteurs leur disent de le faire. Mais je ne semble pas avoir beaucoup d'influence sur vous. Je t'ai demandé de changer de sujet et tu penses toujours à Sam.

"Oui," acquiesça-t-elle, "je pense toujours à Sam."

"Toi et Sam!" répéta-t-il en la regardant avec incrédulité.

Effie hocha la tête. "Mais," dit-elle, "je ne sais pas encore."

Il se leva. « Tu es sûre, Effie ? Tu es sûr de ne pas encore le savoir ?

"Assez sûr."

« Alors tu sais pour moi ? Effie, je dois demander. Es-tu sûr de moi ?

Elle croisa courageusement son regard, sachant qu'elle devait souffrir. Elle était sûre de ne pas aimer Stewart, qui était libre, et elle n'était pas sûre de Branstone , qui était marié. "J'en suis tout à fait sûre, Dubby ," dit-elle doucement.

«Je vois», dit-il. "Eh bien, je ne suis pas du genre à harceler, mais si tu me veux, Effie, si tu trouves que tu me veux, je serai là. Je... je suppose que je ferais mieux d'y aller maintenant. Il faudra du temps pour changer de sujet après cela.

« Dubby , je suis désolé. Tu ne vas pas bien, et… »

Elle pouvait le voir trembler.

"Pas ça, vieille chose," l'interrompit-il. « Pas de pitié. Cela me rendrait vraiment malade. L'amour est juste une chose qui arrive au fil du temps, mais un seul partant ne fait pas une course. Il tendit la main. « Eh bien, le médecin a ordonné de se coucher tôt. Bonne nuit."

« Bonne nuit, Dubby », dit-elle, et elle ajouta avec hésitation : « Tu viendras dimanche ?

« Seigneur, oui, » dit-il. «Je n'aime pas et je m'enfuis. Bonne nuit."

Elle resta assise un long moment à regarder le vide, puis s'aperçut que quelque chose de mouillé lui tombait sur les mains. Elle se lava les yeux et reprit le roman. Une proposition qui occupait, trouva-t-elle, douze pages de dialogue turgescent et émotionnel ; mais, bien entendu, son expérience pourrait être limitée. Cela ne confirme certainement pas la verbosité du livre.

Elle était sûre de ne pas vouloir de Dubby Stewart. Il ne lui paraissait pas du tout humoristique.

CHAPITRE XIX
EFFIE AMOURANTE

PLUSIEURS causes se sont combinées pour lui faire penser à Sam aussi, comme pas du tout drôle quand elle le voyait le matin. Contrairement à lui, elle n'était pas au meilleur de sa forme aux premières heures de la journée, et elle ne se remettait pas avant un certain temps de la tension d'arriver au bureau à neuf heures du matin. Elle détestait les affaires, mais sans cette contrariété de se lever tôt, elle aurait pu trouver cela presque tolérable.

Elle s'est réveillée ce jour-là avec le rap de sa logeuse avec plus de ressentiment que d'habitude. Le monde a été terriblement mal géré. Pourquoi ne pouvait-elle pas aimer Dubby , qui était libre ? Elle ne pouvait pas, mais elle détestait Sam parce qu'il était marié, il n'avait pas le droit de se marier. « Merde Mme Sam ! Bon sang ! » dit-elle chaleureusement, en guise de prière du matin, tout en passant vicieusement des épingles à cheveux dans ses magnifiques cheveux. "Mais je vais le guérir de la boue", ajouta-t-elle en descendant les escaliers pour avaler le thé et les toasts qu'elle prit presque dans la même précipitation qui la transportait de sa chambre au tramway.

Elle atteignit le bureau et entra dans la chambre de Sam pour le trouver déjà en possession. Sa vivacité évidente à cette heure lui parut presque indécente ; c'était, en tout cas, une autre cause de ressentiment, et dont il ignorait lui-même tout à fait.

Il ne lui volait pas plus de marche qu'il n'en faisait habituellement sur le reste du monde. Il savait que le petit matin lui convenait et il en profitait. En ville, ils étaient certains que Branstone avait de la chance plutôt que de l'intelligence parce qu'il était paresseux ; mais si un homme arrive à son bureau à huit heures du matin et accomplit deux heures de travail solide à dix heures, il est bien en avance sur ses camarades de la classe ouvrière qui se rendent au bureau le 9 h 21 depuis leur domicile. Il peut se permettre de paraître paresseux.

Il aimait cette heure ininterrompue avec les livres, ouvrait lui-même les lettres et les faisait annoter avant l'arrivée des hommes chargés de s'occuper de leur contenu. Il a planifié le travail de la journée et l'a vu en main avant l'arrivée de son premier interlocuteur. Après dix heures, qui est la première heure où il est de bon ton pour un vendeur d'appeler, Sam n'était jamais trop occupé pour parler de sujets qui n'étaient pas strictement professionnels — avec le bon interlocuteur, celui qui appelle à but lucratif. On savait qu'on pouvait agréablement tuer le temps avec Branstone . Branstone était un type paresseux, et son bureau était un bon endroit pour s'asseoir par un après-midi pluvieux, alors qu'il ne servait à rien d'aller à Old Trafford.

Il est venu ce matin encore plus tôt que d'habitude, pour être prêt à accueillir Effie quand elle arriverait à neuf heures. Il s'était endormi de son embarras et était prêt, dans son exaltation matinale, à faire caca. C'était stupide d'être si extraordinairement sensible à propos d'un mal. L'accent l'avait toujours troublé, mais il ne fallait pas en surestimer l'importance, surtout maintenant qu'il portait l'insigne politique d'un démocrate et qu'il avait reconnu publiquement que sa mère était femme de ménage.

donc là, installé sur sa chaise avec le dossier de son travail du matin cassé, à l'attendre quand elle arriverait.

Non, décida-t-elle, ce n'est pas du tout humoristique aujourd'hui : formidable, en fait. Il avait tous les avantages ; il était assis ; il fut le premier à terre, et ce fut le sien, et il était abominablement éveillé. Il s'est peut-être enfui hier, mais c'était le matin de sa récupération.

« Bonjour », dit-il en adoptant une attitude décontractée.

"Bonjour", dit-elle, puis elle vit qu'il regardait d'un air interrogateur le colis qu'elle transportait, comme si, pensa-t-elle, il l'avait pris pour son déjeuner. «J'ai emporté le roman à la maison pour le terminer», expliqua-t-elle nerveusement, et se traita d'imbécile de lui avoir donné cette occasion toute faite d'ouvrir le sujet qu'elle voulait entre autres retarder jusqu'à ce que son heure suaver soit venue. Elle pourrait peut-être le guérir de la boue, mais un médecin devrait avoir des manières au chevet, et elle se méfia de ses manières jusqu'à ce que le coup de la logeuse ait cessé de résonner à ses oreilles.

Si elle ne lui en avait pas donné l'occasion, il l'aurait fait. Il n'a pas accordé de quartier aux mauvais partants. S'il avait connu sa faiblesse, il l'aurait peut-être épargnée. Il le pourrait, parce qu'elle était Effie ; mais ce n'était pas son habitude de se livrer aux faiblesses des autres, surtout une faiblesse qu'il ne partageait pas, ne comprenait pas et niait être autre chose que de la paresse.

"Oui," dit-il d'un ton encourageant. « Et le verdict ?

« Mon verdict est-il important, M. Branstone ? elle a demandé. Il ne lui avait pas laissé le temps d'enlever sa veste !

"Quoi? C'est certainement important. Je ne vous demandais pas de perdre votre temps lorsque je vous ai donné le manuscrit à lire. La question est de savoir si nous devons le publier, et la réponse dépend de votre opinion.

« Est-ce tout à fait juste – envers l'auteur, je veux dire ? Mes opinions sur les romans sont inexpérimentées.

« Cet auteur sait très bien prendre soin de lui-même », lui assura-t-il. "Il ne mourra pas de faim si nous refusons son roman."

« J'ai bien peur que mes opinions soient également intolérantes », a-t-elle déclaré.

" Pourtant, " sourit-il, " j'aimerais les entendre. "

"Ils pourraient vous rendre furieux, et... eh bien, je préférerais ne pas être renvoyé si je peux l'empêcher."

« Nous oublierons qu'il est en mon pouvoir de vous licencier. Est-ce que cela vous satisfait ?

Oh, comme elle détestait les gens qui pouvaient se montrer magnanimes à neuf heures du matin ! "Vous êtes très gentil", dit-elle.

« Et vous ne me donnez pas votre avis. Venez, Miss Mannering, vous l'avez lu. Qu'en pensez-vous?"

Plus tard dans la journée, elle aurait pu le dire avec plus de douceur. Pour l'instant, elle ne pouvait rien faire de plus gentiment que : « Je trouve que c'est épouvantable. C'est faux du début à la fin », et elle se réjouissait de voir à quel point sa candeur véhémente le déconcertait. « J'ai prélevé le premier sang », pensa-t-elle ; mais le saignement en tant que processus curatif est discrédité.

«Mais», dit-il, «cela ressemble beaucoup à d'autres de ma série. Je me suis assuré que ce serait populaire.

« Je ne suis pas un juge de cela. C'est assez possible. Et maintenant (elle sourit un peu ironiquement) J'ai bien peur que vous connaissiez mon opinion sur la série. Je vous avais prévenu, ajouta-t-elle précipitamment, que mes opinions étaient intolérantes. J'imagine que vous ne les demanderez plus. Elle se tourna résolument vers la machine à écrire et ôta le couvercle. Elle pensait avoir clos la discussion, mettre l'action à la parole et s'asseoir à son bureau lorsqu'il lui fit signe de s'asseoir en face de la sienne. Ce n'était pas le genre de motion qu'on ignorait.

« Je peux les redemander ou non », dit-il ; mais en attendant, je ne vous ai certainement pas donné de travail sur cette machine, et nous essayions d'oublier que vous êtes ma dactylographe.

« Après ce que j'ai dit, j'ai pensé qu'il était peut-être temps de m'en souvenir », a-t-elle suggéré.

"Pas du tout", lui assura-t-il. "Je vais au fond des choses et, s'il vous plaît, nous réglerons tout cela."

"Bien sûr, si cela fait partie du travail de votre secrétaire…" commença-t-elle.

Il lui a coupé court. "C'est. Maintenant, vous trouvez ma série de romans épouvantable ?

Effie était de plus en plus en colère. *In vino veritas* – et dans la colère. «Je pourrais aller encore plus loin», dit-elle. "Je trouve ça dégradant."

Il a cogné le bureau. « Mais ça se vend, Miss Mannering, ça se vend. Le saviez-vous ? Il s'appuyait en arrière sur sa chaise dans l'une des attitudes qu'il prenait lorsqu'il marquait beaucoup, les pouces dans les emmanchures de son gilet.

« C'est la série de romans bon marché la plus populaire du marché. Allez voir n'importe quel libraire, si vous doutez de moi. Il fit une pause pour ses excuses.

Effle ne s'est pas excusé. «Cela ne change rien à mon opinion», dit-elle froidement. « Un danger public n'est pas moins dangereux parce qu'il est grand. J'ai bien peur de pouvoir croire qu'il n'y a pas de profondeur à laquelle il est impossible de dégrader le goût du public, mais cela ne me rend pas meilleur une série qui le dégrade.

Maintenant, un enfant est un enfant. Il se peut qu'il soit difforme, et son engendrant peut, dans des moments de clairvoyance, s'être rendu compte de sa difformité, mais il n'apprécie pas qu'on lui fasse remarquer. Sam était le père de sa série.

"Je dis!" il a protesté. "C'est sale."

« C'est une vilaine série », dit-elle avec vigueur. "Vous en êtes fier parce que ça se vend alors que vous devriez en avoir honte parce que c'est mauvais." D'une manière ou d'une autre, elle devait le dire. Elle ne pouvait pas se cacher de ce qu'elle considérait comme la vérité, même si elle s'attendait à ce que la vérité le blesse et qu'elle soit blessée en retour. Mais Sam se contrôlait à merveille. Il oubliait absolument qu'elle était dactylographe. Il se souvint qu'elle était Effie.

Il s'adressa au plafond. « Le fait est, a-t-il déploré, que les femmes ne comprennent pas les affaires. Même les femmes d'affaires ne le font pas. Même toi non.

Mentalement, elle le remercia pour son « même toi ». Cela lui semblait être un bon moment pour en finir avec cette matinée. Elle se méfiait toujours de ses manières, et non sans raison, pensait-elle.

« Par conséquent, » lui dit-elle doucement, « mon opinion n'a pas d'importance », et elle bougea comme pour se diriger vers sa machine à écrire.

Il la retint à son siège. "C'est une question posée", a-t-il répondu, "et nous devions en discuter."

«Mais», essaya-t-elle, «vous m'avez dit que je ne comprenais pas les affaires.»

"Et tu ne m'as pas cru."

En fait, il l'a défiée. Eh bien, elle doit récupérer sa jauge. «Je ne comprends pas cela en matière d'affaires, M. Branstone . Qu'est-ce qui fait qu'un homme comme vous se contente d'être un pâtissier vendant aux gens des produits qui leur donnent une indigestion mentale ? Entreprise! C'est le nom de la moitié de la méchanceté et des neuf dixièmes de la laideur du monde. Vous voyez, les femmes d'aujourd'hui s'y connaissent en affaires. Ce n'est pas de leur faute s'ils ne sont pas encore assis confortablement à la maison, fidèles à la vieille croyance selon laquelle les affaires sont une chose digne et majestueuse à laquelle seul l'intellect masculin peut s'élever. C'est ta faute, celle des hommes. Vous vouliez des commis à bon marché, et vous avez levé le voile pour que les femmes voient les affaires de près, et la seule chose qu'elles ne comprennent pas, c'est comment les hommes ont continué si longtemps à magnifier sa chicane basse et son infinie charogne dans un culte qui les a trompés. .»

Sam est arrivé à la conclusion qu'Effie n'était pas parfaite. Elle souffrait d'hystérie, mais il fallait lui répondre. « Eh bien, dit-il, vous ne pensez pas beaucoup aux affaires. Mais vous y êtes entré.

«J'avais besoin d'argent», se défend-elle.

«Moi aussi», dit-il sèchement. «Nous sommes des oiseaux d'une plume.»

"Tu détestes ça aussi?" » demanda-t-elle avec espoir.

« Honnêtement, dit-il, j'aime ça. Mais, continua-t-il avec un regard malicieux, je peux vous dire quelque chose qui vous plaira. Vous n'aimez pas la série de romans. Vous pensez qu'ils se dégradent. Vous ne pensez pas que les Classiques se dégradent ?

"Non."

«Je préférerais de loin que les classiques se vendent largement plutôt que les romans.»

"Pourquoi?" Elle était impatiente maintenant. "Parce qu'il s'agit de grande littérature ?"

"Non. Ce serait faire preuve de sentimentalité à l'égard des affaires, et cela n'est pas possible. Parce qu'ils ne sont pas protégés par le droit d'auteur, et cela permet d'économiser la comptabilité. Il sourit face à sa déconfiture. « Les affaires, a-t-il défini, «sont pour gagner de l'argent ». Il se sentait extrêmement content de lui, de son maître en argumentation. Il lui donna la corde avec indulgence, car c'était Effie ; puis l'écrasa complètement, car il était Sam.

« N'est-il pas préférable, demanda-t-elle, de gagner décemment un peu d'argent plutôt que de gagner beaucoup en faisant le commerce du poison ? Que vous le sachiez ou non, ces livres sont venimeux.

« Je ne le sais pas, » dit-il brusquement. "Ils font plaisir."

« Il en va de même pour l'opium, je suppose. Il existe de nombreux poisons agréables. Garderiez-vous une fumerie d'opium si elle était payante ? Si vous étiez laitier, falsifieriez-vous le lait et empoisonneriez-vous les bébés ? Vous falsifiez les livres et empoisonnez les esprits. Pour de l'argent! Oh oui; Moi aussi, j'avais besoin d'argent et moi aussi je me suis lancé dans les affaires. Mais nous ne sommes pas des oiseaux qui se ressemblent. Je n'aime pas les affaires. Je n'aime pas avoir à gagner de l'argent. Je n'aime pas l'argent, mais j'en ai besoin. J'ai des choses à voir avec ça.

"Encore mon cas", lui dit-il. "J'ai des choses à voir avec ça." Il vit qu'elle le regardait avec curiosité et qu'elle pensait qu'il voulait de l'argent pour Ada. Il l'a d'ailleurs fait, mais en fait il ne l'a pas fait. "La politique", a-t-il ajouté. "Pouvoir! Pouvoir!" Il répéta ce mot avec extase, non seulement parce qu'il l'admettait dans l'intimité de sa pensée privée, non seulement parce qu'il ressentait une idée extatique, mais parce qu'il l'avait si complètement vaincue dans son argumentation. Elle était assise là, le regardant sans voix, et il exultait de constater qu'elle était muette devant son bon sens tranchant.

Seulement, ce n'était pas la raison de son silence. Elle pensait que, pour une première tentative, elle était allée assez loin, et avait l'espoir que quelque chose de ce qu'elle avait dit resterait dans son esprit, peut-être de manière cinglante. Elle ne pouvait qu'espérer. Dieu savait que cela avait été un entretien assez étrange entre un employeur et sa dactylographe, et sa prière, alors qu'elle était assise là, permettant son exultation, était pour une interruption.

Sa prière a été exaucée. Juste au moment où elle le croyait sur le point de constater que son silence n'était pas entièrement acquiesçant, l'employé de bureau apporta le nom d'un visiteur qu'il devait voir, et Effie se leva avec un immense soulagement. Elle n'avait pas le courage de garder le silence plus longtemps et sentait que si elle laissait ensuite tomber tout ce qui la tourmentait, elle en dirait plus qu'il ne pourrait en supporter. Il était vrai qu'il avait beaucoup résisté, mais elle n'avait pas dit grand-chose de ce qu'elle avait à dire ! Elle voulait le dire progressivement, pour l'amener, et non pour l'inciter, à son point de vue. Elle avait déjà une vision plus moderne des vertus de la saignée chez son patient.

Elle pensait aussi que c'était la partie la plus facile.

Elle avait des idéaux pour son Sam, mais lorsqu'elle essayait de les définir, ils semblaient nébuleux, en fait, contraires à sa simple pratique de l'opportunisme. Il avait sa théorie selon laquelle ce qui était opportun était juste, et elle… quelle était sa théorie, sinon que la sienne n'était pas assez bonne pour lui ? Et le sien était en possession partout, établi, honoré , reçu de tous sauf une infime minorité. Il pensait avec la masse et elle pensait que la pensée de masse ne lui suffisait pas. C'était difficile à expliquer. Ce n'était pas un criminel, il n'était même pas un individu dans ses pensées ou ses méthodes ; il jouait au jeu commun, jouant peut-être un peu plus astucieusement que la moyenne, mais respectant honnêtement les règles. Il suivait la foule et elle voulait qu'il suive la lueur. Une lueur est indéfinissable, mais elle pensait avoir une chance parce qu'elle était bien plus adulte que Sam. Les affaires étaient un jeu de billes, et les filles ne jouent pas avec des billes, mais avec des poupées.

Il ne devait pas rester longtemps dans l'illusion qu'il l'avait réduite au silence lors de leur première conversation. De nombreuses autres discussions suivirent, même si elle en arrivait à la conclusion que parler ne ferait pas l'affaire pour elle. Cela a aidé, cela a fait une préparation du terrain, mais c'était de l'argile tenace dans laquelle il avait ses racines. Parler n'a pas creusé assez profondément ; elle doit déraciner, elle doit transplanter.

« Politique », avait-il dit pour pulvériser son argument.

«Encore une chose», lui dit-elle, «qui n'est pas tout à fait un mystère pour les femmes. La politique, mais… pourquoi ?

Et il répondit par la parole qui l'avait porté en extase. "Pouvoir,"; il a dit.

"Oui?" elle a interrogé. « Les affaires vous mènent à l'argent, l'argent à la politique et la politique au pouvoir. Et après ça? Vous voulez du pouvoir… pour quoi faire ?

«Eh bien, s'écria-t-il, le pouvoir, c'est le pouvoir.»

« Une fin en soi ? »

"Au moins, c'est une ambition", a-t-il répondu.

C'était le cas, tout comme Ada avait son ambition de se marier, une fin, *la* fin. Il ne pensait pas à Ada, mais il avait du mal à se justifier. Il ne pouvait même pas lui dire qu'il était libéral, parce qu'il avait une haine décente envers les conservateurs ; il n'était pas en politique pour une foi qui lui permettait d'en supporter les artifices ; il aimait l'artifice, il avait une hache à aiguiser, mais sans idée précise de l'usage qu'il voulait faire de sa hache lorsqu'elle était aiguisée. Ambition, objectif réduit à deux lettres : MP Il voulait être député de Branstone , pour que Bran-stone puisse entendre la voix de Branstone s'exprimant à la Chambre des communes.

Elle le regardait sournoisement et pensait que son levain faisait effet. « Bien sûr, dit-elle avec désinvolture, ce serait utile pour votre entreprise si vous étiez député. »

« Énormément », acquiesça-t-il en marchant aveuglément dans son petit piège. "Cela donne du prestige à toute entreprise."

"Et cela complète le cercle vicieux", a-t-elle déclaré. « Les affaires vous amènent à la politique et la politique vous ramène aux affaires. »

Il se souvint précipitamment d'un rendez-vous et alla le respecter. Sam Branstone hésitait à répondre, c'était un phénomène inhabituel, et elle se félicita encore une fois que cela ait fonctionné. Cela a fonctionné, mais lentement. Elle n'était pas impatiente, mais il continuait à faire sans changement les choses qu'elle détestait le voir faire, et elle voulait que le changement vienne. Elle doutait que cela vienne un jour par la simple conversation. On ne se convertissait pas par conversation.

Elle avait eu l'intention d'en dire autant, de maintenir une pression constante sur lui, et elle ne pouvait pas le faire, en partie parce que son point de vue était difficile à définir, en partie parce qu'elle pensait qu'aucun discours, aussi inspiré soit-il, ne pourrait le changer. de lui-même. Elle ne connaissait pas Anne, qui avait parlé et maintenu la pression , et mis des sacrifices derrière le discours jusqu'à mettre la main dans le feu ; mais Effie aussi avait en tête le sacrifice. Le sacrifice d'Anne avait échoué. Ce n'était peut-être pas le bon sacrifice : c'était, en tout cas, le lieu commun immortel, le sacrifice de l'ancienne génération à la plus jeune, de la mère au fils, de la vieillesse à la jeunesse. Aussi spectaculaire, héroïque soit-il, il était pourtant dans l'ordre des choses, et c'est le sacrifice de la jeunesse à la jeunesse qui peut surprendre par l'inattendu.

Pour certains, cesser de parler même s'ils sont convaincus que parler est futile est un sacrifice. Si Effie en faisait partie, elle aurait immédiatement fait ce petit sacrifice. Elle ne lui a jamais dit que sa vie était mesquine, laide et méprisable, ses triomphes sans valeur, son succès un échec, sa plus grande ambition de savoir que les gens rampaient devant lui, son argent et son pouvoir. Elle n'a pas dit ces choses, mais elle n'a pas non plus cédé d'un pouce à son attitude qui les impliquait.

«Je gagnerai», se dit-elle, «je gagnerai».

A présent, elle était en croisade pour l'âme de Sammy Branstone , et pendant ce temps, sa passion grandissait, nourrie autant par ce qui l'irritait en lui que par ce qui l'attirait. Elle a accepté le fait qu'il était marié et l'a ignoré. C'était un irritant parmi d'autres, qui importait moins à ses yeux, car il était inamovible. Elle pouvait négliger sa femme : ce qui comptait, c'était l'homme. Elle doit apporter de la beauté à sa vie.

Ils ont apprivoisé de nombreuses créatures sauvages dans un monde devenu standardisé ; ils ont essayé pendant des siècles de brider l'amour et de le faire fonctionner ; mais l'amour refuse d'être apprivoisé et standardisé par le service du mariage. Vous n'effrayez pas l'amour avec le signe du croque-mitaine : « Les intrus seront poursuivis ». L'amour est sauvage, il est libre, aveugle aux menottes que l'Église et l'État tentent pathétiquement de lier à un couple donné, sans loi parce qu'il ne connaît pas de loi, intemporel parce qu'il sait qu'il n'y a pas de temps. Parfois cela dure le temps qu'un papillon pourrait sucer le miel d'une fleur, parfois l'espace de la vie d'un homme, et ils ont essayé de réguler cet amour, cette volatilité, de prétendre que parce qu'il ne s'évapore parfois pas, il ne s'évapore jamais jusqu'à la mort. Ils cherchaient à lier l'amour à la propriété et à contrôler l'incontrôlable. Ils font des lois sur l'amour, ce qui revient à enfermer un aigle dans une toile d'araignée ; et nous souffrons pour leurs lois. Nous respectons la loi et souffrons ; brisez-le et nous souffrons.

Elle savait qu'elle souffrirait, mais elle apporterait de la beauté à Sam. Il n'avait pas capitulé devant son discours et elle pensait qu'il n'avait aucune chance à Manchester. Peut-être que son Sam était avec elle dans ses rêves, mais chaque aube le ramenait à sa laideur habituelle, et l'habitude encombrait ses journées de boue. Il ne pouvait pas s'échapper, il voulait des ailes, et elle était là pour les lui apporter. Il ne savait pas qu'il y avait une autre facette de la vie, mais elle le lui montrerait. Il devrait voir sa beauté et, à travers elle, la beauté de l'autre côté.

Elle était présomptueuse, mais la présomption est une qualité de foi. Elle est intervenue, mais il y a trois interférences inévitables dans la vie – la naissance, l'amour et la mort – et la sienne en faisait partie. C'était eux tous : c'était l'amour et la naissance du nouveau Sam, et la mort de l'ancien. Elle est intervenue là où elle avait le droit d'intervenir. Elle aimait.

Le temps s'est écoulé entre le jour où elle a pris sa décision et le jour où ils ont donné suite à sa décision, et elle n'a jamais su combien de temps cela avait pris ni comment elle l'avait dépensé. Elle appartenait à un fait vivant, et il y avait des ombres dans le monde, comme son travail, sa mère, le détail stupide des arrangements pour partir, et Stewart, l'ombre obsédante d'un dimanche après-midi, mais c'étaient des irréalités et seulement elle. l'idée était réelle. Elle ne se souvenait jamais de la façon dont elle l'avait dit à Sam, ni de ce qu'il avait dit, même si elle avait un vague souvenir qu'il était désespérément choqué et plus profondément humoristique que jamais. Mais elle pensait qu'il était seulement choqué par la façon dont le bien choque par le bien, et non par le mal par le mal : et elle savait que les difficultés fondaient : et elles venaient.

Ils arrivèrent au Marbeck Inn et entrèrent dans leur royaume d'une semaine.

CHAPITRE XX
L'AUBERGE DE MARBECK

Au début, SAM était horriblement ennuyeux à ce sujet : sa compréhension, coincée dans la boue, n'était absolument pas à la hauteur de la situation, mais avant longtemps ; il regardait avec horreur ses processus mentaux turgescents lorsqu'elle lui dit qu'ils repartiraient ensemble.

Il avait une ombre, rien de plus qu'une ombre d'excuse pour son incompréhension absurde de son aisance. Sam a suivi la foule, a accepté tout fait leurs principes et leur absence de principes, leur moralité et leur immoralité, et pour la foule, il a suivi la théorie était la fidélité et la pratique autant de licence qu'ils pouvaient prendre sans se faire découvrir. Ils se vantaient plutôt que secrets de leurs aventures avec une vendeuse ou une dactylo, il n'avait jamais eu de liaison et était flatté de penser qu'il allait en avoir une maintenant.

Il pensait qu'une liaison était plutôt une chose virile.

Quand Effie parla, il fut très surpris, puis la dévalorisa de manière insultante. Il décida qu'il s'était trompé à son sujet. Après tout, elle n'était qu'une jolie dactylo avec qui il allait avoir sa première liaison, qui allait lui donner l'occasion de se joindre à cette vantardise sournoise dans les fumoirs d'hôtel qui était l'habitude de sa foule. Lui aussi ferait partie des sportifs.

Mais, même au pire, il avait la grâce de douter que cette affaire fût de même nature que ces autres affaires. Il y avait chez eux la plus basse commune mesure, mais… Effie ! La rabaisser autant qu'il le ferait, il ne pouvait pas la considérer comme suffisamment bon marché pour cela. Lorsque d'autres faisaient cela , c'était sûrement qu'ils laissaient libre cours à la grossièreté : il était au moins charitable de supposer que les femmes de leurs amours étaient d'un grain plus grossier que leurs épouses, et que celui d'Effie n'était pas du grain le plus grossier. Il dérivait, acquiesçant et perplexe, à travers le brouillard de sa perplexité.

L'illumination lui vint, non pas dans le wagon bondé, mais dans le piège qui les conduisait de la gare à l'auberge. Cela s'est produit, pensa-t-il, miraculeusement, mais peut-être que le miracle n'était rien d'autre que le fait qu'un homme voit clairement à Westmoreland et voit à travers la saleté à Manchester. Il adorait Effie qui lui sacrifiait tout, et avec humiliation à l'idée qu'il avait voulu, avec ses pitoyables exploits, la surprendre.

Lui, accueilli avec joie au Marbeck Inn, avait décidé de surprendre Effie ! C'est ce qui en a fait, dès l'aube de la compréhension, un parfait conte merveilleux. Il n'avait pas calculé cela ; cela s'est produit, comme un rêve, dans l'air, sans racine dans la prévision. Mais c'était tout ce qu'il avait, à l'exception de son intensité captivante, de la qualité du rêve. C'était onirique parce que c'était plus vivant que son expérience de la vie, mais c'était la vie. Seulement, il ne connaissait pas ces choses sur la vie auparavant. Il avait sous-estimé la vie.

L'auberge se trouvait dans une soucoupe des collines, au bout d'une route qui ne menait nulle part. En tant que route, elle se terminait à l'Inn et ne se poursuivait que comme un chemin de charrette accidenté qui diminuait et se divisait en deux sentiers traversant les cols. Les collines descendaient en grandeur jusqu'à l'auberge – ce n'était pas un endroit d'où l'on regardait les collines lointaines, mais un endroit où les collines étaient intimement présentes – et à 800 mètres de là se trouvait le lac.

Ils étaient à douze milles d'une gare, au bout du monde, seuls avec le bonheur. Bien sûr, il y avait d'autres personnes à l'auberge, mais Sam et Effie étaient seuls : eux deux avec la bruyère, les fougères et les pins : eux deux avec amour.

La foule n'a pas découvert Marbeck . L'auberge, l'église, le presbytère, au bord du lac la salle, une ou deux fermes le long de la route, et c'est tout. À six miles de là, il y a un bureau de poste.

Il avait suivi la foule lors de ses rares vacances. Il connaissait Blackpool Promenade, Morecambe et les choses à faire à Douglas. Ici, on ne faisait pas ces choses-là. On marchait et on grimpait et on s'étendait étendu sur la bruyère ou dans l'isolement parfait des hautes fougères, et on se baignait dans le lac ou les ruisseaux ou les tarns, au hasard, nu, où on voulait et quand on voulait ; et tout le temps on respirait l'air.

Il n'eut pas besoin de coups tonitruants à la porte pour la faire sortir du lit et profiter de l' air de Marbeck . Sam allait se baigner tôt dans la piscine en contrebas de l'auberge où deux ruisseaux tombaient en cascade dans un bassin propice à la baignade, et quand il revenait , elle était levée ou prête à se lever pour qu'il puisse se brosser les cheveux, ou pas levée pour qu'elle puisse jouer à être maussade et être soulevé du lit par lui.

Et la nourriture, la bonne abondance du Marbeck Inn ! Ils en mangeaient prodigieusement et emportaient sur les collines des paquets de sandwiches, de gâteaux et de fromages, sans vergogne gros, qu'ils vidaient jusqu'à la dernière miette et se préparaient dans les bois avec des framboises et des noix.

Elle l'emmena sur le Lac, avec une canne empruntée à l'Auberge, et lui montra comment pêcher. Il l'appréciait incroyablement, ne captant que l'esprit de la chose, heureux à cause du reflet vert des bois dans l'eau et à cause d'elle. Son agitation trouva une pause dans un bateau avec Effie et elle remarqua avec un vif plaisir qu'il n'enviait pas le panier expert du facteur qui allait à Marbeck à vélo le matin et pêchait jusqu'à ce qu'il parte à vélo avec les lettres l'après-midi. Elle considérait comme un heureux gain qu'il ne veuille pas briller, ni essayer de battre ce pêcheur chevronné à son jeu. Les messages ne les ont pas non plus distraits. Ils n'avaient pas de lettres là-bas.

Ils se baignaient continuellement, car il faisait chaud, et là encore il ne faisait aucun effort pour exceller, mais il faut admettre qu'elle était la meilleure nageuse. Tant mieux, elle ne le lui a pas fait savoir. Elle savait qu'il trouvait ici l'eau un élément plus pur que dans les anciens bains Blackfriars où il avait appris quand il était à l'école, et elle se fatiguait moins vite que lui. Mais il se contentait merveilleusement de son infériorité.

Elle avait une profonde foi symbolique dans le bain. Ils étaient là pour laver sa boue, et l'eau était plus propre que les paroles. En effet, parler n'était qu'un modèle superficiel de leur époque. Ils n'en avaient guère besoin, sinon comme légèreté pour adoucir une communion profonde qui devenait parfois d'une douceur presque intolérable.

C'était Blea Tarn, l'un des nombreux noms de ce nom, dont ils faisaient particulièrement le leur, leur lieu de baignade préféré , leur meilleure salle à manger. Effie s'étendait luxueusement sur le gazon ras, en paix d'esprit et de corps.

« Sam, » demanda-t-elle, « as-tu remarqué ce Frump à l'auberge ? Elle s'assoit derrière moi au dîner.

"Non," dit honnêtement Sam. « Quand je suis avec toi, je ne remarque personne d'autre. Et je ne sais pas comment tu l'as vue si elle est assise derrière toi.

"J'ai des yeux derrière la tête", a-t-elle expliqué. « Vous les avez quand vous êtes une femme. Est-ce que ça vous dérange si je lui donne un choc ?

"Tu le ferais si elle pouvait te voir maintenant", dit-il. "Oui, mais elle ne le mérite pas", dit Effie avec complaisance. Elle s'examina et Sam fit de même. Elle leur fit plaisir à tous deux, en prenant son bain de soleil là, sur le gazon moussu. "Mais je peux la choquer?"

« Vous pouvez tout faire », dit-il.

"Dieu merci pour cela", dit Effie joyeusement, et quelque chose brillait au soleil et tombait avec un éclaboussement au loin dans le tarn. « Trop profond pour plonger », décida-t-elle. « Bang coûte un shilling et je suis content. Je n'ai jamais aimé faire semblant .

"Je dis!" Sam protesta, puis se tut avec compréhension.

Elle le regarda et salua son silence d'un signe de tête. « Je n'attraperai pas froid », dit-elle en levant son doigt à l'endroit où se trouvait l'alliance. "Je me sens mieux maintenant que je suis débarrassé de ça."

Le fait remarquable était que Sam comprenait. Son éducation avait progressé et il savait que ce n'était pas pour le Frump de l'auberge qu'elle se débarrassait de la fausse alliance qu'il lui avait suggéré de porter pour la forme : c'était pour lui. La bague était contrefaite, c'était un faux symbole de quelque chose qui n'était pas vrai : elle n'avait pas sa place dans le projet Marbeck .

Elle se recroquevilla joyeusement comme un chat caressé, en partie dans le pur bien-être physique, en partie dans la joie du succès de son projet. « Et dire, chantonna-t-elle, que je suis une méchante femme !

"Effie", plaida-t-il en lui prenant la main. "Ne le faites pas."

"Comme si je m'en souciais", dit-elle en se retournant sur le dos et en prenant sa main avec elle pour se protéger les yeux. "J'aurais peut-être fait ça toute ma vie." En fait, en l'absence totale de gêne, elle pourrait le faire. "Méchant!" Elle a jeté une pierre après l'alliance dans le tarn et s'est moquée d'un monde bien perdu. "Le Frump ne comprendra pas, ma chère, mais je pense que oui."

"Je pense que oui", a déclaré Sam, mais la plénitude de la compréhension ne lui était pas encore parvenue.

Il percevait effectivement quelque chose de sa finesse, mais pas sa totalité, son altruisme total. Il vit, en gros, ce qu'elle recherchait : que c'était ici, à Westmoreland, lorsqu'elle faisait son sacrifice, ici, lorsqu'elle s'étendait à côté de lui au soleil, qu'elle exprimait par des actes ce qu'elle avait eu du mal à exprimer à Manchester. Elle l'avait emmené loin de l'obscurité et du brouillard et de l'endroit où l'on préfère la saleté parce que la saleté signifie de l'argent, là où la nature était belle. Elle lui avait montré la beauté, sa beauté et la beauté du sacrifice et la beauté des choses. Elle lui avait appris qu'il y avait de la beauté dans le monde. « Nous n'y retournerons jamais », a-t-il crié.

"Non. Pas de retour », a-t-elle déclaré. "Mais nous irons à Manchester."

"Non. Non, nous construirons un tabernacle ici.»

"Ici? Non, nous avons été sans loi ici. Nous irons à Manchester.

Cela résonnait à ses oreilles comme une trompette funeste. Jusqu'à présent , ils avaient cheminé ensemble en pensée, et il imaginait que, selon son projet, ils devaient être ensemble jusqu'au bout. Il pensait que son objectif était qu'ils travaillent ensemble pour donner forme à la beauté — et ce n'était pas un mauvais exercice de perception non plus pour Sam Branstone .

C'était son objectif, mais, selon elle, ils ne devaient pas travailler ensemble dans le sens où il l'entendait. Son esprit était de continuer avec lui, mais elle-même se tenait à l'écart, se refusant le droit et la joie de partager son travail avec lui dans un partenariat physique. Elle aurait fait sa part à Marbeck : elle était un panneau dont il devait suivre la direction mais qu'il laissait derrière lui, non un guide pour l'accompagner dans son chemin : et elle pensait s'en contenter.

Elle a renoncé et elle a imaginé que d'eux deux c'était elle qui était la réaliste et lui qui était romantique, il était romantique parce qu'il la voulait avec lui et elle la réaliste parce qu'elle se souvenait d'Ada. Elle n'était pas jalouse d'Ada non' ; si elle ne pouvait pas bénir Ada, elle ne la damnait pas non plus. Ada ne l'avait jamais tenu comme Effie le tenait maintenant. Elle pensait que cela la satisfaisait de savoir qu'elle le tenait dans ses bras et de laisser passer les jours innombrables. Rien n'est infini sauf notre capacité humaine à nous tromper nous-mêmes.

Pour le moment, à l'époque de Marbeck , cela la satisfaisait, et elle vaquait à ses occupations de tutelle avec la sérénité imperturbable d'un objectif accompli, presque involontairement maintenant, pensant peu, ressentant tout dans l'intensité passionnée de son amour sacramentel. Cela finirait et elle souffrirait : en attendant, il n'y avait qu'un nombre limité de jours et il ne servait à rien d'altérer les jours finis par le regret de ne pas être infinis.

La pensée était pour avant et après, pas pour maintenant lorsqu'elle croisait pour l'âme de Sammy Branstone avec le ravissement mystique d'une transe, joyeuse comme les autres sortes de vraie religion. Elle se réveillerait, mais elle aurait donné sa leçon à Sam ; elle lui aurait donné son éclat ; et elle a été altruiste après ça....

Bien sûr, elle s'est peut-être trompée. Il y a un amour spirituel, mais Effie était chair et sang.

Sam, en tout cas, ne rendait pas les choses éthérées. Il n'appréciait pas le bonheur de renoncer au bonheur. Il voulait que cela dure, que cela continue avec les jours gais sur les collines où elle mettait la santé dans son corps et la santé dans son esprit, quand tout cela n'était qu'une émeute pleine d'entrain sans contre-courant. Pendant des heures, ils ont vécu leur vie sans aucune pensée... un exercice grossier, rude et exaltant sur les collines glamour comme ce jour illustre où ils ont escaladé le Pike et se sont perdus dans la brume et se sont retrouvés exactement là où ils souhaitaient être. , sur le sentier descendant par Corner Tarn jusqu'à Yorkdale : puis sur le bateau à vapeur sur le lac, et le clair de lune solitaire traversant la lande jusqu'à Branley , où le piège de l'auberge les rencontra et les emmena, confortablement fatigués, à Marbeck et chez un géant. festin. Et il y avait d'autres jours, plus tranquilles, sur leur lac ou dans les bois, où il semblait se passer plus de choses dans son âme et moins dans son corps ; et leur journée de Bains, dans cinq tarns bien séparés, avec un bain de fortune dans le Marsland Beck pour porter chance. Il voulait que ça dure. Il était enivré par les collines, par elle, par tout.

Il n'avait pas vu, il ne voulait pas et il ne pouvait pas voir la possibilité qu'elle le quitte. Il ne savait pas que le quitter était une partie aussi fondamentale de son plan que venir vers lui.

« Nous irons à Manchester », dit-elle, et il lui sembla qu'on lui avait ordonné d'aller en enfer. « C'est là que se trouvent vos affaires », ajouta-t-elle, un peu méchamment.

Entreprise! Ne lui avait-elle pas montré la laideur de son affaire et la beauté de Marbeck ? Pourquoi devraient-ils quitter les collines ? Il avait toute l'extrémité d'un converti.

Effie n'en disait pas plus, et maintenant que la fin de leur temps approchait, la magie lui semblait moins magique, parce qu'il devait la quitter, parce qu'elle ne resterait pas éternellement dans cet endroit solitaire, mais voulait qu'il s'en aille. où vivaient d'autres hommes, dans une ville laide, où il avait une entreprise qu'elle lui avait appris à mépriser, et des responsabilités, et Ada.

Il plongea dans la tristesse. A quoi bon savoir qu'il y avait de la lumière s'il devait retourner dans les ténèbres ? N'était-ce pas une trahison de sa part d'aller si loin avec lui, puis de le laisser seul ?

"Effie!" » plaida-t-il, et elle consentit à mettre les choses au clair.

« Tu ne vois pas, Sam ? Nous avons fait ce pour quoi nous sommes venus ici. Vous avez vu, vous le savez, et vous ne reculerez pas. Je ne vous le permettrai pas.

« Vous ne le permettrez pas ! Alors tu seras là ?

"J'espère que mon esprit sera toujours là", a-t-elle déclaré. « En doutez-vous ? »

"Esprit?" il a dit. « Vous me surestimez. Vous demandez plus que ce que je peux donner. Je ne peux pas donner ce qui n'est pas là.

«Je l'ai mis là», dit-elle. « Vous ne pouvez pas échouer. Vous ne pouvez pas oublier.

* « Je n'oublierais pas, mais je devrais échouer. C'est nous, ma chère. Pas moi seul, mais toi et moi. Sans toi, je suis perdu.

Elle a fait une grande concession. « Alors, si vous êtes sûr... »

"Bien sûr", dit-il, et elle décida de se livrer à sa faiblesse.

« Alors ne renvoyez pas votre secrétaire. Alors je serai là.

"En tant que secrétaire?"

"Bien sûr." Elle parlait avec impatience. Tout le reste était à la fin.

Cela n'a fait que rendre la tâche encore plus impossible que jamais. Elle devait être là – et ne pas être là. Là, dans son bureau où il la voyait tous les jours, où il n'avait qu'à tendre la main pour la toucher, et où il ne devait pas la toucher, où il devait oublier qu'il l'avait jamais touchée. Il la voulait, elle tout entière, son contact, son éclat, sa vie, et elle lui a proposé – quoi ? Un spectre asexué, un guide spirituel, sa présence dans l'ascétisme.

«Non», dit-il. "Non. Je préfère mourir que ça.

"Oh, la mort est un bon arrangement, Sam, mais sois courageux."

« Même le courage a des limites. »

"Non", dit le réaliste. "Il n'y en a pas."

donc , sans qu'il sache que cette suggestion venait d'elle, chercher des forces dans la paix des collines éternelles. Elle l'envoya à Hartle Pike pour réfléchir, pour voir qu'elle avait raison. Il se souviendrait d'Ada là-bas.

Il se souvenait bien d'Ada, mais il lui semblait, lorsqu'il essayait de résumer ses souvenirs, qu'Ada n'était pas la femme qui comptait dans sa vie. Les femmes qui comptaient étaient avant Ada et après Ada. C'étaient Anne et Effie.

Dans le crépuscule naissant sur Hartle Pike, il essaya de rester calme et de voir les choses en proportion. Effie avait l'avantage suprême de l'immédiateté. Ce n'était pas facile, alors qu'il vivait entouré de son glamour, de voir Ada.

Mais il était le mari d'Ada depuis dix ans, longtemps, plus du quart de sa vie. Durant toutes ces années, il devait y avoir quelque chose dont il se souvenait positivement d'elle, une caractéristique précise ; quelque chose, en tout cas, qui lui était individuel. Il a cherché et n'a rien trouvé. Elle avait moins d'individualité dans son esprit que dans son buffet. Il supposait qu'elle tenait la maison, n'est-ce pas ? Ne se rappelait-il pas que le salaire du cuisinier augmentait d'un an, et que le cuisinier devenait cuisinier-ménagère ? Dans ce cas, et il en était désormais certain, Ada n'avait rien fait. Il était également certain qu'elle n'était rien. Depuis qu'il s'était habitué à ses demandes d'argent, elle n'était même plus irritante. C'était une charge permanente, comme le loyer de l'entrepôt.

Tout d'un coup, alors qu'il s'attardait sur cette définition de sa femme, « une accusation permanente », il réalisa qu'elle était à double tranchant. Cela le blessa, et astucieusement.

Ada, comme Effie, était une femme, et grâce à Effie, il savait ce qu'une femme pouvait être. Il devait au moins y avoir des possibilités chez Ada. Mon Dieu, qu'en avait-il fait si elle n'était plus rien maintenant ? C'était là l'accusation : qu'il l'avait épousée et qu'elle n'était rien : qu'il lui avait permis de devenir rien. Il ne pouvait citer aucun témoin pour sa défense , il ne se souvenait d'aucune occasion où il s'était battu pour Ada, comme Effie s'était battue pour lui. Et quant au sacrifice...! Pourtant, il était censé aimer Ada.

Il aurait pu hurler de honte, il ne pouvait pas, en toute honnêteté, penser qu'Ada lui avait donné quoi que ce soit, mais se tordait d'avoir pensé tout à l'heure à Anne et Effie comme aux deux femmes qui comptaient dans sa vie. Ce sont les femmes qui ont donné. Devait-il tout prendre aux femmes et ne rien leur rendre en retour ? S'il pouvait dire d'Ada, sa femme ces dix dernières années, qu'elle ne comptait pas, alors il était en grande partie coupable et la voie était libre devant lui. Il vit où pointait la lueur qu'Effie lui lançait. À Ada. Cela l'ennuyait désespérément que cela désigne Ada.

Il commença à descendre la colline avec une froide fureur. Le monde était hideux, Marbeck une illusion, Effie une idiote. Non : Effie avait raison. On ne pouvait pas fuir les faits, se cacher la tête dans les collines et dire qu'il n'y avait pas de faits. Elle ne l'avait pas amené là pour obscurcir les faits, mais pour les révéler.

Il restait à les affronter, à revenir à Manchester avec de nouvelles connaissances et un nouveau courage. Il lui a fallu du courage pour tourner le dos à Marbeck , pour s'éloigner du bonheur vers Ada.

Il marqua cette pensée comme sur un serpent. C'était de la déloyauté envers Effie qui lui avait sacrifié et lui avait montré toute la beauté de son sacrifice. Lui aussi se sacrifierait et y trouverait une beauté.

Il trouva extrêmement difficile de rencontrer Effie et passa un temps inutilement long avec le propriétaire de l'auberge. Puis il est entré vers elle.

«Je pars», balbutia-t-il. « Je ne pouvais pas rester une nuit de plus. En parcourant quinze miles, je peux attraper le South Mail à minuit. J'ai fait en sorte que vous veniez demain.

Il prononçait douloureusement chaque phrase.

Effie croisa son regard serein. «C'est infiniment mieux», dit-elle. "Je suis fier de toi."

Il avait vu ! C'était sa victoire, complète et sans équivoque, et elle était fière de lui et d'elle-même. Il s'était débarrassé de la boue et il avait vu la beauté. Maintenant, il faisait face aux faits comme elle voulait qu'il y fasse face, avec les yeux clairs, sans romance. Comme elle, il était réaliste, et elle était contente… contente.

Mais lorsqu'il monta dans leur chambre pour faire son sac, Effie quitta rapidement l'auberge et marcha d'un pas soutenu. Elle doit mettre de l'espace entre eux : de l'espace, pour qu'elle puisse pleurer sans être entendue. Il lui semblait que s'il l'entendait pleurer , il n'irait pas, et elle voulait qu'il parte. Elle était réaliste. Elle était… étouffant ses sanglots parmi la bruyère ; triomphant dans la victoire sur Marbeck Ridge.

Elle a gagné, comme elle avait dit qu'elle gagnerait. Mais son courage avait des limites.

CHAPITRE XXI
LE SOURIRE DE SATAN

La théorie selon laquelle Satan est un diable subtil ne résiste pas à l'examen. C'est un type grossier, théâtral, méphistophélien. Cela peut bien sûr être uniquement dû au fait que son expérience de la nature humaine l'a rendu cynique, et certainement ses interventions ne manquent pas en général de succès parce qu'elles recherchent de la délicatesse. Il a attaqué Sam avec une effronterie flagrante qui suggérait qu'il pensait que Sam était un cas méprisant et facile.

Sam arriva à Manchester très tôt le matin et passa le reste de sa nuit brisée dans un hôtel lugubre près de la gare. Les hôtels de Manchester sont rarement synonymes de gaieté, mais il est merveilleux de voir ce que même une courte nuit peut changer de point de vue.

Il s'attendait à être déprimé par l'air même de Manchester, et, au lieu de cela, il le renifla comme M. Minnifie avait autrefois savouré les odeurs de Greenheys , avec l'avidité d'un exilé. Il savait qu'il devait éprouver une certaine répugnance à l'égard du bureau, mais il se rendit compte qu'il ouvrait les lettres avec plus d'enthousiasme que d'habitude. Il savait que tout n'allait pas, tout à fait faux, et vérifia ses doigts qui le démangeaient.

Il y a eu des prisonniers qui, lorsqu'on leur a offert la liberté, ont supplié de rester dans leur cellule familière.

Était-ce ainsi avec lui, se demanda-t-il, et la fièvre de la prison était-elle si indéracinable en lui qu'il devait respirer cet air vicié pour vivre ? Mais lui a-t-on offert la liberté ? Il devait s'adresser à Ada, qui était une meule et impliquait les autres meules. A moins qu'elle ne soit pas une meule, à moins qu'il puisse la modifier. Entre-temps, en tout cas, elle n'a pas changé, elle voulait les choses qu'elle avait toujours désirées ; et le bureau était leur source. Il lui semblait qu'il était toujours en prison, à la différence près qu'il savait désormais que c'était une prison. Il trouvait peu de réconfort dans cette connaissance.

Son regard revint vers la pile de correspondance. Il ne lui semblait rien d'autre à faire, et il aperçut une enveloppe, adressée non à l'entreprise, mais à lui-même, qui lui faisait monter le sang à la tête en simple prémonition de son contenu. D'après le cachet de la poste (SW – L'Œuvre de Satan ?), il vit qu'il n'était arrivé que ce matin-là et qu'il n'avait pas attendu son arrivée. Il considérait cela comme un présage. Supposons qu'il soit resté un jour de plus à Marbeck ! Il était peut-être trop tard.

C'était une lettre prudente, mais les faits étaient qu'en raison de la mort subite de Sir Almeric Pannifer , le siège de la division Sandyford du Marlshire a été libéré. M. Morphew, qui avait réduit à trois cents la majorité de Sir Almeric dans cette circonscription agricole, était, pour des raisons privées, incapable de se représenter (« Je connais ces raisons privées », pensa Sam. « Morphew considère qu'il aura mérité une victoire la prochaine fois. »), mais l'état-major estimait qu'il s'agissait d'un candidat résolu, doté d'une forte personnalité, etc....

Bref, on lui offre l'opportunité d'être la figure de proue d'une manifestation du Parti libéral. Ce n'était rien de plus. Morphew avait sans aucun doute soigné la circonscription comme une mère, et si lors de la victoire écrasante des dernières élections il n'avait pas fait mieux que de se rapprocher à trois cents voix de ses adversaires, les chances qu'un étranger remporte le siège étaient négatives. Mais c'était le tremplin, le *lien* entre l'obscurité et la Chambre des communes. C'était ce qu'il avait visé.

Il essayait de croire que la lettre ne l'excitait pas comme elle l'aurait fait quinze jours plus tôt, et Satan, connaisseur en bonnes résolutions, souriait de son sourire séculaire.

Il regarda la chaise d'Effie. « Mon esprit sera toujours avec vous », avait-elle dit ; il se demanda si elle était là maintenant et essaya de la voir. C'était sûrement maintenant, voire jamais, son heure ; maintenant quand il l'avait quittée si récemment, quand son parfum était dans ses narines et sa voix dans ses oreilles. Sa voix *était* dans ses oreilles. Il l'a entendu clairement. Elle prononça un seul mot : « Renoncer ».

« Oui, mais, ma chère, argumenta-t-il, j'ai renoncé. Je t'ai renoncé. Je suis revenu ici et je vais vers Ada, pour sonder le fond d'elle, trouver le bon en elle et le traîner vers le haut. Je vais plonger à la recherche de perles, » devint-il presque pittoresque en citant ses intentions envers Ada pour sa défense , « et je serai essoufflé. Je ne doute pas que les perles soient là, car Ada est une femme, et vous aussi, mais je sais qu'elles sont profondément enfouies et j'ai besoin de souffle pour une telle plongée. Je t'ai renoncé, et je vais en faire une femme ; est-ce que je ne mérite pas une récompense pour faire amende honorable ? Il est ici, sous ma main, et je n'ai qu'à dire « Oui ». Effie, plaida-t-il, si tu savais ce que cela signifiait pour moi, tu ne froncerais pas les sourcils. Ce n'est pas un retour en arrière. Il a nié qu'il s'agissait d'un retour en arrière, sachant pertinemment que c'était le cas. « C'est de la politique, je sais, et vous n'aimez pas la politique. Tu m'as dit que les femmes s'y connaissaient en politique maintenant. Oh, mais tu ne sais pas, tu ne le sais pas. Souriez-moi, Effie, souriez comme j'ai vu des femmes sourire lorsque les hommes parlaient de golf. Je sais que nous, les hommes, sommes des bébés, et vous aussi. Donnez-moi mon jeu. Ce n'est qu'un passe-temps, comme le golf, mais c'est le mien et je le veux tellement. Ada est mon œuvre et ceci est ma pièce, et tout aussi nécessaire. Ce ne sera pas un obstacle à ce que je dois faire pour Ada, ce sera une aide. Effie, dis-moi que je pourrais avoir mon aide.

Il essaya de faire sortir un sourire consentant de la silhouette d' Eflie qu'il imaginait assise sur sa chaise. Il n'avait aucune difficulté à l'imaginer là ; il la voyait trop facilement, trop vraiment pour imaginer une fausse Effie. Il ne pouvait pas imaginer, malgré tous ses efforts, qu'il avait obtenu son consentement. Il était trop proche de la vraie Effie pour ça. Et Effie a dit « Renoncez ».

Puis son caissier est entré dans le bureau et la routine l'a englouti pour la journée. Une vingtaine de petits points avaient surgi en son absence et devaient être discutés et réglés. L'idée lui vint que s'il télégraphiait à Londres dans la matinée, le quartier général aurait de ses nouvelles aussitôt que s'il écrivait aujourd'hui. Ils pourraient s'attendre à un télégramme aujourd'hui ; eh bien, ils ne l'obtiendraient pas. Il fourra la lettre dans sa poche et décida de dormir dessus avant de leur envoyer sa réponse.

Et si Satan souriait encore, c'était avec nostalgie, comme s'il regrettait sa subtilité perdue ; mais il y avait toujours Ada, la femme mariée.

Si Ada n'était rien d'autre, elle était une femme mariée ; dans un monde où beaucoup échouent, elle avait réussi ; elle s'était mariée et, comme d'autres personnes qui ont atteint leur paradis terrestre, elle ne savait que faire une fois arrivée là-bas et ne faisait rien. Elle a arrêté de grandir après son mariage.

Le vide de sa vie était une chose dont il fallait s'émerveiller. Elle dormait, mangeait et faisait ses courses. Elle a été épargnée des tâches ordinaires de gestion d'une maison et des épreuves des domestiques, parce que la cuisinière, une femme âgée et fiable, s'est (semble-t-il) pris d'affection pour Sam et est devenue d'abord un accessoire, puis une femme de ménage, prenant des épaules d'Ada le fardeau d'engager son subordonné. Elle avait deux « à la maison » par semaine et se rendait dans les « à la maison » des autres. Le dimanche, elle est allée à l'église, où l'on peut exposer de nouveaux vêtements à un public plus large que dans le plus grand « chez soi » privé. Elle tuait les soirées tant bien que mal, en compagnie d'une amie, ou dans les journaux de mode.

Les soirées l'intéressaient peu ; c'était l'époque où Sam était souvent, mais pas trop souvent, à la maison. Il n'était pas à proprement parler une nuisance, car il ne lui demandait jamais, après une première expérience, de recevoir une connaissance d'affaires, et il le faisait dans les hôtels. Il ne lui a pas non plus demandé de le divertir. Habituellement, il lisait un manuscrit, calculait les coûts ou faisait quelque chose qui n'exigeait pas d'Ada, sauf qu'elle soit raisonnablement silencieuse. Elle était très calme avec Sam, car elle n'avait rien à dire.

Elle ne sortait pas beaucoup le soir et disait à ses amis que c'était parce qu'elle aimait être à la maison avec son mari. Ils étaient censés en déduire une idylle de bonheur conjugal où la proximité était le bonheur parfait. Les vraies raisons étaient, premièrement, la pure paresse et, deuxièmement, ses épaules. D'autres femmes mariées pourraient exposer leurs épaules dans des robes décolletées, mais pas Ada. Ce n'était pas modeste. Ses épaules étaient laides.

Elle n'est jamais allée voir Pierre, qui l'avait offensée en lui suggérant le bonheur du travail. Il avait osé lui faire la leçon, elle qui était mariée, et elle l'avait lâché de telle manière qu'il n'avait plus essayé, il déplorait sa faiblesse, mais il l'avait abandonnée. L'enfant du cordonnier est la plus mal chaussée, et quelque chose d'analogue arrive souvent avec les filles du clergé : Ada était peut-être la pire du troupeau de Pierre. Il savait et, connaissant les espoirs qu'il avait eus de ce mariage, il souffrait de son échec, mais en silence, avouant son impuissance. Il y avait toujours des livres dans lesquels il pouvait oublier, et la paix qui était revenue dans sa maison depuis qu'Ada l'avait quittée. Il n'est pas facile d'être sainte tout le temps, et son attaque scandaleuse avait été, humainement parlant, impardonnable.

« Il doit y avoir quelque chose en elle, se dit-il en quittant le bureau, et je dois le trouver. »

La journée avait naturellement, après une absence, été particulièrement chargée et ne lui avait pas laissé le temps de réfléchir. Il débordait d'intention, mais elle était vague, informe, quoique urgente et doublement urgente à cause de la lettre dans sa poche. S'il pouvait faire d'Ada une femme, si ce soir- là il pouvait prendre un bon départ, peut-être pourrait-il évoquer la figure d'Effie, sa conseillère fantomatique, avec un sourire sur son visage consentant à ce qu'il se lève pour le siège.

"Oh," le salua Ada, "Je pensais que tu ne reviendrais pas avant samedi."

"Je ne l'étais pas", a-t-il déclaré. « Quelque chose a un peu changé mon plan. Je voulais rentrer à la maison.

Elle le regarda avec ressentiment. Il n'y avait aucune raison pour qu'il ne change pas son plan et ne rentre pas à la maison deux jours avant qu'elle ne l'attende, mais elle n'aimait pas l'inattendu. Et il y avait quelque chose chez lui qui paraissait étrange.

"Dites-moi que vous êtes content de me voir", dit-il.

"Eh bien, ce n'était pas prévu avant samedi", répéta-t-elle bêtement.

"Tu penses au dîner?" Il a demandé. "Kate va gérer quelque chose."

Elle ne pensait pas au dîner, et Kate réussirait sans doute à quelque chose. C'était l'affaire de Kate.

« Vous portez de drôles de vêtements », dit-elle.

« Des vêtements de campagne », expliqua-t-il. "Vous voyez, j'ai été à la campagne."

"Oh." Elle n'était pas curieuse.

"Oui. Dans le pays. C'était plutôt beau, Ada.

"J'ai failli aller avec Mme Grandage au Métropole à Blackpool, mais je n'aime pas m'habiller pour le dîner."

« Blackpool n'est pas beau », dit-il. "Ada, je veux te parler, et je sais à peine par où commencer, sauf que je veux que tu comprennes que je suis sérieux. C'est une affaire sérieuse.

"Argent?" dit Ada en se redressant brusquement sur sa chaise.

« Pas d'argent. Nous nous sommes tous les deux trompés à propos de l'argent, je pense. Nous avons tous les deux pris cela trop au sérieux.

"Si vous voulez me dire que quelque chose ne va pas avec votre argent, c'est vraiment très grave."

« Ce n'est pas le cas. Non, c'est une chose plus importante que l'argent. Je veux, si je peux, changer les choses entre nous, Ada. Comment puis-je le mettre ? Voilà ton père… »

"Je ne veux plus jamais entendre son nom", l'interrompit-elle. "Il m'a insulté."

« Vous allez à l'église, vous savez ; vous l'écoutez là-bas.

« Les gens parleraient si je n'y allais pas. Je n'ai pas besoin de l'écouter quand je suis à l'église.

« C'est un bon vieil homme. Je suis désolé que nous nous soyons éloignés de lui. Mais je n'insisterai pas là-dessus maintenant. Si le reste se passe bien, cela viendra avec. Cela pourrait même être une bonne idée d'inclure ma mère.

"Ma parole!" dit-elle, « vous *déterrez* le passé. Je ne vois pas comment on pourrait dire les choses correctement alors qu'on m'inclut avec une femme de ménage.

"Ada!" il a protesté.

"C'est ce qu'elle est."

« Par son propre choix. Mais s'il te plaît, oublie ça, Ada. Oui, c'est vrai que je fouille dans le passé. Je veux y retourner pour voir où nous nous sommes trompés.

"S'est mal passé? Quand qui s'est trompé ?

"Eh bien, toi et moi."

"Je ne savais pas que nous nous étions trompés." Elle le regarda. "Tu as l'air bien", décida-t-elle, "mais tu ne peux pas l'être."

« Je suis meilleur que je ne l'ai jamais été », a-t-il déclaré, « et plus fort, et si besoin est , j'utiliserai ma force, mais j'espère que ce besoin n'en viendra pas. Ada, peux-tu me dire ça ? Peux-tu me dire ce que tu veux ?

"Tu es sûr que tout va bien pour ton argent ?" » demanda-t-elle anxieusement.

"Oui, bien sûr, c'est vrai", dit-il avec impatience.

« Alors je ne sais pas si je veux quelque chose. Je pourrais en faire plus, naturellement. Qui ne le pourrait pas ?

"Plus d'argent. Pas plus de beauté ? Pas un nouvel objectif ? Ce n'est pas quelque chose pour lequel vivre ?

« Je ne sais pas de quoi tu parles, Sam. Vous êtes très étrange ce soir.

«Je me connais à peine», a-t-il avoué. «Je sais que tout est confus, et j'aurais dû tirer les choses au clair avant de vous parler. Mais je pensais que vous l'auriez peut-être vu et que vous pourriez ainsi m'aider. Non : ça va, Ada, » continua-t-il alors qu'elle le regardait avec indignation. «Je ne blâme personne d'autre que moi-même. C'est ma responsabilité. Vous ne le voyez pas encore, et je dois vous le faire voir.

"Si quelque chose est là, je peux le voir."

"Oh, c'est là", dit-il. « Nous pouvons tous les deux le constater. C'est seulement le remède qui n'est pas clair.

"Qu'y a-t-il là?"

"L'échec de notre mariage, si je dois le mettre en mots."

"Échec! Mais nous *sommes* mariés. Que veux-tu dire?" Ce qu'Ada voulait dire, c'est que la bague était à son doigt et l'acte de mariage dans son bureau. L'échec du mariage, si cela signifiait quelque chose pour elle, signifiait l'échec du mariage, des fiançailles rompues, et puisque leurs fiançailles n'avaient pas été rompues, puisqu'ils avaient été formellement et légalement mariés à l'église, il ne pouvait y avoir d'échec.

« Nous n'avons pas exulté du mariage », essaya-t-il.

"Exulter? Je suis sûre que j'étais la femme la plus fière de la paroisse le jour où je t'ai épousé. C'était vrai. "Mais après, après !"

« Oh ! » s'écria-t-elle, « est-ce que tu me fais croire que je n'ai pas eu de bébé ? Était-ce ma faute ?

"Non non. Mais cela aurait quand même pu nous sauver, et comme le bébé n'est pas venu , nous n'avons fait aucun effort pour nous sauver. Il y a une lumière quelque part en chacun de nous et vous et moi avons éteint nos lumières. Elles peuvent être petites, elles ne sont peut-être pas une grande lumière comme celle de votre père, ou... ou la lumière que j'ai vue dans le pays, elles peuvent n'être qu'une faible lueur, et nous ne pouvons que donner le meilleur de nous-mêmes. Vous et moi n'avons pas donné le nôtre. Nous n'avons pas essayé de trouver notre lumière, mais maintenant – maintenant que nous avons découvert ce qui n'allait pas chez nous pendant tout ce temps – nous pouvons essayer, et ensemble. Nous pouvons tous donner quelque chose au monde, pas des enfants dans notre cas, mais quelque chose d'autre que nous sommes censés donner. Nous ne savons pas ce que vous pouvez donner et ce que je peux donner, et nous avons tardé à commencer à le découvrir, mais il n'est pas trop tard, n'est-ce pas, Ada ? Ada, plaida-t-il, il n'est pas trop tard ?

Elle regarda l'horloge. « Si vous voulez vous laver les mains avant le dîner , vous feriez mieux de le faire maintenant », dit-elle, « sinon vous serez en retard. » Elle se leva, mais avant de le quitter, elle eut un moment d'illumination. Elle crut voir où il voulait en venir, qu'il avait dû voir une famille heureuse pendant son absence et revint avec le cri de l'enfant sans homme sur les lèvres. « Je suppose que cela signifie, dit-elle, que vous voulez que j'adopte un enfant. C'est ce que tu veux dire par donner. Eh bien, je ne le ferai pas, Sam. J'ai autre chose à faire de mon temps que de m'occuper du gosse d'une autre femme.

"Qu'est-ce que tu as à faire?" Il a demandé. "Qu'est-ce que tu veux faire?"

«Pour manger mon dîner», dit-elle. Elle avait un bon appétit. C'était peut-être pour cela qu'elle ne voulait rien d'autre.

Il resta près de la porte quand elle fut partie, et sa main s'égara dans sa poche comme si elle cherchait un talisman. Il sentit la lettre se froisser, puis arracha sa main. Ada était un travail pour un homme. Il n'y avait pas de place pour Ada et pour la politique. «Je regrette profondément que des raisons privées nous obligent à nous retirer totalement de la politique.» Oui, c'était le libellé du télégramme qu'il enverrait : il valait mieux être minutieux, et, visiblement, l'homme qui avait Ada en main n'avait pas de temps à perdre pour un passe-temps ou une ambition ou quoi que ce soit que la politique représentait. pour lui. Il avait d'autres travaux à faire dans le monde.

Il a foulé aux pieds les ruines d'un espoir né il y a dix ans et qu'il portait au plus profond de son cœur et, comme le prouvait la lettre dans sa poche, ce n'était pas non plus un espoir insensé. Oui, il avait aimé cet espoir né pendant sa lune de miel.

Il lui vint à l'esprit que dans tout ce qu'il avait dit ou essayé de dire à Ada, il n'avait pas mentionné l'amour. Ce mot ne lui avait pas semblé approprié dans une conversation avec Ada, mais, réfléchissait-il sauvagement, il avait aimé son espoir politique dès le moment de sa lune de miel : et depuis lors, il n'avait plus aimé Ada.

Était-ce vrai ? Avait-il négligé la substance pour l'ombre, utilisé l'amour sur son espérance et non sur sa femme ? S'il avait à nouveau sa conversation avec elle, pourrait-il honnêtement la commencer d'une autre manière ? Pourrait-il commencer par l'amour ? Il savait qu'il ne le pouvait pas et il redressa les épaules face à ce fait. Il fallait donc avoir plus de courage. Qu'est-ce qu'Effie avait dit ? "Il n'y a pas de limites au courage." Il se le demandait, mais il voulait voir.

Et le sourire de Satan s'était estompé. Il y a plus de joie parmi les démons à cause d'un pécheur qui rétrograde ... Mais pas cette fois, Méphistophélès ! Effie gagnait toujours.

CHAPITRE XXII
LE VIEUX CAMPAGNE

EFFIE et Sam savaient qu'ils devraient être heureux dans les semaines qui suivirent, car être bon, c'est, en théorie, être heureux : mais ils ne l'étaient pas. Sam, en effet, était moins malheureux qu'Effie parce qu'il était tombé dans une de ces humeurs plombées et engourdies qu'il connaissait autrefois comme l'étape préliminaire à ses inspirations les plus brillantes, et il pouvait attendre avec résignation, sinon avec bonheur, que l'inspiration émerge. .

Décidément, pensa-t-il, il avait besoin d'inspiration. Il lui fallait découvrir Ada, chercher sa réalité et, l'ayant trouvée, la traîner et la mettre au premier plan de son être. Une tâche immense : une tâche dont il ne faut pas compromettre à nouveau le succès en se précipitant sur elle prématurément et sans plan précis. Il ne l'avait rendue méfiante à son égard que par sa première tentative impulsive, et le temps devait réparer le mal avant qu'un retour à l'attaque ne soit soit discret, soit opportun.

Il a attendu, mais il n'a pas savouré la vie. Lorsqu'il aurait vivifié Ada, la vie en vaudrait sans aucun doute la peine, mais en attendant, elle traînait. Il se disait qu'il était encore trop jeune dans ce nouveau métier de don pour en ressentir la joie. Certes, il n'était pas joyeux, mais il était résolu. Il y avait un pincement sinistre des lèvres et un regard obstiné dans les yeux qui proclamaient qu'il s'agissait de Samuel, le fils d'Anne. Dans cet état d'esprit, il pouvait manger des pommes de la Mer Morte et sentir qu'elles constituaient un régime alimentaire approprié. La politique avait disparu, et avec elle tout intérêt pour le Conseil. Et il ne savait pas quoi faire de ses affaires. Il voulait demander à Effie, et Effie n'était pas là pour qu'on le lui demande.

Ce n'était pas qu'elle ne voulait pas être là ou qu'elle ne souffrait pas de son absence. Effie n'était pas engourdie et elle souffrait énormément, mais elle pensait que son absence renforçait Sam. Lorsqu'il descendit de Hartle Pike avec sa résolution prise, elle crut que son projet, tel qu'elle l'avait prévu, était terminé et qu'elle pouvait oublier sa faible concession de retourner au bureau. Elle devait être là en esprit, et l'esprit est fort bien que la chair soit faible. Effie, au bureau, en chair et en os, aurait voulu serrer Sam dans ses bras et l'embrasser, choses qu'il ne convient pas de faire dans des bureaux bien tenus. Et bien sûr, elle a souffert. Elle avait toujours su qu'elle souffrirait, mais pas que ce serait aussi grave.

Le bureau était une tentation quotidienne : y aller, c'était être avec lui, c'était soulager sa fièvre, c'était être en paix : mais c'était aussi se débarrasser d'un succès durement acquis, et elle résistait. Cette résistance la captivait. C'était tout ce qu'elle était capable de faire ; cela exigeait toutes ses forces.

La chose évidente, la chose pratique, si elle ne devait pas aller au bureau de Sam, était d'aller chez quelqu'un d'autre, pour travailler, à la fois comme antidote et comme moyen de subsistance, et elle n'arrivait pas à se lever pour le faire. Elle a mis en gage certains des bijoux qui lui restaient, monuments du passé somptueux de son père, a envoyé l'allocation hebdomadaire à sa mère et a vécu du reste. Elle en était tombée là, Effie la croisée, Effie l'avocate du courage ! Avec Mélisande , elle se disait qu'elle n'était pas contente. Elle n'était pas heureuse, elle n'allait pas bien, et elle voulait, voulait Sam. Elle resta à la maison de peur d'aller vers lui et de gâcher tout ce qu'elle avait fait. Cela ne pouvait pas durer et elle savait que cela ne pouvait pas durer, mais elle n'en voyait pas non plus la fin.

Commence alors le jeu des conséquences : les coups de deux pièces, l'une un pion, l'autre le chevalier appelé Dubby Stewart.

C'est un monde mal famé, un monde où les Frumps, de l'un ou l'autre sexe ou d'aucun sexe, dans l'une ou l'autre de leurs manifestations, ont beaucoup à voir avec l'ordre des choses. C'est pourquoi il est politique, pour votre commodité, de ne jamais ignorer les Frumps et de ne jamais les défier par un acte de défi galant, comme par exemple jeter une fausse alliance dans les eaux de Blea Tarn.

Effie estimait, bien sûr, que puisqu'elle défiait les Frumps , il était honnête de les défier dans la forme comme dans le fond, mais seules certaines formes d'honnêteté constituent la meilleure politique.

La Frump qui était assise derrière Effie lors des repas à l'auberge (elle s'appelait Miss Entwistle) avait douté de l'authenticité de cette bague, et lorsqu'elle a disparu, ses doutes l'ont suivi. La coquine, elle le vit, s'était rendu compte que sa bague ne trompait personne, et elle l'exhibait à la manière éhontée des coquines.

Les femmes sont méchantes, mais les hommes ne sont que faibles ; de sorte que, même si Miss Entwistle faisait face à Sam au dîner depuis la table voisine, il lui fallut quelques jours avant de pouvoir détourner son attention du dos du plus grand pécheur et la transférer sur le visage du plus petit. Elle pouvait regarder à sa guise ; cela n'importait pas Sam, qui n'avait d'yeux que pour Effie : et le regard de Miss Entwistle était en effet très persistant. C'était impoli, mais c'était aussi pensif. Il semblait chercher quelque chose qu'il ne trouvait pas.

Elle ne parvenait pas à le situer et était ennuyée car elle était certaine de l'avoir déjà vu. Elle se leva tôt plus d'une fois pour lire les noms sur les lettres du matin, mais n'en trouva aucun qu'elle pût associer à Sam et rentra à Manchester déçue. Son incapacité à l'identifier a gâché ses vacances.

Mais tout arrive à celle qui attend, en particulier à Frumps, à mesure que le monde est fait, et Miss Entwistle a acquis la connaissance dont elle rêvait un après-midi lorsque son amie Mme Grandage l'a emmenée au « At Home » d'Ada Branstone .

Les deux photographies de Sam dans le salon d'Ada étaient destinées à entretenir sa réputation de parfaite domesticité. Elle ne pouvait pas vivre sans lui ; elle tirait son souffle de lui quand il était là, et de ses photographies quand il n'était pas là. Et comme l'un était de face et l'autre de profil, ils ont fourni à Miss Entwistle une identification fiable du pécheur de Marbeck .

C'était paradisiaque. Elle avait le pouvoir et la gloire de déclencher un scandale, de faire exploser une bombe – ce qui perturberait certainement la paix d'un certain nombre de personnes, de figurer dans un tourbillon de thés médisants comme le seul témoin oculaire authentique. C'était irrésistible, en plus d'un simple devoir envers son hôtesse blessée.

La goutte de culot dans son pot de miel débordant était qu'elle ne connaissait pas assez bien Ada pour lui révéler le secret par elle-même, mais qu'elle devait partager l'excitation de cette première surprise avec Mme Grandage . Elle a chuchoté avec son amie pendant des moments serrés et mouvementés, et les deux dames ont obstinément dépassé le reste des appelants.

Ils l'ont raconté à Ada avec une merveilleuse tendresse, en la surveillant comme les chats surveillent les souris, et Ada ne les a pas déçus. Elle ne mettait aucun doute sur l'histoire de Miss Entwistle ; elle ne lui a pas dit qu'elle savait que Sam était à Londres à ce moment-là parce qu'elle avait reçu des lettres de sa part. Même si elle n'avait rien au monde à part son mariage, elle ne faisait aucun effort pour protéger sa réputation. Elle se montra à eux dans toute la fureur de sa rage jalouse, de sorte que naturellement, voyant sa foi instantanée en ce qu'elles lui disaient, les dames formèrent leur propre conclusion.

«Ce n'est pas la première fois», disaient les yeux de Mme Grandage , et les yeux de la vieille fille la regardaient sépulcralement et disaient: «Ce n'est jamais le cas.»

Ada était mariée. Elle avait le titre d'épouse, et l'infidélité de sa part était aussi éloignée de son imagination que de son opportunité. Elle était mariée à Sam ; c'était elle qui possédait la propriété, avec les titres de propriété dans son bureau et le sceau à son doigt, et c'était un outrage flagrant. Cela a touché aux racines de sa complaisance, et la complaisance, c'était la vie. Pourtant, elle n'avait pas l'esprit de confondre ces iconoclastes avec un petit mensonge peu inventif. Il n'en fallait que pour confondre Miss Entwistle : les visages des hommes se ressemblent souvent, elle savait parfaitement qu'il était à

Londres : n'importe quoi aurait fait l'affaire, tout aurait été mieux que cette trahison abjecte et immédiate de sa citadelle. Elle frappa son drapeau sans tirer un coup de feu et tomba dans une mare de colère inarticulée.

« Que dois-je faire ? Que dois-je faire ? gémit-elle dès qu'elle fut capable de parler de manière cohérente.

« Ça, dit Miss Entwistle, ça, pauvre chérie, c'est votre affaire. »

Elle avait annoncé la bonne nouvelle, elle avait trouvé un plaisir excitant à regarder la réception que leur faisait Ada et maintenant elle avait hâte de partir, de répandre la nouvelle, d'être la première à faire irruption dans les salons de ses amis avec la nouvelle. un glorieux scandale. Elle a répondu à un autre appel et s'est enfuie vers son orgie.

"Je vais lui faire payer pour ça", dit Ada méchamment.

"Ma chère", a conseillé Mme Grandage , qui avait elle-même un mari, "j'espère que vous ferez preuve de tact."

« Tact : » a lancé Ada. « Avec tact, quand… oh ! Oh!" Elle a crié son sentiment d'énormité de Sam.

"Oui, mais tu sais, les hommes resteront des hommes."

« Ce ne sont pas des hommes. C'est Sam. Après tout ce que j'ai fait pour lui ! Oh!" et c'était un « oh » différent des autres. Cela fit lever brusquement la tête à Mme Grandage . "La bête! La bête! Cela explique tout. Ethel, cet homme est venu me voir et m'a demandé d'adopter son enfant. Il avait le visage. Bien sûr , je ne savais pas que c'était du sien dont il parlait, mais je le vois maintenant. Ethel, que dois-je faire ?

Ils semblaient à Mme Grandage dériver dans des eaux plus profondes qu'elle n'était capable de nager. « Je devrais prendre conseil », dit-elle, sans vouloir dire que ni en conseillant ni en quoi que ce soit d'autre, elle n'allait être mêlée à cette affaire.

« Chez un notaire ? » demanda Ada en comprenant la phrase. "Oui. Naturellement. Sam devra payer jusqu'au dernier centime. Son idée des obligations légales n'était peut-être pas plus vague que celle des autres.

"Pas chez un notaire", dit Mme Grandage désespérée. « Du moins, ma chère, pas encore. Celui de ton père.

"Oui. Mon père m'a fait épouser Sam. Il a ramené Sam à la maison et me l'a jeté. J'irai chez mon père. Bien sûr, de toute façon, je ne peux pas rester ici.

Mme Grandage fit un dernier rassemblement pour la sagesse mondaine . « Ne pourriez-vous pas vous résoudre à voir votre mari d'abord ? elle a demandé.

"Le voir!" » dit Ada héroïquement. "Je ne le reverrai jamais tant que je vivrai."

La visiteuse boutonna son gant. Après tout, si Ada choisissait de se ridiculiser, cela ne la regardait pas, et elle avait fait de son mieux, si une tentative résolument évasive pouvait être la meilleure des solutions. Elle embrassa Ada avec une réelle sympathie.

« Ma chérie, dit-elle, je donnerais beaucoup pour défaire cela. » Et par « ceci », elle ne voulait pas dire la peccadille de Sam Branstone , mais la pruriginerie de Miss Entwistle. C'était une femme expérimentée et en colère contre elle-même d'avoir écouté la tentatrice et de l'avoir aidée et encouragée.

Lorsque Mme Grandage fit référence, des années plus tard, à « cette femme », il fut entendu qu'elle pensait à Miss Entwistle.

Ada l'accompagna jusqu'à la porte et se dirigea directement vers la cuisine.

« Kate », dit-elle à son cuisinier, « M. Branstone s'est déshonoré , il a été infidèle. Je vais chez mon père. S'il vous plaît, dites-lui que je sais tout et que je ne reviendrai pas. Elle n'avait aucune réticence.

«Très bien, maman», dit le cuisinier capable.

Le résultat fut que lorsque Sam entra dans le salon ce soir-là, il trouva Anne Branstone assise là, en train de raccommoder ses chaussettes, et peut-être était-ce parce qu'elle était heureuse de ne pas avoir l'air d'un jour plus vieille que la dernière fois qu'il l'avait vue ; peut-être que la carbonisation lui convenait ; ou peut-être que vivre pour une idée l'avait gardée jeune. L'idée était qu'un jour , Sam aurait besoin d'elle.

Ce n'était pas un miracle : il n'y avait rien de plus merveilleux que le fait qu'Anne soit une très bonne amie de la cuisinière, Kate Earwalker : mais Sam restait bouche bée, impuissant. Dans sa propre maison, à son âge, et après toutes ces années, il se tenait devant sa mère, l'intrus, comme un écolier qui sait qu'il a tort. Rien ne lui manquait de l'ancien ascendant.

« Eh bien, dit-elle, vous n'êtes pas heureux quand les gens parlent de vous. Mais tu n'as pas non plus l'air de t'y épanouir.

"Mère," haleta-t-il, "qu'est-ce que c'est ?"

«C'est toi qui me diras ça», dit Anne.

"Où est Ada?"

« Elle est allée chez son père et aucun n'est revenu, dit-elle. Il dit que tu es infidèle et dit à Kate qu'elle sait tout. Qu'est-ce qu'il y a, Sam ? C'est quoi tout ?

« Qui vous a amené ici ? »

"Kate l'a fait", dit calmement Anne. « Pourquoi, Sam, pensais-tu que je n'avais rien de mieux que ce que George Chappie et les journaux m'ont dit de toi ? J'aimerais connaître la vérité, et ce n'est pas une chose que l'on peut obtenir des hommes. Kate a été une espionne, genre.

"A-t-elle!" il pleure.

« Elle l'a fait, et vous ne lui en garderez aucune rancune. Tu aurais vécu dans une porcherie et mangé comme un cochon si personne n'avait envoyé Kate le faire pour toi, mais je suis venu moi-même cette fois. Cela semble au-delà de Kate.

« Mais que s'est-il passé ? Qu'est-ce que c'est?"

« Tu sais mieux que moi ce que c'est. Des gens parlent de vous et ils ont parlé à Ada. Infidèle, a-t-elle dit à Kate, et elle est rentrée chez Peter.

"Elle doit revenir", dit Sam.

"Et pourquoi?" demanda Anne. « Parce que les gens parlent ? Pour leur fermer la bouche ?

"Non. Parce que je la veux ici. Ils parlent, n'est-ce pas ? Eh bien, ils le peuvent.

Anne le regarda. « Ça ne vous dérange pas s'ils le font ? »

"Pourquoi devrais-je?"

« Et vous êtes un homme politique ? »

"Oh, la politique !" il a dit. "C'est parti." C'était le cas, et, comme il le vit heureusement, au bon moment. Il essaya d'imaginer à quel point cela l'aurait affecté différemment si cela s'était produit en pleine élection à Sandyford. Les électeurs postulent la respectabilité chez un candidat. Mais cela avait disparu, et les commérages n'avaient plus d'importance désormais. Les vraies choses comptaient. Ada comptait.

« Vous avez donc bougé, » dit-elle, et ni son regard ni le ton ne laissaient entendre qu'elle trouvait ce mouvement déplaisant.

«Je suppose», dit-il négligemment. « Mais Ada doit revenir. Je dois la récupérer.

"Il arrive qu'elle vienne et il arrive qu'elle ne vienne pas, et j'aurais plus de chances de le savoir si tu m'avais dit ce qui la bouleverse."

"Qu'a-t-elle dit?" Il a demandé. "Infidèle? Oui c'est vrai. Je suis infidèle depuis dix ans. Je n'ai jamais été fidèle et je n'ai jamais été juste. J'ai pensé aux affaires et à la politique alors que j'aurais dû penser à elle. J'ai travaillé chez eux et je n'ai pas travaillé chez Ada. Ne blâme pas Ada, mère. Je n'accepterai pas ça. Vous ne l'avez jamais aimée et vous avez prophétisé un échec. Cela a été un échec, mais j'en ai fait un ; Je l'ai laissé dériver alors que j'aurais dû m'en emparer. Mais ce ne sera pas un échec pour le moment. J'ai abandonné les autres choses et je suis revenu à mon travail, le travail que j'avais négligé, le travail que je ne voyais pas du tout était là jusqu'à… » Il fit une pause.

"Jusqu'à quoi?" elle a demandé.

"Jusqu'à ce qu'Effie me le montre."

"Effie?" elle a demandé. "Oh! Alors il y a quelque chose dans leur discours.

"Quelque chose? Il y a de tout, et tout ce qui est insensé et abominable. C'est là que ça me fait mal, maman. Ils diront de mauvaises choses sur elle, sur Effie. Il commença à comprendre que les commérages comptaient.

« Quelles seraient les bonnes choses à dire ? » demanda sèchement Anne. « Qui est Effie ? Et tu parles d'elle quand tu dis que tu es infidèle depuis dix ans ?

«Je pensais ce que j'ai dit. Que j'ai présenté d'autres choses à Ada.

« Y compris Effie ?

« Effie est un rayon du ciel », a-t-il déclaré.

"Oh, oui," dit Anne avec scepticisme .

« Écoute, maman, tu ne vas pas te méprendre ?

"Pas si tu peux me faire comprendre."

« Je peux essayer, dit-il, et il y a de fortes chances que j'échoue. La seule chose qui te fera comprendre Effie, c'est de la voir.

"Essayez d'abord les autres méthodes", dit Anne sombrement.

« Elle m'a fait voir. Elle m'a tout donné. Elle m'a donné elle-même. Je me suis retrouvé grâce à elle et je ne vis que dans la lumière qu'elle m'a donnée. Il était difficile de trouver des mots pour décrire ce qu'Effie était et ce qu'elle représentait pour lui. "Je ne sais pas si je pourrai un jour expliquer", balbutia-t-il.

"Continue. Vous vous en sortez très bien. Il était… la perspicacité d'Anne l'aidait.

« C'est comme une renaissance. C'est comme si j'avais vécu jusqu'à ce que je la rencontre il y a six mois avec une vue tordue. Je n'ai pas bien vu, et puis, maman... » Il hésita comme un homme hésite avant d'exprimer une conviction profonde, craignant de passer pour absurde. « Ensuite, j'ai trouvé le salut, j'ai été preneur et nous sommes là pour donner. Je t'ai pris..."

"Laisse ça," dit sèchement Anne. "Je sais cela."

"Et je ne l'ai pas fait", a-t-il répondu. "Il me semble que je ne savais rien jusqu'à l'arrivée d'Effie."

"Pourquoi veux-tu qu'Ada revienne?"

"Il est temps que je lui donne."

"Est-ce qu'Effie t'a montré ça?"

"Oui."

Anne resta silencieuse pendant une minute. Puis : « Je vais jeter un œil à Effie », dit-elle. "Tu peux m'emmener chez elle."

"Je ne peux pas faire ça", dit Sam. "Nous ne devons pas nous rencontrer."

Elle y réfléchit, et lui. "Kate m'a dit que tu avais l'air malade", dit-elle avec une apparente inconséquence. "Eh bien, si tu ne peux pas m'emmener chez Effie, je dois y aller seul. J'y vais, quelle que soit la route. Donnez-moi son adresse et j'irai demain.

Il l'a écrit. « Effie Mannering », lut-elle. "Oui," dit-elle sombrement, "je vais donner à cette jeune femme ce que je pense."

« Mère, dit-il alarmé, tu ne seras pas impolie avec elle ! Vous n'avez pas mal compris ?

«Peut-être», dit Anne, «mais je ne pense pas. Je pense que je comprends que vous avez la tête idiote dans les nuages et que cela vous fera beaucoup de bien de les ramener sur terre. Je le saurai avec certitude quand je l'aurai vue.

« Alors, vous verrez sa gloire, » dit-il d'un ton de défi.

"Devrais-je?" elle a demandé. « Si vous me demandez, Sam, il y a eu trop de glorification à propos de cette affaire. Cela me façonne, continua-t-elle, déjouant la protestation qui lui montait aux lèvres. « Cela me semble être un simple cas d'amour. Oui, et l'amour est une chose trop rare dans ce monde pour être jetée. Je n'ai jamais été du genre à gaspiller.

Alors Anne Branstone prit le contrôle et Sam la regarda, impuissant, comme un homme qui rêve.

CHAPITRE XXIII
LE COUP DU CHEVALIER

J'aurais très bien pu penser à Sam de rétorquer que lui et Effle n'avaient pas « la tête idiote dans les nuages », pas plus fantastiquement qu'Anne elle-même lorsqu'elle se retirait chez Madge et regardait son fils bien-aimé uniquement à travers les yeux de Kate Earwalker. . Mais cela ne lui est pas venu à l'esprit et, si cela l'avait été, Effie aurait au moins réfuté la réplique. Effle les a tous devancés.

La vérité était que dès qu'Effle savait ce qui n'allait pas chez elle, elle n'était pas consternée, consternée, honteuse, ni aucune de ces choses qui conviennent à une jeune femme dans sa situation, mais simplement et purement exultante. Le malheur tombait d'elle comme un manteau et la laissait rayonnante de joie. Et elle s'était qualifiée de réaliste !

Elle était réaliste ; elle était absorbée par les faits, pas par les détails circonstanciels de ses faits. Elle ne voulait plus Sam maintenant, elle l'avait, elle était à des kilomètres et des lieues de tout souci, seule dans un monde brillant avec son fait transcendant . Le courage lui revint à flots et elle déborda de courage et de fierté.

Elle était sans travail et devait trouver rapidement un emploi bien rémunéré. Elle allait souffrir, elle allait (c'est un euphémisme) être incomprise. Qu'importe, qu'importe, en comparaison avec son fait exultant ? Elle allait être la mère de son enfant. Marbeck n'était pas un rêve ; Marbeck devenait réalité, et la vérité et la gloire de celui-ci l'ont entraînée vers un paradis que seules les femmes connaissent.

Peut-être qu'elle était une intruse à l'intérieur des portes, mais elles lui avaient ouvert et elles ne voulaient pas la fermer. Elle pourrait être poursuivie pour son intrusion. Laissez-les essayer ! Vous ne pouvez pas nuire à l'invulnérabilité. Elle était un monde dans un monde, autosatisfait, complet, moins se moquer de l'autre monde qu'en l'oubliant complètement. Son nuage de gloire le cachait à ses yeux, et si elle regardait à travers les brèches du nuage , elle voyait les gens comme on les voit sur la route, sous le sommet d'une montagne, comme des fourmis rampantes.

On frappa à sa porte et, à travers une brèche dans les nuages, elle regarda avec perplexité les yeux de Dubby Stewart, mais ce n'était pas pour regarder le monde qu'elle ne comprenait pas. C'était pour regarder Dubby , qui l'aimait.

Et Dubby le savait. Cela n'avait pas été difficile à savoir. Elle l'avait refusé, elle lui avait laissé comprendre pourquoi, et Sam et Effie étaient absents de

Manchester au même moment. Ce n'était pas une preuve précise, mais il avait écrit des leaderettes sur des preuves pas plus exactes et ne doutait pas des faits. Jusqu'à présent , ils l'avaient tenu éloigné d'elle, mais il ne pouvait plus s'en éloigner. Et avant d'entrer dans sa chambre, il savait tout ce qu'il y avait à savoir.

"Effie", dit-il, "je ne sais pas si je suis le bienvenu."

"Oh, mais tu l'es," dit-elle. « J'aurais dû vous écrire depuis longtemps. Je suis rentré à la maison des semaines après mes vacances. Cela ne servait à rien d'essayer de voir Dubby comme une fourmi rampante, et elle lui tendit la main en signe d'amitié.

"Cela brise la glace", a-t-il déclaré.

"S'il y avait de la glace à briser."

«Eh bien», lui rappela-t-il, «j'ai dit que je n'aimais pas et je me suis enfui, et je me suis plus ou moins enfui. Je suis venu un dimanche parce que j'avais dit que je le ferais, mais je ne pouvais pas recommencer. Le problème avec moi, c'est que je devrais être journaliste, et après environ douze ans de métier, je suis toujours humain.

« Dubby ! Je suis désolé!"

« Très bien, Effie ; Je ne suis pas venu pour bêler. C'est seulement une excuse pour ne pas être venu avant. Et maintenant je suis là… »

« Tu prendras le thé », dit-elle rapidement en se dirigeant vers la sonnette, mais il lui attrapa la main avant qu'elle ne tire.

« Tu veux mettre une table entre nous ? Faites-le, s'il le faut… » (il lui relâcha la main) – « mais j'avais espéré que nous n'en arriverions pas là. Dois-je sonner, Miss Mannering ?

« Vous n'avez pas besoin de me punir en injure. Ne sonne pas. Elle s'arma de courage et se tourna vers lui.

"Merci. Vraiment merci, Effie. Je sais que je suis ennuyeux, mais si la vieille chanson a un bon air, je ne vois pas pourquoi je ne devrais pas chanter deux fois. C'est *un* bon morceau », a-t-il poursuivi avec une passion qui démentait sa désinvolture superficielle. "C'est le meilleur que j'ai en moi, ce qui ne veut peut-être pas dire grand-chose, parce que j'ai une oreille pourrie pour la musique, mais cet air m'a gravement touché, comme les maladies qu'ils provoquent sur les orgues de Barbarie, et je ne peux pas le perdre. Je me lève le matin et je me couche le soir, et ça bourdonne dans mes oreilles toute la journée. Effie, je ne suis pas vraiment une crique et je me suis flatté que la sincérité m'a quitté lorsque je me suis coupé les dents de sagesse. J'ai essayé d'être à la hauteur de cette croyance et ce n'est qu'à moitié réussi. J'ai essayé de faire un spectacle rare de la vie, de m'asseoir dehors et de regarder les marionnettes jouer, et la vie est gagnée. La vie m'a déprimé, et je suis à l'intérieur maintenant. Je suis là où tu m'as mis, et une bonne place aussi : je suis près du radiateur et ça réchauffe les coques de mon cœur. Mais je n'ai jamais aimé les radiateurs. Attention, je peux faire avec eux et je peux leur en être reconnaissant. Si un abonnement à vie pour une place près du radiateur est tout ce que vous pouvez m'offrir, je peux garder la lèvre supérieure raide et vous remercier pour ce que j'ai. Mais je n'ai jamais eu de passion pour les radiateurs et j'aime les feux. Il y a de la vie dans un feu. Doit-il s'agir simplement du radiateur, ou pouvez-vous en faire un foyer et une maison pour nous ?

" Dubby , " dit-elle, " je te l'ai déjà dit. "

"Je sais. Rien à faire en arrière-plan ? Elle secoua la tête.

"D'accord. Je n'ai bu que la dernière fois. Cette fois, il me faudra la frénésie de ma vie. J'en avais nourri l'espoir.

« Ivre », dit-elle avec reproche. "Avec une lèvre supérieure raide?"

"Oh, je ne sais pas ", dit-il. « Il faut avoir la lèvre supérieure raide pour m'amener chez le dentiste , mais je lui fais quand même utiliser un anesthésique . Pourtant, si vous préférez que je ne le fasse pas... »

"Je pense que ce serait plus courageux."

"Droite. Mais j'aimerais toucher quelque chose. Il n'y a personne que tu aimerais que je frappe, n'est-ce pas ?

"Bien sûr que non."

"Bien sûr?" il a dit. Il avait bien en tête que quelqu'un devait frapper Sam. « Revenons à l'endroit où nous en étions avant que je fasse un discours de souche – à l'époque où je suis entré et que tu me regardais comme un ami.

"J'espère que je le ferai toujours."

"D'accord. C'est le privilège d'un ami d'être impertinent, et je suis plutôt doué pour l'impertinence. Tu vois, vieille Effie, tu es censée être l'une des travailleuses du monde, et tu n'es pas au bureau aujourd'hui. Vous n'êtes pas allé au bureau depuis des semaines. Je le sais, parce que j'ai donné à Florrie une demi-couronne. Florrie était la femme de chambre. "Et ce n'est pas que tu aies gagné de l'argent, parce que Florrie me dit que tu es toi-même affamée."

"Je ne l'ai pas fait." Effie était indignée. Elle ne s'était pas affamée. Même si tout était morne, la nourriture ne l'avait certainement pas attirée, mais rien d'autre non plus ; et elle espérait s'y intéresser vivement maintenant. "Vraiment, je ne l'ai pas fait."

« Ce que vous dites est valable », dit-il. « Et Florrie l'a imaginé, mais elle n'a pas imaginé le fait que tu n'ailles pas au bureau, et si quelque chose ne va pas là-bas, n'oublie pas que je connais assez bien Branstone . Je peux lui parler comme à un père.

« Il n'y a rien de mal nulle part », dit-elle, et, en effet, non seulement les choses n'étaient pas mauvaises mais tout à fait justes, mais elle ne pouvait pas lui dire pourquoi.

« Tu en es sûr ? » il a persisté. « Il n'y a rien que tu puisses dire à un copain ? Tu ne peux rien me dire, quand tu sais que je traverserais le feu pour toi ? Bon sang, je ne peux pas faire semblant. Je ne suis pas un ami. Je suis un homme amoureux et je vous demande d'être juste.

" Dubby ", a-t-elle plaidé, "ne me complique pas les choses."

"Est-ce que c'est moi qui les rends durs?" il a demandé, " oris c'est Sam ?

Elle le regarda avec étonnement, et Effie était certainement stupide à ce moment-là, ou, du moins, trop absorbée par sa grande préoccupation pour être vigilante. "Oh, ne sois pas mesquin," dit-elle. "Je ne t'ai pas débité de jalousie."

"Non? Non? Et pourtant j'ai un certain droit d'être jaloux de lui. Je pense que vous ne le nierez pas.

Ce n'était pas ce qu'il disait ni même la profonde amertume de son ton, c'était quelque chose dans ses yeux, comme ceux d'un animal blessé, qui lui faisait tout à coup, et en dehors de ses paroles, voir ce qui s'était passé. Mais elle ne voyait pas encore tout l' amour de Dubby et la beauté de son geste chevaleresque.

"Tu sais!" dit-elle. « Dubby , tu le savais quand tu as parlé tout à l'heure. Tu savais que Sam et moi… »

"Je t'ai dit que j'avais eu une conversation avec Florrie."

« Florrie ? » elle a demandé. "Qu'est-ce que Florrie pourrait te dire?"

«Rien», dit-il, «qu'elle sache avoir dit. Deviner est une autre des choses pour lesquelles je suis doué.

Elle comprit alors à quelle perspicacité son amour l'avait amené, à quelle haute action. Cela avait accéléré son nuage et elle voyait, avec les yeux clairs comme lui, sa belle et impeccable fidélité.

"Oh! Et je t'ai traité de mesquin ! Je t'ai dit que tu étais jaloux. Dubby , je ne savais pas. Tu aurais fait ça pour moi !

"Eh bien, tu vois," s'excusa-t-il, "je suis amoureux de toi."

« Pourquoi ne pouvons-nous pas commander l'amour ? Pourquoi est-ce que tout va mal ? elle a pleuré.

"Cela ne s'est pas si mal passé, mais je peux y remédier pour vous", dit-il, faisant à nouveau son offre.

"JE? Je ne parlais pas de moi-même », dit-elle, se demandant. « L'amour ne m'est pas mauvais. C'est à toi que je pense.

"Mais c'est bon pour toi?" Il a demandé.

"Oh, oui," sourit-elle. « Formidablement. »

« Vraiment ? Quand Sam n'a pas été près de toi depuis des semaines ? Il était ancré dans son esprit que Sam jouait le méchant. "Quand tu es seule ici, le vois-tu, Effie ?"

"Non. C'est pourquoi tout va si bien.

Il secoua la tête, perplexe. « C'est peut-être une bonne métaphysique, mais cela semble absurde. Je vais être très honnête avec vous. Je souffre assez gravement d'un désir réprimé de cravacher Sam Branstone . Je pense qu'il le mérite, je sais que j'apprécierais ça et je pense que tu essaies de m'en empêcher. J'ose dire que c'est primitif de ma part, mais cela me fera du bien et cela ne me dérange pas de vous dire que j'ai besoin de me faire du bien. Effie, je ne peux pas aller fouetter Sam ?

« Si quelqu'un veut cravacher Sam, dit une voix, c'est bien moi. C'est moi qui suis responsable de ce travail, pas toi, mon garçon.

Ils n'avaient pas vu Anne entrer. Ils la voyaient maintenant, une petite vieille ouvrière dans ses plus beaux habits, avec une cape à clochettes et des gants de coton, des bottes à élastiques et un bonnet bizarre noué avec un ruban sous le menton, et , inexplicablement, elle a rempli la pièce. Ils l'auraient croisé dans la rue sans un second regard comme l'un des membres de la foule , à première vue insignifiante ; mais ce n'était pas Anne dans la rue. C'était Anne dans les bras de Sam, et quand Effie et Stewart ont comparé leurs notes par la suite , ils ont chacun avoué avoir eu la même pensée : que leurs yeux étaient des traîtres et que ce qu'ils voyaient était fantastique et ce qu'ils ressentaient était réel.

« Je suis la mère de Sam », se présenta-t-elle, « et c'est assez, je l'aimais trop quand il était petit et je ne me débattais pas assez, mais je ne suis pas trop vieille pour recommencer. Tu seras Effie ? Oui, je suis venu ici pour remettre les choses à leur place. Ils sont un peu de travers parmi vous, et ce que j'ai entendu en arrivant ne m'aidera pas. Elle regarda Dubby d'un air accusateur . "Tu seras son frère, je pense?"

Cela lui semblait la meilleure issue. Anne était venue « remettre les choses à leur place », et elle estimait qu'il était le frère d'Effie, ce qui, maintenant qu'il y pensait, était exactement sa place. La fraternité lui a été imposée, mais il pensait y être parvenue. De toute évidence, malgré toutes les énigmes d'Effie, il n'y avait rien d'autre pour lui, et il laissa Anne le remettre à sa place.

"Oui", dit-il sans un regard pour Effie, "son frère."

« Vous êtes une famille aux membres épurés », les complimenta-t-elle, et Dubby jeta un regard furtif à Effie, à moitié humoristique et à moitié la défiant de contredire sa fraternité. "Eh bien, je suis venu voir Effie, mais je ne conteste pas que son frère a le droit de rester et d'écouter, s'il écoute tranquillement."

"Oui", dit Dubby , défiant toujours Effie, "son frère a le droit." Et Effie ne l'a pas nié. Elle avait son courage, mais l'imprévu d'Anne et sa force, comme si pendant toutes ces années elle avait remonté son testament, qui maintenant entrait en jeu comme un ressort immensément renforcé dans des spires super tendues, lui faisaient vouloir une alliée et elle a convenu que Dubby avait un droit sinon celui que lui conférait Anne.

« Ne voulez-vous pas vous asseoir, Mme Branstone ? dit-elle.

«Je me demandais quand je devrais entendre ta voix», dit Anne. "Tu n'es pas une bavarde, ma fille."

"Non", dit Effie.

"Plus d'un faiseur." Effie se demandait s'il s'agissait d'un éloge ou d'une condamnation, quand Anne ajouta : « Je t'aime d'autant plus que c'est pour ça, même si c'est une bonne voix. Je ne l'ai pas beaucoup entendu, mais je l'ai entendu. Je ne t'ai pas beaucoup vu, mais j'en ai vu assez. Je suis de ton côté, Effie. Elle les étonna tous deux en se levant comme pour partir.

"Mais," dit Dubby , "c'est tout ?"

Anne regarda Effie avec une sympathie humoristique. "C'est des hommes partout, n'est-ce pas ?" dit-elle. « Ils aiment appeler les femmes bavardes, mais un homme n'est pas heureux tant qu'une chose n'a pas été exprimée en mots. Ta sœur et moi nous comprenons maintenant.

"Je ne suis pas tout à fait sûr de le faire", a déclaré Effie.

"Eh bien, peut-être que tu as raison", concéda Anne. « C'est un fait que j'ai dit à Sam hier soir que je venais ici pour te donner mon avis, et je ne remarque pas que je le fais. Le besoin a semblé disparaître quand je t'ai posé les yeux, et je suis assez plein de choses que je veux faire, mais je n'ai pas vraiment le visage pour le demander.

« Qu'y a-t-il, Mme Branstone ?

"Je veux t'embrasser, ma fille," dit Anne.

Dubby Stewart eut pour la deuxième fois ce jour-là l'impression que les femmes parlaient, pour ainsi dire, en hiéroglyphes... Il semblait y avoir une sorte de sténographie féminine dont seules les femmes détenaient la clé, et il ne comprenait pas l'adoucissement soudain du visage d'Ellie ni de sa réponse rapide. Et il ne savait pas pourquoi, quand Anne l'avait embrassée, Effie avait dit : « Non, non », ni pourquoi Anne avait dit : « Ce n'est pas non. C'est oui. Un baiser, semblait-il, avait diverses significations.

Anne avait en effet fait savoir à Effie qu'elle la remerciait et, plus encore, qu'elle l' honorait . Effie a nié qu'elle méritait l'honneur et Anne a soutenu qu'elle le méritait.

« Oui, » dit Anne, « il a plongé deux fois dans le sac porte-bonheur et il a tiré un prix cette fois. C'est plus que ce que n'importe quel homme mérite, mais nous ne lui en voudrons pas, Sam, n'est-ce pas, Effie ? Et pour Dubby, la chose prit un nouvel aspect de perplexité. Si cela voulait dire quelque chose, cela signifiait qu'Anne accueillait une fille. La femme ne savait-elle pas que Sam était marié ?

«Je ne lui ai rien voulu dire», a déclaré Effie.

Anne médita cela, puis regarda Effie avec une touche de ce qui était, pour elle, de la timidité. « Vous ne lui avez rien voulu dire », contesta-t-elle, « sauf votre fierté d'avoir abandonné. Et vous pouvez le faire, vous pouvez abandonner, mais Sam n'est qu'un homme, et ils ont une chair faible, les hommes. Il ressemble à l'ombre de lui-même, exagéra-t-elle résolument.

"Est ce qu'il?" » dit Effie avec inquiétude, et Anne hocha la tête d'un air sombre . « Que voulez-vous que je fasse, Mme Branstone ?

«Je veux que tu renonces à abandonner. Sam m'a dit quelque chose hier soir. Il a dit que tu lui ferais trouver le salut. Eh bien, cela arrive ; mais ce qui est sûr, c'est que tu lui as fait trouver l'amour. Il l'a trouvé, ma fille, et il ne doit pas le perdre, et il le fera si vous laissez les choses là où elles sont. Il essaie de faire une chose qui n'est pas possible. Il essaie de vivre à côté d'Ada, en t'aimant. Il essaiera de l'aimer pour l'amour de toi, et l'embrassera, en se disant qu'il t'embrasse, et ce ne sera pas toi ; et l'amour qu'il essaie de lui apporter se transformera en haine dans son cœur. Et que se passera-t-il alors, quand l'amour se détériorera en lui ? Eh, ma fille, tu as emmené ce garçon au paradis et tu l'envoies en enfer.

Ce n'était pas juste envers Stewart. C'était difficilement supportable : il n'était pas son frère et il n'avait pas les sentiments d'un frère. Il voyait un grand bonheur sur le visage d'Effie, comme si deux bonheurs s'y mêlaient, celui d'abandonner son rêve, l'autre de s'éveiller à une douce réalité. Il la vit tendre la main vers Anne, se rendre, consentir, tout abandonner d'un seul coup, du nuage à la terre, puis il la vit se balancer et la rattraper à temps pour amortir sa chute.

Anne le regarda attentivement. "Avez-vous déjà entendu parler de l'évanouissement de votre sœur, récemment?" » demanda-t-elle, occupée à genoux avec Effie.

"Oui. Florrie me l'a dit. Deux fois. Puis-je faire quelque chose ?

«Je vais l'amener», dit Anne. « Mais tu peux faire quelque chose. Vous pouvez aller voir Sam à son bureau et lui dire qu'il est recherché ici. Dis-lui que je le veux, et il y aura des nouvelles pour lui. Envoyez Florrie au fur et à mesure, et vous n'aurez pas non plus besoin de prendre cette cravache avec vous.

"Non. Je n'ai pas besoin de le prendre maintenant.

Alors Dubby , le frère d'Effie, est parti en ambassade pour Anne. "Le sentir? Sentiment?" pensa-t-il, « espèce de diable abandonné par Dieu, de quel droit as-tu le droit de ressentir ? Un journaliste. Un spectateur. Il y a une histoire là-dedans pour vous. Il y a les tripes d'une histoire qui vous sont offertes avec une tasse de thé... bon, non, nous n'avons pas pris le thé ; donné proprement, et vous ne pouvez pas être décemment reconnaissant. Quel est le titre? « Le fils de la femme de ménage » ? Non, bon sang si c'est le cas. Quelque chose à propos de mon frère. Frère! Oui, espèce de ravageur, frère... frère, et tu es fier de l'être. « Fierté de parent. » Cela suffira, et que Dieu m'aide à être à la hauteur. Il se dirigea vers le bureau de Sam et délivra son message d'une voix froide et sans émotion. Il semblait qu'Effie, elle-même courageuse, était la cause du courage chez les autres.

« Effie ! Ma mère! Qu'as-tu à voir avec eux ? » demanda Sam, étonné.

« Je vous ai donné un message », dit le héraut taciturne.

« Mais qu'est-ce qu'il y a derrière, Dubby ? Effie est-elle malade ?

Stewart resta silencieux.

« Est-elle… morte ?

Dubby était tenté de dire qu'il ne savait pas. Il; il lui semblait que les choses se passaient trop bien avec Branstone , qu'il convenait, ne serait-ce que pendant les vingt minutes qu'il lui faudrait pour atteindre Busholme , de laisser Sam penser qu'Effie était peut-être morte, de lui faire goûter le goût de la torture. . Dubby souffrait et souffrirait, non pas pendant vingt minutes mais, prévoyait-il sombrement, toute sa vie. Laissez Sam profiter de ses minutes ! Puis il se souvint qu'il était le frère d'Effie, et avant que Sam ne porte son chapeau et son manteau, la méchanceté l'avait quitté. « Tout va bien, mec, » dit-il. « Elle n'est ni malade ni morte. Ils ont de bonnes nouvelles pour vous.

CHAPITRE XXIV
LE NOUVEAU LIVRE DES MARTYRS

S'il y avait des nouvelles qu'Anne devait envoyer en toute hâte pour qu'il vienne les entendre, et si Effie n'était ni malade ni morte, il n'avait pas besoin de se surcharger d'esprit pour les deviner. Pourtant, il n'avait jamais pensé à cette suite si naturelle de la semaine de Marbeck , et le fait est qu'il n'avait pas vraiment envie d'y penser maintenant.

«J'aime ton Effie», lui dit Anne. «Je l'aime très bien. Elle va faire de moi une grand-mère.

Il pensait que sa mère n'avait jamais été stupide auparavant : elle pensait qu'il prenait la nouvelle avec maussade, et peut-être que ses attentes avaient été trop élevées. Elle supposait qu'un enfant était la première considération dans la vie d'un homme ; ce qui n'est même pas vrai pour toutes les femmes et n'est vrai que pour une minorité d'hommes.

En fait, Sam n'était pas non plus morose. Il n'avait jamais été vivant aussi intensément et silencieusement. En soi, cette chose était juste, d'une justesse éclatante et exultante qui le réchauffait jusqu'aux moelles. Cela a couronné et complété Marbeck et cela l'a couronné et complété. Celui qui n'avait pas d'enfant devait être père, et par Effie ! Il n'en ressentit qu'une émotion reconnaissante et regarda avec des yeux ardents Effie, la donatrice de tout le reste, qui allait maintenant lui donner ceci. Il ne savait pas que son émerveillement pouvait s'accroître.

Il comprit qu'on attendait plus de lui que de la regarder avec adoration. Anne était sur la pointe des pieds avec impatience. Sa difficulté, si toutefois elle s'était admise qu'il y en avait, avait été de faire comprendre à ces visionnaires que l'amour comptait et qu'Ada ne comptait pas ; et son succès avec Effie avait été complet. Elle n'avait jamais douté du succès avec Sam, le vaisseau le plus faible, car il y avait de l'amour, suffisant en lui-même ; et il y avait maintenant l'argument supplémentaire de l'enfant d'Effie. Elle ne voyait pas qu'il avait le choix.

Il se tenait là, conscient de l'attente de leur respect et savait qu'il les trahissait. Il pensait qu'ils avaient une vision étroite, ne voyant que l'enfant et rien d'autre. Pour eux, apparemment, l'enfant passait en premier : ils étaient hypnotisés par ce qui était en réalité une réflexion secondaire, et il était d'autant plus nécessaire qu'il garde un œil ferme sur la vérité. Selon lui, la vérité était qu'il avait mis la main sur une autre charrue ; à Hartle Pike, il avait allumé une bougie par la grâce d'Effie, dont il espérait qu'elle ne s'éteindrait jamais ; et il était allé chez Ada. Il est vrai qu'Ada l'avait quitté, mais c'était temporaire et insignifiant, alors qu'ici c'était une véritable distraction et il voyait devant lui deux loyautés : envers Effie et l'idée, et envers Effie et son enfant. Il semblait à Sam que le premier était le plus grand des deux.

Il avait déjà lutté contre une réflexion secondaire, une pensée qui ne cédait guère à la tentation face à celle à laquelle il était maintenant confronté, et il l'avait abandonnée. Il avait refusé de se présenter à Sandyford parce qu'il n'y avait pas de place pour la politique dans un projet qui incluait Ada, et encore moins pour Effie. Il se sentit découragé à l'idée qu'Effie, à moins que les apparences ne la démentissent, avait capitulé après coup, mais il resta fermement fidèle à leur traité. Ils avaient décidé que le devoir passait avant tout ; il avait assumé le devoir ; et lui, en tout cas, n'avait pas de place pour des réflexions après coup.

Il était fidèle à Effie et au pacte de Marbeck , le garant du devoir, le mari d'Ada. Il fit un geste de décision qu'Anne interpréta mal.

"Oui," dit-elle avec un peu de suffisance, "ça règle le problème. Ce n'était pas du bon sens de vous séparer auparavant, mais je pense qu'il n'y aura plus de séparation maintenant.

"Non," dit doucement Effie, "pas maintenant." Elle lança à Sam un regard timide et joyeux, et il trouva extrêmement difficile de croiser son regard, et encore plus difficile de dire ce qu'il devait, à tout prix, se faire dire.

"Je n'en suis pas si sûr", dit-il enfin, souhaitant que la terre l'engloutisse.

A ce moment-là, il aurait volontiers tendu la main pour éviter d'avoir à différer d'eux. C'étaient Effie et sa mère : c'étaient sa mère et Effie : les deux femmes à qui il devait tout : plus encore, il aimait Effie au point que chaque fibre de lui la désirait et, plus encore, il était délicatement sensible à Effie dans son cas actuel. Mais cela ne pouvait pas le changer. Sa fidélité était engagée, au fanatisme, à une autre Effie, la haute Effie des collines, de la croisade et de l'idée ; et cela lui semblait en quelque sorte une Effie inférieure, une Effie qui avait brandi le drapeau de son idéal pour un bébé à venir, alors qu'il était fidèle à la vieille Effie inflexible qui avait jeté une fausse alliance. C'était presque comme si elle voulait récupérer cette bague, aussi basse soit-elle en métal.

Un cas, peut-être, de couper les cheveux en quatre, mais, en tout cas, le cas d'un homme avec une foi à un extrême et à l'autre sa misérable conviction que le bonheur n'était pas pour lui. Il avait abandonné le bonheur en quittant Marbeck et vivait désormais dans un endroit où le bonheur était interdit par Ada.

« Je n'en suis pas si sûr, » répéta-t-il tristement. "Tu vois, il y a Ada et je dois être juste envers elle."

"Ada t'a quitté", a lancé Anne. Un Sam controversé n'allait pas la trouver aimable.

Il a choisi de le formuler autrement. « Ma femme, dit-il, habite actuellement chez son père. Oui, maman, poursuivit-il avec fermeté, je vais être juste envers Ada et je dois d'autant plus me garder de l'injustice que tu ne seras pas juste. D'habitude, vous ne serez pas juste. Tu as toujours détesté Ada.

"Oui," acquiesça-t-elle méchamment. « Je suis une femme propre. J'ai toujours détesté la vermine.

Sam se tourna vers Effle, immensément réconforté par cette virulence. "Tu vois!" il a fait appel, prenant à témoin le parti pris désespéré de sa mère. C'était, voulait-il sous-entendre, cette haine aveugle d'Anne pour Ada qui expliquait l'attitude de sa mère, son exaltation de – enfin – la maîtresse par rapport à sa femme, son immoralité flagrante . Il a essayé de mettre tout cela dans son geste. "Et toi", a-t-il renforcé, "tu m'as envoyé vers elle, Effie."

Elle baissa la tête, l'admettant, mais Anne n'était pas prête à lâcher prise. « Même Effie, dit-elle, peut faire une erreur. Elle ne vous enverrait pas maintenant.

Et en regardant Effie, il vit que c'était vrai. Il l'avait vu dès le début et cela le dérangeait profondément. Effie avait changé : il y avait, dans tout ce qu'ils disaient, cette accentuation notable du « maintenant » pour les différencier du « alors ». Qu'est-ce que c'était? Les arguments d'Anne, ou du bébé, ou Effie, sans aucune influence, avait-elle vraiment changé d'avis à propos du traité de Marbeck ? il ne pouvait pas y croire cette dernière fois. Marbeck était infaillible et tenace dans la foi. Il répondait au credo de Marbeck comme l'aiguille d'une boussole au méridien, et si avec cette aiguille aussi il y avait une déviation, elle était corrigée par son entêtement racial. Il avait la fierté étrange et entichée de son peuple dans la contemplation de sa propre ténacité, même quand, peut-être surtout quand, ça fait mal d'être tenace.

Tandis qu'Effie savait depuis que Dubby Stewart l'avait ramenée du pays des nuages que Marbeck était effectivement très faillible, ou plutôt, Marbeck était une chose et être à la hauteur de Marbeck en était une autre. S'il avait dit, au lieu de se contenter de penser, qu'elle était désormais une Effie inférieure, elle ne l'aurait pas contredit, même si elle ne voulait pas d'alliance dans l'un ou l'autre métal. Elle voulait Sam. Elle n'était plus l'idéaliste qui pensait pouvoir être heureuse en tant que panneau indicateur et guide spirituel. Elle était descendue sur la Terre Mère où vivent des hommes et des femmes. À Marbeck, ils se trouvaient à une altitude où l'air était trop raréfié pour les poumons humains, et elle voulait passer avec Sam de l'altruisme à la simple humanité.

"Non", approuva-t-elle à nouveau avec Anne, "je ne devrais pas t'envoyer maintenant."

«Je vais devoir y réfléchir», dit-il. Effie a admis être terrestre, et il a été horriblement consterné ! "Effie," cria-t-il de douleur, "tu ne vois pas ?" il voulait désespérément être compris par elle, sinon par Anne.

«Je vois», dit-elle, non sans fierté non plus. Tout ce qui allait bien en lui, quelle que soit la réaction d'un Eflie revenu sur terre, était dû à elle, et elle était fière de lui même lorsque, comme maintenant, il utilisait son acier trempé contre elle.

Anne observait avec une sombre appréciation son souci de montrer une pique. «Nous voyons tous», dit-elle. « Vous n'êtes pas si profond et nous ne sommes pas aussi stupides que ça. Vous avez un asticot dans le cerveau, et j'en connais la forme. J'ai eu la même chose dans le mien, et si vous réfléchissez dix ans en arrière, vous comprendrez ce que je veux dire. Nous sommes de la même race, Sam, et nous pouvons tous les deux faire des bêtises et rester les bras croisés et souffrir pour elles. Je suis passé de toi à Madge, et je ne t'ai pas vu depuis ce jour jusqu'à hier soir. C'est ce que j'entends par souffrance.

Et là, dans ces quelques mots, la tragédie de dix années était avouée. Séparée de Sam, elle vivait en exil, souffrant et, bien sûr, il le savait et l'avait délibérément oublié, de sorte que le but de sa révélation n'était pas sa vérité, mais le fait étonnant qu'elle doive en parler. Anne avait l'orgueil qui souffre en silence.

"Mère!" dit-il, affligé pour elle.

«Non, rien de tout cela», lui dit-elle durement. « Si j'étais assez doux pour laisser ça me blesser, c'est à moi de faire attention. Mais voici le point, Sam. Il y a aussi une autre femme douce à ton égard, et elle n'est pas la même que moi. Je t'avais depuis que je t'avais enfanté, et je n'étais pas jeune quand toi et moi nous sommes séparés ; mais elle est jeune, et vous ne ferez pas endurer à Eflie le chemin que j'ai enduré tant que j'ai la force de vous dire non. Je serais allé dans ma tombe sans que vous le sachiez sans Effie. Ce n'est pas bon pour un homme d'en savoir trop. Ils sont faciles, remplis de fierté.

Elle feignit, avec une profonde magnanimité, de penser qu'il ne le savait pas jusqu'à ce qu'elle le lui dise, mais ils savaient tous les deux très bien qu'il le savait depuis toujours. Elle s'y attardait délibérément maintenant pour l'informer, non de sa souffrance, mais de l'intensité de son sentiment pour Effie. C'était si intense qu'elle pouvait parler de sa propre souffrance : pour le bien d'Effie, elle avait dévoilé, rejeté son stoïcisme et lui avait lancé la vérité dite comme un défi et une révélation.

Il savait ce que lui coûtait de parler de cette manière, mais il s'entêtait encore à relier tout ce qu'elle disait à sa haine ingérable envers Ada ; alors qu'Anne ne détestait pas Ada de manière incontrôlable, mais seulement quand Ada blessait Sam.

encore « Mère ! » et je ne suis pas allé plus loin.

"Je sais que je suis ta mère", dit-elle, "et tu peux arrêter de penser à moi maintenant et penser à Effie."

«J'essaie», dit-il.

"Bien?" dit Anne avec impatience. Elle n'avait pas imaginé une obstination qui ne céderait pas à ce qu'elle avait dit. Il connaissait sûrement le sacrifice de fierté qu'elle faisait en disant cela ! Et il y avait Effie aussi, qui parlait peu et regardait davantage.

«Je ne sais pas», désespérait-il.

"Alors les autres doivent le savoir pour toi", dit Anne, et quand ses lèvres se resserrèrent à cela, "Sam," plaida-t-elle, "tu n'iras sûrement jamais contre nous deux."

Mais il y avait deux Effies , et il n'allait pas « contre » toutes les deux, alors qu'il tenait Anne hypnotisée par la haine d'Ada. Pour autant, cela le désolait d'être désormais en opposition avec elles, contre Anne et Effie, les femmes qui comptaient, les femmes qui donnaient. « Pourtant, devait-il dire, il y a Ada.

Il l'a dit, comme il espérait le dire, enfin. Il voulait s'éloigner de ces deux-là, échapper à leur présence distrayante vers un endroit où il pourrait réfléchir. Après tout, Hartle Pike n'avait pas réglé son problème et il devait essayer ailleurs – à Platt Fields, peut-être. Ils avaient une sorte d'espace.

Mais il ne pouvait pas s'échapper, du moins pas avant qu'Anne n'ait joué son as. Anne n'avait pas encore fini, même si elle avait espéré que dix ans dans la nature seraient suffisants. Il semblait que ce n'était pas le cas, et elle devait encore errer. Eh bien, elle pourrait faire ce qu'elle devait faire.

« Oh, oui, » dit-elle sèchement, « voilà Ada. Voilà ton mauvais sou , et je pense qu'il va falloir en finir avec elle. Mais si tu arrête de t'inquiéter, mon garçon, et si le pire devait arriver, je prendrai Ada sur moi.

Effie se dirigea vers elle. "Non, non," cria-t-elle.

« Gardez le silence », dit Anne. C'était le jeu d'Anne, pas celui d'Effie.

Sam la regardait toujours. "Toi!" il a dit. "Que pouvez-vous faire?"

"Je peux te voir, toi et Effie, heureux, et je ne sais pas ce qui compte autrement ." Peu importait le prix à payer pour Anne. "Quand vous rentriez prendre le thé du bureau de M. Travers, ce que vous laissiez était toujours assez bon pour moi, et je peux encore supporter vos restes."

Cela surprit Effie, qui se croyait une spécialiste du sacrifice. C'était la férocité même du renoncement à soi.

Jusqu'à présent, fatiguée et surmenée, Effie avait trouvé la paix en cédant la direction à Anne, mais voici une piste qu'elle ne pouvait pas suivre. Ce n'était pas qu'elle se soit trompée sur le but d'Anne ou qu'elle doutât de ses capacités. Sa foi en Anne était jeune mais inflexible, et elle savait que si Anne remplaçait Sam par Ada et devenait l'héritière du plan Marbeck , elle ferait incontestablement pour Ada ce que Sam s'était engagé à faire. Mais ce n'était tout simplement pas suffisant.

"Non, Mme Branstone , non," dit-elle fermement.

« Descendez avec vous, » dit Anne impoliment. "Je peux affronter Ada avec une main attachée derrière le dos."

"Bien sûr," acquiesça Sam, "tu pourrais, mais tu ne le feras pas. Ada, c'est mon travail.

«Je peux être têtu aussi bien que toi, mon garçon», le menaça Anne.

"Ce n'est pas ça, maman."

"Non, ce n'est pas ça", dit Effie, concevant peut-être qu'il était temps pour elle d'entrer dans cette tragi-comédie de rivalité et d'abandon de soi. « Sam a raison. Ada compte, et c'est moi qui suis l'échec, moi qui ai brisé la foi, moi qui ai été arrogant. Je pensais que je pouvais porter une torche, et je ne peux porter qu'un enfant. Mais je sais maintenant ce que je dois faire. Je peux m'en aller. Je peux disparaître.

Il semblait à Anne que c'était sérieux car c'était évidemment une porte de sortie ; mais elle pensait que la perspective était bien plus épouvantable que le plan qu'elle s'était proposé de « prendre en charge Ada ». Elle s'est alarmée. Dans un autre qu'Effie, cela aurait pu être de l'héroïsme, mais celui d'Effie n'était pas du genre à exprimer de la bravade. Anne l'acquiesça et vit un gouffre tragique se creuser. Elle signala son inquiétude à Sam, qui y répondit par un regard qui la plaisait, tout en ne cédant rien de son obstination.

« Si tu pars, dit-il, ma mère t'accompagne. Je le pensais depuis le début.

Anne hocha la tête sans enthousiasme. C'était certainement une solution, mais ce n'était pas non plus la solution. Cela a donné Sam à Ada, et Effie, semble-t-il, ne voyait pas du tout cela comme une solution. Il y avait d'étranges possibilités, pensa Anne, chez cette jeune femme, et elle ne voulait pas qu'elles soient trop testées. Effie n'était pas une bavarde et quand elle disait quelque chose, elle n'exagérait pas. Il y avait un danger. Eh bien, Anne a été prévenue et s'est adressée avec la manière la plus humoristique et la plus sensée pour en rire hors du tribunal. On peut faire face au danger de bien pire manière que de lui appliquer l'acide : le ridicule.

Elle a mis ses bras sur les hanches et a examiné Effie et Sam d'un air évaluateur. « Je ne sais pas , » dit-elle, « s'il y a une épingle à choisir entre nous trois pour une bêtise. Nous nous considérons tous comme des martyrs autant que possible et organisons la vie d'Ada pour elle. Aucun d'entre nous n'a encore réalisé qu'Ada était susceptible de s'arranger elle-même.

Et si l'impulsion de Sam était de dire sombrement : « Ce n'est pas du tout probable », il le réprima lorsque le regard d'Anne croisa le sien, et dit à la place : « C'est vrai », sans savoir pourquoi il avait dit cela et sans y croire.

L'éclair d'un sourire traversa le visage d'Effie ; Sam, en tant que conspirateur, lui paraissait grossièrement humoristique. Anne a vu le sourire et a compris, mais elle l'a effronté . " Bien sûr que c'est le cas", dit-elle, défiant Effie. « Ada est une pauvre femme, mais elle n'est pas loin d'avoir une idée et de l'exprimer. J'ai toujours été du genre à prendre le chemin court pour sortir des ennuis, alors je vais maintenant aller chez Peter Struggles.

« Très bien », consentit Effie, et Anne comprit qu'elle voulait dire que la crise, si elle était imminente, était reportée. "Mais", a déclaré Effie, "bien sûr, j'ai vu."

Ce qui était, à sa manière, un défi ; il s'agissait en tout cas de dire à Anne qu'Effie savait ce qu'on soupçonnait d'elle.

Anne a relevé cela comme un défi. "Bien?" dit-elle.

« Vous étiez vraiment bouleversée, Mme Branstone », dit doucement Effie. "Je ne suis pas un lâche."

Anne était en train d'attacher ses bonnets et ses anneaux et trouva pratique de baisser les yeux. Elle préféra, à ce moment-là, ne pas croiser le regard d'Effie. «Je sais que je suis trop anxieuse», marmonna-t-elle en guise d'excuse.

"Et ce n'est pas nécessaire", dit Effie, un peu cruelle dans sa victoire.

Pour Sam, la conversation semblait avoir glissé dans une autre dimension. Il n'avait pas la moindre idée de ce dont ils parlaient.

CHAPITRE XXV
QUE DIEU A REJOINT

P ETER Struggles entra dans son bureau de tabac et posa sa tabatière sur le comptoir. Il n'était pas nécessaire d'exposer ses exigences ; en fait, il ne les avait pas déclarés depuis de nombreuses années. Le commerçant et le client se comprenaient très bien et les affaires passaient en premier ; puis s'il y avait une inclination, comme c'était habituellement le cas, la discussion suivit.

Aujourd'hui, cependant, le commerçant regarda Peter avec surprise et fit un demi-tour de tête pour qu'il puisse voir son calendrier. Mercredi était le jour de Peter pour acheter du tabac à priser avec une régularité à laquelle le temps avait donné la force d'un mouvement. tradition, et le buraliste avait même l'habitude d'utiliser la visite de Pierre pour rappeler à un souvenir faillible qu'il devait remonter son horloge. Le calendrier le maintenait dans sa conviction que c'était aujourd'hui jeudi, et il était sûr que Peter était là comme d'habitude mercredi.

Peter l'avait fait. Bien entendu, renifler est de toute façon une habitude inutile, et une main tremblante rate plus facilement la cible qu'une main ferme ; mais, malgré tout, Peter, dans son angoisse mentale, avait consommé en une nuit la majeure partie de sa réserve de tabac de la semaine. La boîte était indubitablement vide. Il n'était pas venu le reconstituer sans quelques scrupules de conscience – une allocation est une allocation – mais il sentait que la vie qui comprenait Ada dans son humeur actuelle et ne comprenait pas de tabac à priser, était insupportable. Ada était, semblait-il, inévitable : il devait atténuer Ada.

« Comme d'habitude, s'il vous plaît, Thomas », dit-il inhabituellement.

"Oui, monsieur", dit Thomas en remplissant la boîte. « Vous avez eu un petit accident ? »

"Un accident? Oh!" Puis la pertinence de cette hypothèse l'a frappé. « Oui, Thomas, un petit accident. Au fait, savez-vous quelque chose sur le divorce ?

"Eh bien, monsieur, j'ai lu le *Sunday Judge* ", répondit Thomas avec dépréciation. "Sujet très humain, monsieur, divorce."

« Vous le trouvez ainsi ? »

«Je prends beaucoup de satisfaction à lire sur mes semblables pécheurs.»

" Tout à fait , tout à fait ", dit vaguement Peter, et il sortit du magasin, laissant derrière lui un vendeur perplexe. «J'ai oublié de payer, et tout», pensa Thomas. « Non pas que je lui en voudrais s'il ne payait pas, mais ce n'est pas comme lui. Il a l'air triste aujourd'hui. Le vieux garçon est en train de rompre. Lui et divorcer ! Pourquoi veut-il s'inquiéter du divorce ?

Peter ne savait pas qu'il avait parlé de divorce à son buraliste. Cela l'aurait choqué s'il l'avait su. Il parlait inconsciemment et écoutait machinalement la réponse de l'homme, mais il « s'inquiétait » terriblement du divorce. Il prenait du tabac dans la rue, un phénomène inouï, mais cela n'effaçait pas son cerveau douloureux du mot fatidique « divorce ».

Ada l'avait mis là avec trop de fermeté dans sa méchanceté stupide et invincible. Elle n'avait qu'un seul objectif : faire à Sam le plus grand mal possible. Son offense était grave et elle exigeait une vengeance proportionnée.

Elle avait vécu comme une vieille fille par mariage et comme une épouse par mariage. Le mariage n'était pas un devoir, mais un état de béatitude, et elle avait marché dans la foi de sa grotesque illusion que son mariage était singulièrement béni. Il était sans enfant, et d'autant plus béni : rien ne s'opposait à l'union parfaite de l'homme et de la femme. C'était une illusion et une perversion de la vérité plus sauvage que celle que peut atteindre l'auto-trompeur ordinaire ; mais l'illusion est le souffle de la vie, et elle s'était nourrie de sa tromperie jusqu'à ce que, telle une toxicomane, elle ne puisse plus vivre sans. Elle l'avait blasonné dans une centaine de salons. S'il y avait des colloques à voix basse sur telle ou telle affaire, si l'on insinuait que les hommes étaient toujours infidèles, Ada deviendrait supérieure et se vanterait de la rectitude sans faille de Sam. C'étaient des choses qui arrivaient à d'autres personnes, qui les méritaient très probablement, et qui ne pouvaient en aucun cas lui arriver à l'esprit. Elle n'était pas plongée dans l'imbécillité au point de nier que ces événements se produisaient, ainsi qu'à des personnes qui étaient nominalement mariées ; mais c'étaient des gens malsains, mariés dans des conditions précaires. Il y avait une différence fondamentale entre leur mariage et le sien. Elle ne pouvait pas expliquer ; c'était trop évident pour être expliqué. Elle était mariée, et ces autres, d'une manière ou d'une autre, étaient mariées, mais pas mariées. Ils s'étaient, par manque de mérite, arrêtés avant le septième paradis où rien ne pouvait ébranler la félicité consommée. Ils n'étaient pas comme elle.

Et maintenant, elle devait faire face au fait que l'impossible lui était arrivé, et non seulement cela s'était produit, mais on savait que cela s'était produit. C'est là que le coup a frappé. Elle avait publiquement exposé son cas de conviction absolue, elle avait vanté sa fidélité, la conconjugalité cardinale de Sam, et Miss Entwistle répandait la nouvelle qu'elle avait été une idiote passionnée ! Et elle ne l'avait pas fait. Elle n'avait pas adoré Sam. Elle n'était pas entichée de son mari, mais de l'idée de son mari qu'elle avait créée et entretenue. Si seulement elle avait eu le courage de défier Miss Entwistle ! Si seulement elle avait caché sa croyance dans l'histoire avec autant de succès qu'elle avait caché le fait que Sam avait une chambre séparée ! Elle avait été prise par surprise, elle avait tout avoué par défaut et, pire encore, elle avait assuré à Mme Grandage qu'elle ne reverrait plus jamais Sam. Elle ne doutait pas, malgré la bonhomie de Mme Grandage , que cette petite suite de l'histoire de Miss Entwistle circulait rapidement.

Elle a été humiliée publiquement et, selon elle, la seule solution qui s'offrait à elle était de faire subir à Sam une humiliation aussi drastique et publique que la sienne. Même si cela lui a fait mal, il doit en payer le prix ; même si elle était morte, il devait être puni et, sincèrement, elle espérait que cela la tuerait. Elle vivait dans un jardin de mensonges, et la vie sans l'illusion de son mariage serait aussi impossible que la vie sans le parfum de ses fleurs venimeuses pour la fille de Rappaccini , mais peu importe. Ada doit se venger, et le divorce, même s'il la tue, serait le plus grand mal qu'elle puisse faire à un homme politique et à un éditeur piétiste. Elle a également réussi à résoudre la quadrature du cercle. Elle devait mourir et en faire un meurtrier ; elle allait ruiner ses affaires et le mettre en faillite ; et en même temps elle devait avoir en compensation une belle pension alimentaire. Mais peut-être que la vengeance est toujours irrationnelle, et c'est pourquoi elle appartient à Dieu.

Elle résonna sa parole dans les oreilles de Peter avec la réitération impitoyable d'un enfant blessé et hurlant. C'était sa première parole et sa dernière, et les appels fondés sur la religion se brisaient contre elle aussi infructueusement que l'appel à la raison. Ce qu'elle avait dit, elle l'avait dit : et elle avait dit « Divorce ». Les alternatives n'existaient pas.

Pour Pierre, le divorce s'inscrivait parmi les abominations du monde, un subterfuge juridique inventé par l'homme pour échapper à la loi de Dieu. Il pouvait sans doute y avoir des occasions où le divorce devait être toléré comme un mal relativement mineur qui faisait un grand bien, et il s'efforçait très honnêtement de considérer le besoin d'Ada comme l'un de ces besoins héroïques. Il a échoué : il ne pouvait même pas voir qu'Ada était blessée dans son âme, ou autre chose que par son orgueil. Elle n'était pas d'humeur à révolter spirituellement, mais à un mécontentement maussade.

Il n'est pas étonnant qu'il ait reniflé prodigieusement cette nuit-là. Il eut son lot de souffrance et surchargea son petit compte de terribles reproches. C'est lui, et non Ada, ni Sam, qui était responsable de sa violence et de la cause de celle-ci ; lui et les livres sur ses étagères ; la lecture, son péché chéri. Il se reprochait d'avoir consenti trop facilement à leur mariage. Sam, avait-il pensé, dirigerait Ada : pour quelles raisons l'avait-il pensé ? Que savait-il du leadership de Sam – un garçon prolixe et parlant couramment les Concentrics ? Il avait échangé sa fille contre des soirées paisibles et solitaires avec ses livres : « Chercheur de soi ! » pensa-t-il – et l'échange allait maintenant se retourner contre lui. Il avait abandonné, après un refus brutal et indigne de fille, sa tentative de lui montrer que porter une alliance n'était pas le seul devoir de la femme – « le péché de l'orgueil », pensa-t-il – et était revenu feuilleter ses livres. Sam avait l'air d'être un bon gars aussi. Il y avait ces classiques, et ces textes, et la vieillesse prospère de M. Carter, qui, sans Sam, aurait certainement fini ses jours à l'hospice. Mais, ayant échoué avec Ada, il aurait dû faire appel à Sam... Oui, il aurait dû adopter une ligne ferme avec Sam, au lieu de se laisser éblouir par le succès mondain de Sam. Sam semblait trop grand pour que Peter Struggles puisse s'y attaquer – le péché de lâcheté.

Maintenant, on en était arrivé là ! Sam avait enfreint le septième commandement, et Ada souhaitait oublier les paroles que Pierre avait lues sur eux lorsqu'il joignit leurs mains droites et dit : « Que personne ne sépare ceux que Dieu a unis. » Elle ordonnait le divorce, et il était inutile que Pierre insiste, en raison de son peu de sagesse mondaine, sur le fait que le divorce ne lui appartenait pas. Sam n'avait pas été « cruel ».

Sa fureur n'a fait que doubler. Disparue, disparue comme les neiges d'autrefois, son idylle peinte de bonheur domestique.

"Cruel?" dit-elle. « Il n'a jamais été que cruel. Je suis noir et bleu avec ses atrocités.

Très doucement, il essaya de lui dire qu'il n'y croyait pas. « Il ne faut pas exagérer », a-t-il déclaré.

"Exagérer!" elle a flambé. « Ne me croiras-tu pas jusqu'à ce que tu le voies ? Je vais monter me déshabiller. Viens quand j'appelle.

Il la calma, voyant qu'elle était capable de se faire une blessure signalée pour être mise en preuve.

« Eh bien, dit-elle, je veux divorcer : obtenez-moi le divorce. » C'était la simple demande qu'elle avait adressée au prêtre qui l'avait épousée : c'était pourquoi Pierre prenait, sans se repentir, autant de tabac à priser en une nuit qu'il en prenait habituellement en une semaine, et pourquoi, avec un stock reconstitué, il continuait le lendemain à prendre du tabac avec un main somptueuse.

Cela irritait Ada, bien qu'elle ait toujours associé Peter à une tabatière, et le désordre de cette habitude ne pouvait pas l'offenser, qui n'était jamais offensée par la saleté, comme tout mouvement mécanique chez un autre irriterait celui dont les nerfs sont mal contrôlés. Ils s'étaient arrêtés et restaient assis dans un silence maussade, interrompu seulement par le bruit déplorable du tabac à priser.

Elle le regarda méchamment. « Si vous recommencez, je quitterai la pièce », dit-elle.

« Je suis désolé, ma chère », dit-il, même si, en réalité, c'était une menace agréable ; mais quand il recommença, ce fut par pure distraction, et il fut terriblement affligé de son égoïsme lorsqu'Ada se jeta hors de la pièce. Il éprouvait les sentiments d'un enfant mis au coin en guise de punition, et pour les soulager, il reprenait du tabac. Elle l'entendit de l'escalier, et l'entendit immédiatement après attiser le feu ; et elle pensait que l'égocentrisme répugnant des hommes et leur totale insensibilité à l'angoisse des femmes sensibles étaient prouvés au-delà de tout doute. Elle s'est jetée sur le lit de son ancienne chambre, seule dans un monde sans amis... Le lit avait un édredon bien chaud.

Peter a attisé le feu parce qu'il avait besoin d'être attisé. C'était souvent le cas. La grille était un de ces appareils de travail qui devaient être périodiquement débarrassés de leurs cendres pour que le feu puisse brûler, et elle était rarement débarrassée. La femme qui « a fait pour » Peter a fait du mal pour lui, et il était à l'âge où un homme a besoin de chaleur artificielle : une silhouette maigre et rétrécie aussi négligée que sa maison. Il n'est pas étonnant qu'en dehors de son attachement à St. Mary's, il soit toujours vicaire. Ils l'avaient considéré comme un vivant lorsque son vicaire avait déménagé il y a quelques années, ils avaient considéré le petit cercle de riches paroissiens qui faisaient une oasis de civilisation dans cet endroit sauvage, et ils avaient décidé que Peter manquait de grâces sociales. Ils avaient vu ses mitaines, son manteau inachevé... ils l'avaient vu manger une orange : et il restait curé.

Le feu était hors de portée de ses efforts non scientifiques. Cela aussi arrivait souvent à un homme qui avait l'habitude de rester debout près de sa bibliothèque, en train de lire avec gourmandise, avec sa personne austère figée dans une attitude grotesque, un livre qu'il n'avait pas la patience de porter au coin du feu : et il était maintenant sur ses genoux faisaient des efforts pathétiquement maladroits pour raviver la flamme lorsque sa gouvernante inefficace ouvrit la porte et fit entrer Anne dans la pièce.

Cela a facilité la situation pour eux deux. Anne, en effet, était nerveuse, si nerveuse qu'elle avait passé trois fois devant la porte avant de sonner. Elle avait une crainte digne du prêtre et un immense respect pour l'homme. Chez Effie, parce que les circonstances étaient tendues, il lui avait semblé facile de venir chez Peter, mais il lui avait fallu faire appel à ses réserves de courage pour garder sa place sur le pas de la porte après avoir sonné.

Mais maintenant, quand elle entra dans la pièce et vit ce qu'il faisait, elle le repoussa doucement et lui prit le tisonnier des mains. Elle entretenait le feu avec adresse ; elle côtoyait des choses familières qui lui redonnaient confiance.

Quant au problème, elle le diagnostiqua en un instant. "Votre femme est une salope", dit-elle. « Et je lui parlerai avant de partir. Je pense que j'ai le droit, toi et moi étant liés par le mariage.

Elle le regarda par-dessus son épaule et vit qu'il ne la reconnaissait pas. Comment, en effet, devrait-il le faire ? Elle avait évité le mariage d'Ada, et elle faisait partie d'un grand troupeau : un visage, peut-être, mais pas un nom pour lui. «Je m'appelle Anne Branstone », a-t-elle expliqué. « La mère de Sam ; et je ne veux pas que tu blâmes Sam pour ça.

"Pour le feu?" » demanda vaguement Peter, il était plutôt déconcerté par sa brusque incursion.

«Non», dit Anne presque gaiement; "pour la graisse qui est dans le feu."

Elle pensait avoir désormais sa mesure – le genre d'homme qui pouvait vivre dans une pièce sale comme celle-ci, avec un cendrier étouffé et des fers à feu recouverts d'une épaisse couche de rouille. Mais Pierre était plus grand que cela. Elle le jugeait d'après ceux de son entourage qui avaient une signification pour elle, et non d'après des livres qui exprimaient tout pour lui et rien pour elle.

"Mme. Branstone ! dit-il, comme s'il réalisait maintenant à qui il avait affaire.

« La mère de Sam », répéta-t-elle en se levant d'un feu sain ; « et je vous ai dit où ne pas blâmer. Vous pouvez peut-être penser au bon endroit pour le mettre.

«Oui», la surprit-il en disant; "sur moi."

"Toi! Oh, si vous voulez aller à l'arrière-plan, vous pouvez blâmer Adam et Ève. Mais ce n'est pas ce que je voulais dire.

"Sur moi", répéta-t-il. «J'ai consenti à ce mariage. Je l'ai sanctionné.

« Eh bien, » dit Anne, « je ne suis pas venue ici pour chanter, mais j'ai l'avantage sur vous en cela. Je n'ai pas consenti », et son regard s'est involontairement porté sur une cicatrice sur sa main, mémorial de la forme de sa dissidence. «Je n'ai pas consenti parce que je savais qu'ils n'étaient pas amoureux. J'ai dit à Sam que je le savais.

"Alors," dit Peter, "vous valez plus que moi, Mme Branstone ."

« Parce que je savais que l'amour comptait ? Il n'y a rien de si merveilleux à savoir cela, ni si astucieux de prévoir qu'un mariage où il n'y a pas d'amour soit gâché du début à la fin.

"L'amour compte", a-t-il reconnu. « Tout compte, car Dieu est amour. »

« Nous trouverons un accord, toi et moi », dit-elle avec appréciation. "Nous avons le même avis sur la racine des choses."

"C'est une affaire terrible, Mme Branstone ."

«Je ne le nie pas. C'est une chose terrible pour un homme et une femme de vivre ensemble quand l'amour n'est pas un locataire dans la maison ; c'est mal, et le pire, c'est qu'elle ne restera pas célibataire. Le mal doit se reproduire. Mais là, termina-t-elle vivement, je vous dis ce que vous savez, et en fin de compte, il n'y a rien de si grave que ce soit irrémédiable.

« Ada veut divorcer », dit Peter, et une soudaine lueur de triomphe apparut dans les yeux d'Anne, pour ensuite disparaître aussi vite qu'elle était venue. Elle avait dit, sans y croire, qu'Ada pourrait s'arranger, et c'était effectivement s'arranger. Cela a défait le mariage creux, c'était une solution qui résolvait vraiment, c'était une coupe nette ; et elle voulait glorifier Ada, qui prouvait à la onzième heure qu'elle avait la grâce salvatrice du bon sens.

Peter a fait une chose curieuse. Il se leva et prit un livre au hasard sur son étagère, revint à sa chaise et ouvrit le livre. Il ne l'a pas lu, et il n'était pas impoli, mais c'était une agitation hors de portée du tabac à priser. Il essaya de se calmer en posant ses yeux sur l'imprimé.

Anne n'avait pas l'habitude des livres, mais, par une étrange perspicacité, elle comprit que Peter s'était tourné vers un livre tout comme elle se dirigeait vers sa cheminée, pour se laisser apaiser par sa familiarité, et sa joie à ses paroles s'arrêta brusquement. fin. Son action lui rappelait, plus que son ton horrifié, dont elle manquait presque la signification dans sa joie devant la solution pratique d'Ada, sa répugnance pour le divorce : et il lui sembla, tout d'un coup, que ce qui comptait le plus dans toute cette affaire c'était que Peter devrait en être content.

Il importait plus que Sam et Ada, et plus encore qu'Effie, que Peter, qui était pour ainsi dire un ancien partenaire endormi, soit satisfait de leur solution. Elle ne se souciait pas de savoir si cela devait pervertir les valeurs : le reste de la vie de Peter Struggles était plus important que la jeune vie des membres actifs de l'entreprise. Et parce qu'elle avait un esprit pratique et croyait qu'on n'est heureux dans l'âme que lorsqu'on est d'abord heureux dans son corps, elle pensait déjà au-delà du problème actuel : elle réfléchissait à la façon dont la salope dans la cuisine de Peter pourrait être remplacée par sa propre femme au foyer. soi.

Elle renvoya résolument cette pensée à l'avenir et revint à la question d'aujourd'hui. Ada, merveilleusement, désirait divorcer : mais Anne exigeait que Peter en soit heureux, et elle s'aperçut de l'incompatibilité. Elle voyait que la juxtaposition ne pouvait guère être plus grossière . C'était un prêtre, le prêtre qui les avait épousés, et elle voulait qu'il acquiesce avec contentement à leur divorce.

« Elle veut divorcer, n'est-ce pas ? dit-elle. "Eh bien, il y a bien plus qu'Ada à laquelle il faut penser."

« Effectivement, il y en a », dit Pierre en pensant à son église.

«Voilà», dit Anne en pensant à lui. "Si elle en obtient un, est-ce qu'elle s'implique à nouveau sur toi ?"

Il le supposait, incapable de dissimuler sa dépression à cette perspective.

"Oui," expliqua-t-elle, "tu étais bien débarrassé d'Ada une fois. Ce n'est pas dans la nature humaine de vouloir qu'elle revienne. Elle ne pensait qu'à son confort.

Peter, de son côté, lui a laissé entendre que s'il s'opposait au divorce , c'était pour des motifs intéressés, qu'il pouvait continuer à être « bien débarrassé d'Ada ». Il voit avec consternation que c'est une interprétation qui peut raisonnablement être donnée en cas d'opposition de sa part. Il pensait, dans son humilité, que c'était une interprétation raisonnable, alors que, Peter étant Peter, c'était une interprétation ridiculement injuste et, bien sûr, Anne ne l'a pas fait. Elle avait seulement déclaré comme un fait qu'Ada à la maison nuisait au confort de son père : et le confort du père d'Ada était devenu une question qui touchait presque Anne Bran-stone.

« Et il y a d'autres personnes aussi. Il y a Sam, poursuivit-elle, et c'est un cas désespéré. Il n'a aucun amour pour Ada. Il a élevé la notion de son devoir plus haut qu'un amour vivant. Il veut qu'Ada revienne.

"Je suis désolé de dire", a pleuré Peter, "que plus il le veut, moins elle a de chances de partir."

Elle essaya de ne pas exulter trop ouvertement. "Et puis," dit-elle, "il y a Effie."

"Effie!" » Il s'exprima avec une protestation scandalisée.

"Oui, c'est son nom, et c'est juste le ton de voix que j'avais moi-même quand j'ai entendu parler d'elle pour la première fois. Je veux que tu voies Effie.

"Jamais!" » dit Pierre, et pour un homme doux, son amertume était remarquable.

« Alors il faut que je te la montre, dit Anne placidement, et cela impliquera de revenir un peu en arrière et de te montrer d'autres choses aussi. Cela voudrait dire, et elle le regrettait beaucoup, vous montrer ça. Elle tendit la main et montra la cicatrice. «Quand Sam m'a dit qu'il voulait épouser Ada, je suis venu la voir. J'ai vu ce que j'ai vu et je lui ai dit qu'elle le ruinerait. Il ne m'a pas cru et j'ai essayé de lui faire comprendre que je le pensais sincèrement. J'ai mis ma main dans le feu et j'ai pensé la garder là jusqu'à ce qu'il soit d'accord avec moi, mais il est plus fort que moi au bras et il m'a fait sortir. Elle parlait sans passion, dans un récit simple qui, selon Peter, l'impressionnait profondément. « Alors je l'ai quitté et j'ai gagné ma vie, et tout ça. Sam l'a épousée, et la ruine est arrivée, mais elle n'est pas venue soudainement. Cela arrive tout le temps. Je ferais remonter cela au jour où il vous a trompé à propos du pamphlet sur le « Mal social ». Il a fait cela parce qu'il voulait un mari riche pour Ada.

Peter n'avait rien à dire. S'il ne savait pas auparavant que Sam l'avait « trompé », il n'en doutait plus maintenant.

« Et c'est né de ça. Il a gagné de l'argent parce qu'Ada voulait de l'argent, et après cela, c'est devenu une mauvaise habitude. Il y est parvenu alors en écrivant des mensonges sur lui-même dans les journaux, et je ne sais pas comment il a fait depuis, sauf que cela s'est fait en mentant encore davantage. Il a commencé à s'intéresser à la politique. Il voulait être un coq qui chante, et cela n'avait pas d'importance s'il chantait sur un tas de fumier tant qu'il chantait. Et Ada s'en fichait. Il lui a donné de l'argent et elle s'en fichait. Elle n'aimait pas, et il n'aimait pas, et il y a une chose que vous venez de dire et je vais vous la rappeler. Vous avez dit l'amour de Dieu. Je vous laisse nommer ce que c'est quand il n'y a pas d'amour.

« Et puis l'amour est venu à Sam. Effie est venue et tu dis que Dieu est amour. Sam me l'a dit d'une autre manière. Il a dit qu'il avait trouvé le salut. Eh bien, c'est un grand mot, et je ne sais pas . Mais je sais qu'il a trouvé l'amour et que cela l'a changé. Il en a fini avec la politique, et il en a fini avec le chant et la richesse aussi. Effie a fait cela par le pouvoir de l'amour, et il y a autre chose qu'elle a fait, qui a fait de cette fille, pour moi, la femme la plus belle et la plus étrange du monde. Elle l'a abandonné et l'a renvoyé à Ada. Eh bien, j'ai déjà entendu parler de sacrifice, et j'ai fait un peu de cette façon moi-même, mais abandonnez un homme qu'elle aimait et apprenez-lui comment faire de sa femme une femme, et renvoyez-le chez lui pour le faire - c'est plus que je ne peux atteindre. Et c'est Effie Mannering.

« Il est rentré chez lui et il a essayé, et Ada s'est moquée de lui. Elle ne pouvait pas comprendre : il n'y avait pas la seule chose qui pouvait lui faire comprendre : il n'y avait pas d'amour. Et il a abandonné sa politique le soir où elle s'est moqué de lui, pour se laisser libre de s'attaquer à Ada. Maintenant, Ada l'a quitté, et d'autres choses sont également arrivées. Vous pouvez deviner." Il leva brusquement les yeux. "Oui, c'est ça, et le truc avec le rhum, c'est que ça les a surpris tous les deux. Leur amour est ce genre d'amour, et je pense que certains diraient que cela est insouciant à leur égard. Moi-même, je le ferais neuf cas sur dix, oui, et quatre-vingt-dix-neuf sur cent, mais pas ce cas. Ce n'était pas une raison pour s'en soucier ; c'était une affaire d'amour. Mais un bébé va arriver à Effie, et tu sais aussi bien que moi qu'aucun ne viendra jamais à Ada. J'ai fini de te parler d'Effie maintenant. Il y eut une longue pause et il sembla à plusieurs reprises que Peter était sur le point de la rompre, et à chaque fois il changeait d'avis. Tout ce qu'il dit finalement en commentant Effie fut : « Une femme sans foi ni loi », et on aurait pu déduire de son ton qu'il ne condamnait pas, s'il ne pouvait pas, avoué, admirer.

« Oui, c'est sans loi », acquiesça Anne, « mais il existe une loi pour les femmes sans loi et elle ne l'a pas respectée. Elle n'est pas une casseuse. C'est une créatrice.

Peter baissa la tête. Peut-être ne voulait-il pas qu'Anne voie ce qui était écrit sur son visage. Et il manqua de conviction lorsqu'il essaya à nouveau de parler. « Que Dieu a rejoint, commença-t-il.

«Mais Dieu», a déclaré Anne, «est amour».

Il leva les mains dans un geste désespéré de capitulation. «Je mérite d'être défroqué pour ça», dit-il, mais il ferma le livre sur ses genoux et prit violemment du tabac. Cela marquait la fin d'une crise.

Quant à Anne, à sa satisfaction de son consentement se mêlait un vif découragement devant son malheur. Elle avait à la fois perdu et gagné, et Anne ne prenait guère plaisir à une victoire mitigée. Elle n'en avait pas encore fini avec Peter Struggles.

CHAPITRE XXVI
NEIGE SUR LES FELLS

La VIE est toujours plus grande que les machines. Les machines font des merveilles et continuent très merveilleusement à les accomplir, mais la vie refuse la mécanique. C'est l'homme, et non la nature, qui a inventé la roue, et la vie ne tourne pas sur un essieu. La vie ne se répétera pas : et elle peut se surpasser.

Lorsqu'ils sont revenus à Marbeck au début de l'année, ils n'avaient pas pensé que Marbeck pourrait être meilleur qu'avant. Ils sont venus dans l'espoir, disaient-ils, de retrouver les anciennes émotions et ont amené Anne avec eux pour lui montrer leur pays des fées. Ils n'ont pas retrouvé les anciennes émotions, parce que c'étaient des émotions jeunes, un ferment comme la jeunesse elle-même, et les choses étaient désormais réglées. Ils semblaient revenir de leur sécurité égale à une enfance sauvage de leurs émotions, à un âge d'amour maladroit, frénétique et maladroit. Bien sûr , ils regardaient en arrière avec bonheur, passant d'un endroit où les choses étaient heureuses et sereines à un endroit où les choses étaient heureuses et impétueuses.

Le Dale était plein d'émerveillement, d'un émerveillement qui appartenait désormais infailliblement aux faits et s'était adouci dans la réalité.

Pour Anne, c'était un joli endroit, mais « solitaire » et, à leur grande surprise, elle était impatiente de le quitter. Anne ne supportait pas volontiers les vacances.

Ils avaient vanté Anne, ils n'avaient pas cru crédible qu'elle échoue dans quoi que ce soit, et cela les dérangeait d'une manière inquiétante de la voir échouer dans un tel domaine. Ils avaient prévu avec empressement et même généreusement de l'emmener avec eux à Marbeck — généreusement, parce qu'ils voulaient être seuls, et même Anne, qui lui devait ce qu'ils avaient fait et faisait ce qu'elle pouvait, était une intruse. Mais ils voulaient qu'elle partage avec eux leur pays des merveilles. Marbeck était à eux, à eux intimement et seuls, leur lieu saint, et ils ne pouvaient penser à rien de plus beau, rien de plus proche de ce qu'elle méritait d'eux, que de l'initier à leur culte secret.

Ils l'ont libérée de Marbeck , ont revécu leur semaine pour elle autant que pour eux-mêmes, lui ont montré où telle ou telle chère folie s'était produite, l'ont emmenée à des belvédères d'où elle pouvait voir les sommets des collines qu'ils gravissaient, utilisant le paysage comme décor. schéma d'une extase qu'ils l'invitaient à partager, et furent déconcertés de constater qu'Anne, manifestement enthousiaste en leur faveur, ne pouvait que dire de Marbeck , leur Marbeck , "Je suis sûr que c'est très agréable."

Elle damnait avec de légers éloges leur vallée enchantée dans laquelle chacun des arbres ils prenaient désormais une joie aussi féroce que s'ils l'avaient créé, et, désespérés, ils l'entraînaient, comme un dernier espoir, jusqu'au très saint de leurs saints, au sommet de Hartle Pike. Si elle n'y parvenait pas, si elle ne voyait pas la beauté et la grâce, la signification pénétrante et le caractère sacré absolu de Hartle Pike, alors sa grandeur était déséquilibrée, résultant, comme un chrysanthème de spectacle, de l'atrophie d'autres possibilités.

C'était un grand jour pour les collines, lorsqu'une surface gelée s'écrasait élastiquement sous les pieds et maintenait les pieds secs n'importe où, et ils marchaient dans un air glacial et ensoleillé, profondément exaltant mais épicé. La neige couvrait les hauteurs les plus élevées et semblait clarifier une atmosphère déjà claire, mais les vallées étaient exemptes de neige et jamais aussi propices à la marche que maintenant, lorsque leur surface marécageuse était desséchée et rendue rugueuse jusqu'à la bande de roulement par des particules de givre croustillantes et granulées.

Anne s'accordait que si l'on devait prendre des vacances, cette activité généreuse en faisait une affaire presque vénielle. Grimper ces pentes était presque aussi satisfaisant pour son corps que laver une longue volée de marches, et elle atteignit le sommet en se sentant aussi agréablement fatiguée que si elle avait subi une demi-journée de carbonisation.

Pourtant, elle n'était pas carbonisée, et il n'y avait en fait rien qui avait besoin d'être carbonisé, rien qu'une propreté qui l'irritait franchement. Elle avait envie de faire quelque chose et il n'y avait visiblement rien à faire à part s'amuser. Et si Anne Branstone ne faisait pas de travail, elle aimait en tout cas savoir que son prochain emploi était imminent. Elle a commencé, pour la première fois de sa vie, à ressentir une certaine amitié envers la saleté. Au milieu de cette insolence tentaculaire de propreté triomphante, elle avait envie d'un peu de suie humanisante. Elle aurait pu aimer son ennemi de toujours, et il n'est pas apparu... ce n'était pas du tout comme Manchester.

Loin à l'ouest, au-delà d'une barrière de neige luisante, elle aperçut un nuage de fumée trouble là où la botte immonde de l'industrialisme piétinait la côte de Lakeland – un message et un appel. Cela lui parlait de saleté naturelle dans ce grand gaspillage de pureté intacte ; cela la rendait malade à cause de la maison et de ce qu'elle devait faire.

Effie et Sam regardaient les collines, envoûtés par la beauté, et quand ils détournèrent leurs yeux dansants, ce fut pour se regarder dans les yeux de l'autre. Ils n'avaient pas besoin de mots : leurs yeux exultaient devant la splendeur brunie de la scène, et avec une exultation redoublée chacun dans la joie de l'autre. Puis Sam se tourna avec espoir vers Anne et vit qu'elle regardait avec une intensité ravie vers l'ouest. Il semblait que les collines l'avaient enfin touchée.

"Où es-tu?" elle a demandé, "tu fumes?"

Son visage tomba lorsqu'il le lui dit, mais il comprit que cela expliquait l'échec d'Anne. Elle n'avait pas apprécié Marbeck parce qu'elle ne l'avait pas vu. Elle n'avait pas regardé Marbeck , mais pendant tout ce temps autre chose.

Et pourquoi, se demandait-il, pourquoi, maintenant que les choses s'étaient si admirablement arrangées, Anne devait-elle encore vivre en pensée à Manchester ? Il ne lui semblait y avoir aucune loi, rien qui puisse détourner son attention, rien qui n'ait été soigneusement achevé avec une finalité géniale. Bien sûr, ils avaient de stupides affaires juridiques à venir, mais c'était bien loin et, de toute façon, il ne fallait pas les inquiéter.

Elle ne pouvait sûrement pas s'inquiéter au sujet d'Ada. C'était lui qui avait créé le trouble, en insistant sur le fait qu'Ada était « son travail ».

Il insista au point de s'imposer presque littéralement à elle dans la maison de Peter Struggles, et se souvint maintenant avec un pincement au cœur de cet entretien désolant, si entretien on pouvait l'appeler, et de sa fin libératrice ; comment Ada l'avait regardé et ne répondait pas à ses appels abjects et passionnés (il se demandait comment il avait pu les lancer, mais il était d'une sincérité désespérée) ; comment il avait plaidé et s'excuser pour le passé et supplié pour l'avenir, tout en l'emprise dominante de sa foi de Marbeck , et comment elle avait gardé le silence jusqu'à ce qu'elle se retourne contre Peter et lui dise qu'elle devait quitter une maison qui ne la mettait pas à l'abri de l'insulte mortelle de la présence de cet homme. Il se souvint de la bonne femme, Mme Grandage , qui avait emmené Ada jusqu'à une centrale hydroélectrique à Southport, et écrivit à Peter qu'Ada semblait très heureuse là-bas, « nourrissant ses griefs comme une enfant » et qu'elle cherchait une maison. Il avait trouvé quelque chose de mystifiant dans l'intervention de Mme Grandage : sa bonne nature renforcée par sa mauvaise conscience était sa tentative d'expliquer son attitude, mais ce qui ressortait clairement des lettres qu'elle écrivait à Peter, c'était qu'Ada n'avait pas l'intention de retourner à Manchester : et quand il pensait à Southport, il réalisait qu'elle était par excellence son chez-soi. Il n'avait pas évité son travail ; il avait mangé de la terre avant elle dans son anxiété de faire son travail ; et il n'était pas autorisé. Ce qu'elle était, elle devait le rester, et Southport semblait l' endroit le plus approprié pour elle. « Seulement, comme l'écrivait Mme Grandage , elle doit avoir de l'argent.

Ce n'était pas difficile, et l'argent aurait pu venir de plusieurs manières : il arrivait en fait d'une manière qu'Effie détestait et que Sam trouvait tout à fait juste. Cela est venu par l'intermédiaire de Stewart, ce fidèle allié du secteur de l'édition à ses débuts.

Dubby était dans la chambre d'Effie, "c'est là", dit-il, "ton frère a le droit d'être".

"Continuez comme ça", sourit-elle.

« Est-ce que le pauvre chien n'en aura pas ? Il a demandé.

"Il doit avoir tout ce qu'il veut", a-t-elle déclaré.

"... ça va," compléta-t-il sa phrase.

"Oui", dit Effie, ne souriant plus maintenant, et l'embrassa très simplement pour sceller sa fraternité.

Il resta silencieux un moment, puis, d'un mouvement de tête, il mit, pour ainsi dire, fin à sa perte et se tourna vers elle avec la franche confiance de leur relation établie. "Maintenant, nous pouvons parler", a-t-il déclaré. « Parle - moi du vieux Sam. Qu'est-ce que tu vas faire de lui ? Et avec ses affaires ?

Elle éluda sa première question. "Les affaires? Oh, il va vendre ça.

"Alors laisse-moi acheter."

"Toi! Oh!"

"Pourquoi pas?"

"Tu sais ce que j'en pense."

« Je ne suis qu'un chien, ma chérie. Connaissez-vous du grec ? Il y a un lien entre être un chien et être cynique. Dans certaines circonstances, j'aurais pensé avec toi à la catastrophe, mais ton frère est un cynique.

"Je vois," dit tristement Effie. "Mais il sera toujours mon frère, Dubby ."

"Merci, Effie," dit-il. «Cela me gardera du côté le plus doux du currishness. Mais un chien veut de la viande. Tu diras à Sam que j'ai le premier refus dans cette affaire. Je rassemblerai un syndicat dans une semaine.

Ainsi, le Stewart Publishing Syndicate, qui possède désormais de superbes bureaux près de Covent Garden, a vu le jour et Ada a récupéré son argent. Lorsque Sam avait essayé de dire à Effie que ses investissements en dehors de l'entreprise étaient ridiculement petits, elle avait refusé de se laisser impressionner.

« Ce ne sont pas les moyens de vivre qui comptent, Sam. C'est vivre : c'est la qualité de la vie : c'est ce que nous faisons de la vie », a-t-elle dit, et Ada en a eu les moyens.

"Elle sera mariée dans un an à un homme de Liverpool", a déclaré Dubby lorsqu'il a entendu.

"Pourquoi Liverpool?" » demanda Sam, et Dubby haussa les épaules. Il trouvait la question de Sam stupide.

"Au fait, Sam," dit Dubby , "est-ce que toi et Effie avez des projets ?"

« Non », dit Effie lorsque Sam hésita, mais la curiosité d'un frère ne devait pas être étouffée ainsi, et le visage de Sam lui disait aussi à quel point il s'était accroché à sa réponse. Elle n'aimait pas son anxiété, preuve qu'il n'avait pas abandonné son habitude de calculer. Ils n'avaient pas discuté de la question des projets parce qu'elle estimait qu'il n'y avait aucune question à discuter, et Sam, pensait-elle, méritait une petite punition pour avoir pensé autrement. "Je suppose", a-t-elle poursuivi, "nous resterons à Manchester et affronterons la musique."

"Oh!" » dit Sam d'un ton vide.

"Eh bien, nous devons donner sa revanche à M. Verity", taquina-t-elle.

"Mais cela ne peut plus me faire de mal maintenant que je ne fais plus de politique", a-t-il déclaré, avouant par son ton que cela lui ferait beaucoup de mal.

"Mais cela lui fera plaisir", dit-elle.

« J'aurais... j'aurais pensé aller en Amérique », osa-t-il.

"Amérique!" se moqua Dubby . « *Ô sancta simplicitas !* L'Amérique n'est pas l'Eldorado, Sam. L'Eldorado a été trouvé. Je dirais même que cela a été découvert.

"Il y a de grandes choses en Amérique", a défendu Sam.

« En fait, Dubby , » dit Effie, le faisant taire, « nous irons à Marbeek pendant un petit moment. C'est un bon point de départ.

Avec cela, un grand contentement vint à Sam. Ils devaient se rendre à Marbeek ; ils devaient commencer ; et il ne se demandait plus quoi. Il n'a pas renoncé de manière ferme et rapide à sa volonté, mais a reconnu le fait, pas pour la première fois, que lorsqu'Effie prenait une décision , celle-ci était brillamment juste. Peut-être qu'elle s'était retirée de sa première décision de Marbeck , mais, si c'était le cas, Anne l'aidant, il s'était retiré avec elle ; et ils allèrent maintenant à Marbeek , non pas pour terminer, mais pour commencer, et pour commencer ensemble.

En réfléchissant à tout cela, il ne pouvait pas voir la tache. Il ne parvenait pas du tout à comprendre pourquoi Anne n'était pas contente.

Il expliqua à moitié l'échec de la vallée à l'enchanter lorsqu'il s'aperçut qu'elle ne l'avait pas vraiment regardée. Alors, que pouvait-elle regarder ? Et comment pouvait-elle, comment, au nom de la beauté, était-il possible à quiconque de distinguer dans tout ce noble amphithéâtre de collines l'unique endroit embrumé de fumée ?

"Mère," s'écria-t-il carrément exaspéré, "tu n'es pas heureuse ici ?",

"Je serais plus heureuse à Manchester", a-t-elle déclaré. « Ta fumée est trop loin pour qu'on puisse la goûter. Oui, je pense que je vais vous laisser ici et partir aujourd'hui.

« Mais tu ne retourneras pas chez Madge, je veux dire travailler chez les autres. C'est sûrement fini maintenant.

"Peut être."

"Mère, tu as fini de travailler."

Elle le regarda sombrement. « Pas avant ma mort, mon garçon », dit-elle.

"Pourquoi ne me dis-tu pas à quoi tu penses?"

«Je pense», dit-elle, «à cette salope dans la cuisine de Peter Struggles. Je la sortirai de ça demain.

Il jeta un coup d'œil à Effie, puis regarda à nouveau. Il crut avoir surpris un petit sourire sur le visage d'Effie et regarda à deux fois pour s'en assurer. Et quand il regarda , il découvrit qu'Effie le regardait avec la sagesse et l'humour qu'il connaissait si bien. "Tu ne vois pas?" C'était ce qu'elle semblait dire.

Et il a vu. Il vit que ce n'était pas Manchester, mais un homme à Manchester ; pas la femme dans la cuisine de Peter Struggles, mais l'homme dans le salon de Peter qui a interrompu la vision des collines de Marbeck de sa mère . Elle a perdu sa beauté dans une plus grande beauté qui lui était propre.

"Et ne sois pas incrédule", dit les yeux d'Effie.

Elle se tourna vers Anne. « Nous descendrons tout de suite à l'auberge, dit-elle, et vous prendrez le train cet après-midi. »

Un rapide regard passa d'Anne à Effie, dont ils exclurent tous deux Sam. Il semblait presque qu'Anne demandait de l'aide à Effie, et qu'Effie comprenait et hochait imperceptiblement la tête. Et si Anne avait sérieusement douté, ses doutes étaient dissipés par un regard qui lui disait que, en ce qui la concernait, Effie croyait à la faisabilité de tout.

Rien à Marbeck n'est devenu Anne Branstone comme son départ. "Eh bien, maman, comme tu as l'air jeune!" il a pleuré quand elle est descendue au piège.

"C'est aussi bien", dit Anne en croisant le regard d'Effie par-dessus son épaule.

Puis, après qu'elle fut partie, et qu'elle fut tellement félicitée qu'elle était à peine décente, la vie s'enflamma pour eux sans contrecœur. Il y avait quelque chose d'assez impudent dans cette précipitation, comme si la vie faisait la grimace derrière l'ancienne génération et se tournait avec légèreté pour brûler plus ardemment pour elle. Mais Anne, et ils le savaient, ne les aurait pas remerciés d'avoir pitié d'elle. Elle était allée voir Peter Struggles, qui avait besoin d'elle.

Ils ne pouvaient plus reprendre la vie semi-amphibie de leurs journées d'automne, mais l'air lui-même provenant des collines enneigées avait toute la stimulation d'un bain. Il nettoyait et guérissait par le toucher et augmentait leur bien-être jusqu'à ce qu'ils bougent dans une exaltation radieuse, tantôt réclamant sa joie, tantôt muets devant son merveille.

Heureux eux-mêmes, ils étaient la cause du bonheur des autres, non pas contenus dans leur joie, mais effervescents dans la vieille cuisine aux poutres noires de l' auberge Marbeck .

Ils bénéficiaient, comme Sam l'a habilement observé, des avantages d'une chambre privée dans un hôtel sans payer – et les ont abrogés. En automne, ils avaient isolé leur joie des autres : maintenant elle débordait d'eux et affectait tous les gens de l'auberge, raccourcissant les longues nuits. Les bons auditeurs étaient une aubaine pour le Dale en hiver, et les bergers, tombant du ciel on savait jusqu'où, trouvaient une rare satisfaction à raconter à cet auditoire attentif des histoires sur les collines, sur les moutons errants qui s'égaraient aussi loin que le Derbyshire, sur les chiens qui se sont déchaînés et ont ravagé les troupeaux dont ils devaient s'occuper, de l'épopée Bête d' Ennerdale , des légendes de John Peel et de toutes les sagas des Lacs. Il n'en fallait pas beaucoup pour rendre ces habitants du Val heureux, rien d'autre qu'une oreille patiente pour un récit lent et décousu - une longue chaîne enfilée de perles d'épisode racé - ou une heure d'Effie au piano, quand les hommes du Val la décevaient en ne connaissant aucune ballade, mais avoir, au contraire, une bonne connaissance des dernières chansons de music-hall empilées dans le placard de l'auberge. Ici, dans le fumoir, ils connaissaient des plaisanteries, dans la cuisine, ils étaient eux-mêmes, parlant boulot, et donc intéressants. Effie et Sam les préféraient dans la cuisine, racontant leurs histoires lentes, plutôt que de les voir dans leur ambiance de fumoir, imitant mal une chose qui ne valait pas la peine d'être imitée. Mais, dans les deux pièces, ils les aidaient à être heureux.

Bien enduits, ils descendaient chaque soir de l'air chargé de tabac de la cuisine jusqu'au pont sur Marbeck Force. Une grande paix y régnait. Même le ruisseau coulait doucement maintenant alors que toutes les eaux de surface de son terrain de collecte étaient durement gelées.

Ils restèrent là sur le pont pendant que la lune se levait sur Hartle Pike et répandait de l'argent sur la neige. De grandes ombres surgissaient instantanément au-dessous du Brochet dont le joli sommet formait une silhouette noire sur le ciel éclairé, et la beauté de la vallée, vue de jour avec une dureté presque alpine, s'adoucissait au clair de lune en une luminosité subtile. Derrière eux se trouvaient les lumières de l'auberge amicale ; tout près, le clocher bas de l'église saluait Dieu parmi les pins, et tout autour d'eux répandait le rayonnement brillant du Dale inondé de lune.

Pour la centième fois, il retint son envie de répéter ses mots : « Nous allons construire un tabernacle ici », et Effie lut sa pensée.

« Nous prenons un bon départ ici », a-t-elle déclaré. "Nous nous entraînons et je pense que nous grandissons."

"Nous grandissons dans le bonheur", a-t-il déclaré, ce qui, selon lui, est un bon argument pour rester à Marbeck .

"Oui. Nous grandissons dans le bonheur. Nous aurons bientôt dépassé Marbeck . Nous aurons grandi un bonheur robuste qui résistera aux villes. Cela pourrait résister à Manchester et je pense que ce sera le cas. Aimer, travailler, chercher la force des autres et non leurs faiblesses : c'est ça être heureux, Sam. Et le bonheur compte plus que tout. Il s'enracine puis se propage. Cela se propage. L'infection n'est pas seulement une question de maladie, l'infection est une affaire de bonheur et de jeunesse. Il y a trop d'âge, trop d'hommes et de femmes dans le monde qui ont oublié l'amour. Nous devons construire et bâtir sur le bonheur. Ils regardaient l'avenir indeviné à travers la nuit silencieuse. Dieu sait qu'il y avait du travail à accomplir pour eux !

LA FIN

www.ingramcontent.com/pod-product-compliance
Lightning Source LLC
Chambersburg PA
CBHW051427130726
47987CB00005B/1955